中华优秀传统文化系列培训读本

编委会

主　任：党怀兴

副主任：黄怀平　李铁绳　柯西钢　许广玺
　　　　郭建中　刘东风　李国华　葛文双
　　　　雷永利

委　员：杨雪玲　胡　丹　龙卓华　赵菁晶
　　　　冯　俊

陕西师范大学教师干部培训学院立项资助

《中庸》导读

曹树明　编著

陕西师范大学出版总社　西安

图书代号　SK24N2501

图书在版编目（CIP）数据

《中庸》导读／曹树明编著． —西安：陕西师范大学
出版总社有限公司，2024.12
　ISBN 978-7-5695-4390-2

　Ⅰ.①中…　Ⅱ.①曹…　Ⅲ.①《中庸》—青年读物
Ⅳ.①B222.1-49

　中国国家版本馆 CIP 数据核字（2024）第 100764 号

《中庸》导读
《ZHONGYONG》DAODU
曹树明　编著

责任编辑	孙瑜鑫
责任校对	韦红骆
封面设计	金定华
出版发行	陕西师范大学出版总社 （西安市长安南路 199 号　邮编 710062）
网　　址	http://www.snupg.com
印　　刷	西安报业传媒集团（西安日报社）
开　　本	720 mm×1020 mm　1/16
印　　张	11.5
字　　数	239 千
版　　次	2024 年 12 月第 1 版
印　　次	2024 年 12 月第 1 次印刷
书　　号	ISBN 978-7-5695-4390-2
定　　价	69.00 元

读者购书、书店添货或发现印装质量问题，请与本社高等教育出版中心联系。
电话:(029)85303622(传真)　85307864

总　序

　　陕西师范大学教师干部培训学院策划立项的"中华优秀传统文化系列培训读本"付梓出版，这是一件值得庆贺的大喜事。

　　首届全民阅读大会2022年4月23日在北京开幕。中共中央总书记、国家主席、中央军委主席习近平发来贺信，指出："阅读是人类获取知识、启智增慧、培养道德的重要途径，可以让人得到思想启发，树立崇高理想，涵养浩然之气。中华民族自古提倡阅读，讲究格物致知、诚意正心，传承中华民族生生不息的精神，塑造中国人民自信自强的品格。希望广大党员、干部带头读书学习，修身养志，增长才干；……希望全社会都参与到阅读中来，形成爱读书、读好书、善读书的浓厚氛围。"

　　把马克思主义基本原理同中华优秀传统文化相结合，是党的十八大以来以习近平同志为核心的党中央提出的重大命题，是百年来坚持和发展马克思主义的经验总结，是继续推进马克思主义中国化时代化的必由之路。党的二十大报告指出："坚持和发展马克思主义，必须同中华优秀传统文化相结合。只有植根本国、本民族历史文化沃土，马克思主义真理之树才能根深叶茂。"我国有5000多年的文明史，是世界四大文明中唯一一个历史文化没有中断的国家，无数的先贤为我们留下了丰富的传统文化遗产。保护好、传承好、利用好中华优秀传统文化，挖掘其丰富内涵，以利于更好坚定文化自信、凝聚民族精神。

　　陕西师范大学作为教育部直属的师范类高校，是一所历史悠久、文化积淀深厚的高等学府，在中华传统文化的研究、宣传和教育方面具备强健的实力，建校 79 年来一代又一代的陕师大人，取得了令学界瞩目的丰硕学术成果。譬如 20 世纪 80 年代学校组织承担的国家辞书规划项目《十三经辞典》，编写者用了 28 年时间完成了 15 册 3000 万字的巨著，被学界誉为"千古不朽的事业"，获得教育部人文社科优秀成果二等奖。注意把科研成果转化为教学内容，相关部门与学院组织编写了一系列教材，开设的相关课程获评国家级精品资源共享课、一流本科课程、国家级研究生课程思政课等称号。教师干部教育工作是陕西师范大学承担的一项光荣任务，在教育中夯实教师干部的文化基础，做好教师干部优秀传统文化的培训工作，是长期的神圣使命。干部需要读书，需要读好书。好的中华优秀传统文化读本必须精益求精，让读者满意，从而取得良好的教育效果。为适应中国特色社会主义建设的新形势新任务新要求，教师干部培训学院在学校各级领导的大力支持下，针对教师干部学习和工作的实际需要，总结经验，统一规划，认真论证，精心部署，计划组织我校长期从事传统文化教学与研究的相关学者陆续推出一系列教育培训读本。这套读本涉及《周易》《尚书》《诗经》《春秋左传》《大学》《中庸》《论语》《孟子》《老子》以及"三礼"等中华文化核心经典，引导教育干部学习经典。这既是筑牢陕西师范大学教师干部教育的基础，也是加强教师干部培训品牌建设的重要举措。

"非学无以广才，非志无以成学"，借这套读本出版的东风，希望教师干部要努力成为勤于学习、善于学习的典范，要珍惜光阴、不负韶华，如饥似渴学习，一刻不停提高。要发扬"挤"和"钻"的精神，从经典中汲取智慧和营养。荀子在《劝学》中说："不积跬步，无以至千里；不积小流，无以成江海。"学习非一朝一夕之事，不可能毕其功于一役。我们的教师干部要树立终身学习的观念，养成勤读书善思考的习惯，在阅读中坚定理想信念，在阅读中培育人民情怀，在阅读中涵养道德情操，在阅读中树立文化自信。

"问渠那得清如许？为有源头活水来。"让我们一同努力，为把教师干部教育培训事业推向前进而不懈奋斗。

党怀兴

2023 年 1 月

引　言

　　《中庸》虽是撰著于先秦时期的一部典籍,但它在中国历史的各个时期尤其是宋代以后,都发挥着重要的作用。众所周知,《中庸》原为《礼记》的第三十一篇,宋儒将之和《大学》一起从《礼记》中抽出,与《论语》《孟子》共同构成"四书",并逐渐把它们塑造成"五经"之外的新的经典系统。而"四书"之中,《中庸》最富哲理。它的思想对中国人的价值观念、思维方式和性格特征等,均产生了巨大的影响。古往今来,关于《中庸》的注解不胜枚举。饶有趣味的是,它不仅为儒生所青睐,亦且入释家之法眼。《中庸》还波及海外,有多个版本的译本,也有研究性著作,成为其他国家了解中国人的一面镜子。

　　《中庸》体现了古代哲学家的思想建构,也曾作为科举取士的主要教科书,也因而渗透于国人的日常生活,作为他们待人处世的基本原则。当然,"中庸"也曾一度被误解,成为"折衷主义""骑墙派"的代名词。这一切,都在揭示,"古今文字之奇,无过《中庸》;观古今文字之难,亦无过《中庸》"。① 而这正是《中庸》的魅力所在,也是我们一起学习《中庸》的精神动力。

---

　　① 王澍.大学中庸本义[M]//四库全书存目丛书编纂委员会.四库全书存目丛书·经部第173册.济南:齐鲁书社,1997:500.

Contents 目录

第一章 《中庸》的作者及成书年代

如果我们拿到了一本书,它既没有封面,也没有能够提供信息的序、跋或者现代意义的版权页。那么,面对这样一本近乎赤裸的书籍,你最想知道的是什么呢?我想大概是,这本书是谁写的,以及它写于何时?对于先秦时期的典籍而言,因为其流传的途径主要是人工传抄,所以还有可能追问其成书的经过。职是之故,我们对《中庸》的介绍,就从它的作者和成书年代开始。事实上,这是两个紧密相关的问题:知道了作者,成书年代也就容易判定;反之,搞清了成书年代,也有利于判断究竟谁才是真正的作者。若欲有更为充分的了解,则需涉及作者、编者、文本结构、成书年代、成书过程等多个方面。幸运的是,历史上围绕《中庸》的这些问题的探讨连续不断,时间跨度自汉代一直到现当代,论者身份有史学家、文学家、道学家、考据学家,也有现当代的学院派学者。他们的梳理、分析、论辩、阐释,给我们留下了丰富的资料以及思考的空间。他们的论点中,有绵延不断的主调,亦有此起彼伏的异曲,构成了一首奇妙的交响乐章。有人可能会说,一个解决不了的问题,论之何用?与《中庸》思想又何干?此言差矣!跨越两千多年的争辩,仅从时长看,就值得我们去回顾,且作者与成书年代的探讨必然会牵扯到思想。

一、主流:以子思为作者

《中庸》的作者是春秋末战国初的子思,亦即孔子的嫡孙孔伋。此乃被普遍接受的主流观点。较早提出这种观点者是西汉史学家司马迁。其《史记》说:"孔子生鲤,字伯鱼。伯鱼年五十,先孔子死。伯鱼生伋,字子思,年六十二。尝困于宋。子思作《中庸》。"①②司马迁"信以传信，疑以传疑"③的撰史原则，充分显示了他的客观与审慎，因而其说法在很长时期内都具有权威性。遗憾的是，他的记述失于简略。《孔丛子·居卫篇》则做了详细的记载：

> 子思年十六，适宋，宋大夫乐朔与之言学焉。朔曰："《尚书》《虞》《夏》数四篇，善也，下此以讫于《秦》《费》，效尧、舜之言耳，殊不如也。"子思答曰："事变有极，正自当耳。假令周公、尧、舜不更时易处，其书同矣。"乐朔曰："凡书之作，欲以喻民也，简易为上。而乃故作难知之辞，不亦繁乎！"子思曰："《书》之意，兼复深奥，训诂成义，古人所以为典雅也。昔鲁委巷，亦有似君之言者。伋闻之，曰：'道为知者传，苟非其人，道不传矣。'今君何似之甚也？"乐朔不悦而退，曰："孺子辱吾。"其徒曰："此虽以宋为旧，然世有仇焉，请攻之。"遂围子思。宋君闻之，驾而救子思。子思既免，曰："文王囚于羑里，作《周易》，祖君屈于陈、蔡，作《春秋》，吾困于宋，可无作乎？"于是撰《中庸》之书四十九篇。④

又，该书《公仪篇》记子思之语曰："臣所记臣祖之言，或亲闻之者，有闻之于人者，虽非其正辞，然犹不失其意焉。"⑤⑥从子思写作《中庸》时的年龄，到他撰写此书的前后经过，以及《中庸》中所引孔子之言的来源，《孔丛子》的叙事惟妙惟肖。然而，学界对此书所云的子思"十六"岁就能与宋大夫乐朔谈论学问，并撰写具有很高理论水平的《中庸》一书，则颇多质疑。宋儒吕祖谦即说："未冠既非

---

① 司马迁.史记[M].北京：中华书局，1959：1946.

② 对司马迁之说，清毛奇龄曰："《史记》所云'思年六十二'者，或是八十二之误，亦未可知。"

③ 司马迁.史记[M].北京：中华书局，1959：505.

④ 傅亚庶.孔丛子校释[M].北京：中华书局，2011：132 - 133.

⑤ 傅亚庶.孔丛子校释[M].北京：中华书局，2011：164.

⑥ 钱穆据《礼记·檀弓》之"子思之哭嫂也为位"而反驳"亲闻"之说："子思既有嫂，则知其有兄矣。伯鱼早卒，而子思有兄，则子思之生，不能甚前。或谓其亲受业于孔子，决不然矣。"其实，清朝学者简朝亮既已指出，《礼记·檀弓》里的子思，并非孔伋，而是孔子的弟子原宪。

著书之时,而《中庸》之书亦不应有四十九篇也。此盖战国流传之妄。"①清代目录学家姚振宗则认为"'十六'或是'六十'之误",②谭戒甫采纳了他的看法。③日本学者冢田虎指出:"'十六'当为'二十六',此脱'二'字耳,否则年时不合。"④《孔子家语·后序》也有对《中庸》的记叙,且篇数有异:"孔子生伯鱼,鱼生子思,名伋,伋常(引者按:"常",疑为"尝")遭困于宋,作《中庸》之书四十七篇,以述圣祖之业。"⑤⑥可是,《孔丛子》和《孔子家语》二书素被视为伪书。然诚如清儒黄以周所言,"售赝者必参以真,其术方行;若概以赝,不能售也"⑦;又,蒙文通发现,"《孔丛子》述子思言行,每与他书征《子思子》者相合,明有所据";⑧所以,不能完全忽视二书所记,至少可聊备一说。

司马迁之后的很多著名学者,尽管对《中庸》的定位有所不同,但都继承了他对作者的认定。东汉经学家郑玄《三礼目录》谓:"名曰《中庸》者,以其记中和之为用也。庸,用也。孔子之孙子思伋作之,以昭明圣祖之德。"⑨唐代陆德明曰:"《礼记》者,本孔子门徒共撰所闻以为此记,后人通儒各有损益。故《中庸》是子思伋所作。"陆氏之说广为清代学者所继承,江藩的《国朝汉学师承记》、盛世佐的《仪礼集编》、张玉书等编撰的《佩文韵府》和康有为的《新学伪经考》等几乎都照录其说。北宋时,理学的前驱人物陈襄云:"《中庸》者,治性之书,孔子之孙子思之所述也。自孔子没,性命之书无传,虽其说间见于六经,然辞约义微,学者难晓。故子思传其学于曾子,其间多引孔子之言,则是书祖述圣人理性之学,最为详备,使学者求之,足以知道德诚明之本焉。"⑩宋代理学家也大都认

---

① 吕祖谦.大事记[M].《金华丛书》本.永康胡氏退补斋,民国间:37-38.

② 姚振宗.汉书艺文志条理·卷1上[M].快阁师石山房丛书本.杭州:浙江省立图书馆,1931:26.

③ 谭戒甫.中庸考略[J].国立武汉大学文哲季刊,1935,4(2):317.

④ 傅亚庶.孔丛子校释[M].北京:中华书局,2011:146.

⑤ 王肃.孔子家语[M].上海:广益书局,1937:4.

⑥ 同样以《中庸》为四十七篇者,不在少数,如唐李翱《复性书》说:"子思,仲尼之孙,得其祖之道,述《中庸》四十七篇。"宋晁说之《中庸说》曰:"是书本四十七篇。"宋郑樵《六经奥论》亦云:"《中庸》四十七篇。"

⑦ 黄以周.子思子序续修四库全书·九三二[M].上海:上海古籍出版社,1987:36.

⑧ 蒙文通.古学甄微[M].成都:巴蜀书社,1987:233.

⑨ 礼记注疏·卷52[M].郑玄,注.孔颖达,疏.南昌府学重刊宋本《十三经注疏》本.[出版者不详],1815:1.

⑩ 陈襄.古灵先生文集·卷24[M].章贡郡斋宋绍兴刻本.[出版者不详],1161:1.

为《中庸》乃子思作品。如关学宗师张横渠曰:"如《中庸》《大学》出于圣门,无可疑者。"①洛学创立者二程说:"《中庸》之书,是孔门传授,成于子思。"又说:"《中庸》之书,决是传圣人之学不杂,子思恐传授渐失,故著此一卷书。"②先从学于张载、后转投程门的吕大临也认为,《中庸》之书乃"孔子传之曾子,曾子传之子思,子思述所授之言以著于篇"③。二程的弟子、道南学派的开创者杨时说:"《中庸》之书,盖圣学之渊源,入德之大方也。孔子殁,群弟子离散分处诸侯之国,虽各以其所闻授弟子,然得其传者盖寡。……独曾子之后子思、孟子之传得其宗。子思之学,《中庸》是也;《孟子》之书,其源盖出于此;则道学之传,有是书而已。"④理学集大成者朱熹云:"某旧年读《中庸》,都心烦,看不得,且是不知是谁做。若以为子思做,又却时复有个'子曰'字,更没理会处。……后来读得熟后,方见得是子思参取夫子之说,著为此书。"⑤又曰:"《中庸》何为而作也?子思子忧道学之失其传而作也。"⑥朱熹的三传弟子王柏说:"《中庸》者,子思子所著之书,所以开大原立大本而承圣绪也。"⑦可见,理学家乃试图建构《中庸》的道学传承谱系。⑧ 宋以后,明代学者谭贞默的观点比较特殊,其《三经见圣编·序》称:

> 六经无非孔经,而《论语》为著。子思子之书,今名《中庸》;《大学》者,实一《中庸》,统称孔经编。《孟子》七篇则曰孟经编。又言:《论语》,子夏述也;《中庸》,子思继《论语》而作也;《大学》即《中庸》之后小半也;《孟子》,继《中庸》而作也。《中庸》"天命之谓性"三句接《论语》"知命"章,明是释诂《论语》。读"予怀明德"而"大学之道在

① 张载.张载集[M].北京:中华书局,1978:277.

② 程颢,程颐.二程集[M].北京:中华书局,2004:160,153.

③ 吕大临.蓝田吕氏集[M].西安:西北大学出版社,2015:83.

④ 杨时.龟山集·卷25[M].[出版者不详],1591:8.

⑤ 黎靖德.朱子语类[M].北京:中华书局,1986:1591.

⑥ 朱熹.四书章句集注[M].北京:中华书局,2012:14.

⑦ 王柏.鲁斋王文宪公文集·卷13[M].《续金华丛书》本.[出版者不详],1924:1.

⑧ 当然,也有例外,如有人记录杨时的弟子罗从彦之语曰:"《中庸》之书,孔子传之曾子,曾子传之子思,分明是有一本书相传到子思,却云述所授之言著于篇。"不过,这种记录的可靠性值得怀疑,因为罗豫章本人集子里的说法与吕大临相同:"《中庸》之书,孔子传之曾子,曾子传之子思,子思述所授之言,以著于篇。"

明明德"，不胶自连；读"国不以利为利，以义为利"，而《孟子》"何必曰利，亦有仁义"，不呼自应。①

经过梳理四书之间的关系，谭氏提出四书实为三书的新说，尽管有"穿凿"之嫌，但并未放弃子思作《中庸》的传统看法。清代学者翟灏则认为"颜曾之徒略为撰述"在先，后子思得其传本，"乃以他所亲闻及递闻之师友者，参诸己意，广为推证，断章撮指，更相反复，务欲明所难明，使天下后世学者咸得知圣人微妙极至之境，以综为此书"②。

总之，自汉至清，无论大史学家，还是大经学家，抑或大理学家，在《中庸》的作者问题上，都确定无疑地指向了子思，由此构成了此问题的主流观点。而如果这一观点得到确证，那么《中庸》的成书年代就一定在孟子之前。

二、异调：质疑或反对主流

自北宋始，与主流观点持异调者亦不在少数，他们或温和，或激烈，或持中。整体而言，包括以下几种看法：

（一）子思"传之谬也"

最早对主流观点发起攻难者是兼具文学家、政治家、史学家等多重身份的欧阳修。他在《易童子问》中发出"何独《系辞》焉，《文言》《说卦》而下，皆非圣人之作"的惊世骇俗之论，从而开启了宋代的疑经之风，以至王安石以"非《周礼》，毁《系辞》"③讥评他。针对《中庸》，欧阳修从思想内容的角度提出质询：

问：礼乐之书散亡，而杂出于诸儒之说（一作"记"），独《中庸》出于子思。子思，圣人之后也，其所传宜得其真，而其说有异（一作"戾"）乎圣人者，何也？

《论语》云："吾十有五而志于学，三十而立，四十而不惑，五十而知天命。"盖孔子自年十五而学，学十五年而后有立，其道又须十年而一进；孔子之圣，必学而后至，久而后成；而《中庸》曰："自诚明谓之性，自

---

① 永瑢.四库全书总目[M].北京：中华书局，1965：313.

② 翟灏.四书考异·总考五·中庸原始[M].无不宜斋雕本.[出版者不详]，1769：3.

③ 李焘.续资治通鉴长编[M].北京：中华书局，2004：5135.

明诚谓之教。"自诚明,生而知之也;自明诚,学而知之也。若孔子者,可谓学而知之者,孔子必须学,则《中庸》所谓自诚而明,不学而知之者,谁可以当之与?尧用四凶,其初非不思也,盖思之不能无失耳。故曰:"惟帝其难之。"舜之于事,必问于人而择焉;故曰:"舜好问。"禹之于事,己所不决,人有告之言,则拜而从之;故曰:"禹拜昌言。"汤之有过,后知而(三字一作"人告")必改;故曰:"改过不吝。"孔子亦尝有过,故曰"幸,苟有过,人必知之。"而《中庸》曰:"诚者不勉而中,不思而得。"夫尧之思虑常有失,舜、禹常待人之助,汤与孔子常有过;此五君子者,皆上古圣人之明者;其勉而思之,犹有不及;则《中庸》之所谓不勉而中、不思而得者,谁可以当之与?此五君子者,不足当之,则自有天地已来,无其人矣,岂所谓虚言高论而无益者与?夫孔子必学而后至,尧之思虑或失,舜禹必资于人,汤、孔不能无过;此皆勉人力行不怠,有益之言也。若《中庸》之诚明不可及,则怠人而中止,无用之空言也。故予疑其传之谬也。吾子以为如何?①

欧阳修认为,子思理应得到了祖父的真传,所以其主张不应与孔子学说有冲突。其实,仅就这个评判标准而言,就显然有失武断:其一,个体都具有主观性,不同个体的想法不可能完全相同;其二,如果子思只是绍述祖父的观点,那么他的著作也就没有多大价值。所以,欧阳修以此为前提所做的评判,意义是有限的,他在后文的具体论证,也存在可商榷之处。欧阳修指出,《论语》中的孔子,自十五岁到七十岁,精进不断,属于"学而知之者",而《中庸》所谓"自诚明"乃"生而知之者",如是,连孔子都是学而知之,"生而知之"谁又有资格充当?② 再者,尧、舜、禹、汤、孔子这"五君子"皆常有过失,即"勉而思之,犹有不及",那么《中庸》所谓"不勉而中,不思而得者"谁又有资格充当?经过如上分析,欧阳修断言《中庸》的"无用之空言"与圣人的"有益之言"并非一类,进而疑子思"传之谬也"。至此可以认为,尽管他没有断然否认子思是作者,但撼动了这一主流看法的权

---

① 欧阳修. 欧阳永叔居士集[M]. 上海:大东书局,1936:126.

② 显然,欧阳修没有看到现实和理想的区分。现实中的缺乏,并不代表连理想都不能有,恰恰相反,正因为现实中不存在,才有追求那方面理想的欲望。事实上,孔子自己也曾把知分为若干类,"生而知之者"亦不在所弃:"生而知之者,上也;学而知之者,次也;困而学之,又其次也;困而不学,民斯为下矣。"(《论语·季氏篇》)

威性,却是一定的。

关于欧阳修的疑问,宋儒程大昌所云"夫子之设教也以人,……子思之著书也以道……故《论语》所载,率寓远指于通言之中;而《中庸》所书,并出真见于难言之地。此非子思而敢戾于夫子也,其所指各有以也",①或可作为一种解答。翟灝更是有直接的回应:"欧阳氏疑《中庸》所传有异乎《论语》之旨,不知《论语》乃圣人垂教之言,时时以之策励学者,三千之徒莫不共闻,故不得不降己言之。《中庸》乃传道之言,非可语则不语,虽高明如子贡,初时尚不得闻,子思惧其失传,勉为推扬,垂之旷世。"②翟氏以"圣人传教之言"和"传道之言"分判《论语》《中庸》,固然有一定道理,但与欧阳修一样,亦止于语言风格的分析,从而难以得出令人信服的结论。公允地说,不管欧阳修的判断正确与否,他由此所掀起的疑经思潮,都推动了学术自身的反思与发展。德国学者苏费翔甚至说,"这篇文章所体现的远非欧阳修一个人的观点,而是相当一批人的看法",③也不谓无见。

(二)"疑不专出于子思也",汉儒"不能无附益之伪"

南宋前期的王十朋接续了欧阳修的怀疑精神,亦把思想层面的分析作为入手处。

> 问:《中庸》一书,盖圣学渊源,入德之大要也,说者谓孔子之孙子思所作。观其微辞奥旨,非圣人之后、命世大儒,有不能者焉。然其间立言措意,亦有戾于吾夫子者,证以《论语》《系辞》不得尽合,学者疑之。【1】《语》曰:"中庸之为德也,其至矣乎!"圣人以中庸为至德,非大全君子,不能当其名,是书载夫子之言,有君子之中庸,有小人之中庸。夫既已小人矣,尚何中庸之有耶?【2】夫子以一贯之道语曾参,参告门人曰:"夫子之道,忠恕而已矣。"是书乃有"忠恕违道不远"之言,则是以道与忠恕为二,而忠恕实未可以为道也,与《论语》又何不同也?【3】《系辞》曰:《易》之兴也其于中古乎!作《易》者其有忧患乎!"盖

---

① 程大昌.考古编[M].虞山张氏照旷阁刻《学津讨原》本.[出版者不详],1805:1.
② 翟灝.四书考异·总考五·中庸原始[M].无不宜斋雕本.[出版者不详],1769:9.
③ 苏费翔,田浩.文化权力与政治文化:宋金元时期的《中庸》与道统问题[M].肖永明,译.北京:中华书局,2018:41.

谓文王也。是书载夫子之言曰:"无忧者,其唯文王乎!"文王拘羑里而繇《易》,乃云无忧,何也?【4】《语》曰:"三分天下有其二,以服事殷,周之德,可谓至德矣。"是书载夫子之言曰:"武王、周公其达孝矣乎!善继人之志,善述人之事。"文王终身事纣,武王、周公不待终丧而伐之,而云善继志述事,何也?【5】《语》曰:"夏礼、殷礼吾能言之,杞、宋不足征也。"是书乃曰:"吾学夏礼,杞不足征。吾学殷礼,有宋存焉。"又未知其孰是耶?【6】夫子伤周室之衰,三光、五岳之气分,故《春秋》书"王正月"以大一统,是书乃曰:"书同文,车同轨。"孔子之时,天下曷尝同车书乎?【7】弟子记圣人之言行,于《论语》皆称子,如"子曰"及"子以四教"之类,盖尊师重道之辞,未尝有字圣人者。是书亦称"子曰",宜矣,而又有"仲尼曰""仲尼祖述尧、舜"之语焉,岂有身为圣人之孙,而字其祖者乎?窃意秦火之后,汉儒于四十九篇中缀拾所存,不能无附益之伪。不然,何以诡异圣人如是也?【8】孟子学子思者也,七篇之书称子思多矣,独无一言及其师之书,又不知是书果子思作否耶?必有以辩其疑者。①②

以上,【1】至【5】讲《中庸》与《论语》《系辞》的思想冲突;【6】指出"车同轨,书同文"之语不应出现在"孔子之时";【7】根据《中庸》称孔子的字"仲尼"而认为汉儒曾"附益"该书;【8】则从屡称子思的孟子从未提及《中庸》一书,而怀疑其非是子思所作。总之,王十朋从思想、制度、称谓和师承等多个角度展开的解析,就系统性和深刻性而言,是超越欧阳修的,且从文字的时代性和避讳的视角考察《中庸》的作者和成书时代,在历史上尚属首次。

陈善则怀疑《中庸》"自'春秋修其祖庙,陈其宗器'以下一段"恐只是"汉儒杂记",有可能是因为上文提及武王、周公达孝而"附于此";此外,"郊社之礼,所以事上帝也;宗庙之礼,所以祀乎其先也。明乎郊社之礼、禘尝之义,治国其如示诸掌乎"一段话"尤不可晓",《论语·八佾篇》"或问禘之说章"是"孔子以当时之禘,有不如礼,不欲斥言之,因以掌而示门人,曰'其甚易知如此耳'",而

---

① 王十朋.王十朋全集[M].梅溪集重刊委员会,编.上海:上海古籍出版社,1998:703 –705.

② 文中【】为引者所加。

《中庸》却与"治国"关联起来,"无乃非其义乎"。陈氏发现,《中庸》与《礼记·仲尼燕居》所记相近,所以推断"二者皆汉儒误读《论语》之文因而立说,非孔子意也"。① 我们认为,《中庸》的确有可能杂入汉儒之说,但简单地以与《论语》不合为标准,则是不妥当的,作为后学的《中庸》作者完全可以有自己的思想创造。

永嘉事功学派的代表人物之一叶适,两次谈及《中庸》,皆意在批评前人,矛头则分别指向汉、宋学者。第一次,他不仅以《尚书》为标准,指摘《中庸》某些话语"将以明道而反蔽之""非孔氏本指也",而且强调"汉人虽称《中庸》子思所著,今以其书考之,疑不专出子思也";②第二次则直指理学家设置的《中庸》传承谱系:

> 按孔子自言德行颜渊而下十人,无曾子,曰"参也鲁"。若孔子晚岁独进曾子,或曾子于孔子后殁,德加尊,行加修,独任孔子之道,然无明据。又按曾子之学,以身为本,容色辞气之外不暇问,于大道多所遗略,未可谓至。又按伯鱼答陈亢无异闻,孔子尝言"中庸之德民鲜能",而子思作《中庸》;若以《中庸》为孔子遗言,是颜、闵犹无是告,而独闻其家,非是;若子思所自作,则高者极高,深者极深,宜非上世所传也。然则言孔子传曾子,曾子传子思,必有谬误。③

叶适所论涉及学人资质、学术性格以及史实考究,但无一支持"孔子传曾子,曾子传子思"的谱系建构。毫无疑问,道学谱系的建构因服务于道学,不可避免地会带有一定的主观性,因此叶适的批评对之具有一定的消解作用,然而他的论证充斥着假设,缺乏足够的客观。

（三）"似董仲舒所作"

这是宋代林光朝(1114—1178)的观点。他提出这种看法的依据是《中庸》的思想与《大序》《系辞》等相为表里:"某近来选数人,逐番讲《礼》书,到《乐记》《中庸》,却自为开释。此数篇似董仲舒所作,与《大序》《系辞》相为表里

---

① 陈善.扪虱新话·卷1[M].涵芬楼本.上海:上海书店,1990:7.
② 叶适.习学记言序目[M].北京:中华书局,1977:108,110.
③ 叶适.习学记言序目[M].北京:中华书局,1977:738-739.

耳"。① 从思想看年代,不失为一种判断方法,但往往具有很大的主观性。林氏用一"似"字,也显示了不十分确定之意。

(四)"必非子思所作"

态度坚决且较有力度地反驳主流观点者是清代的崔述。他提出三点疑问:

> 孔子、孟子之言皆平实切于日用,无高深广远之言。《中庸》独探赜索隐,欲极微妙之致,与孔孟之言皆不类。其可疑一也。《论语》之文简而明,《孟子》之言曲而尽。《论语》者有子、曾子门人所记,正与子思同时,何以《中庸》之文独繁而晦? 上去《论语》绝远,下犹不逮《孟子》。其可疑二也。"在下位"以下十六句见于《孟子》,其文小异。说者谓子思传之孟子者,然孔子、子思之名言多矣,孟子何以独述此语? 孟子述孔子之言皆称"孔子曰",又不当掠之为己语也。其可疑三也。由是言之,《中庸》必非子思所作。盖子思以后,宗子思者之所为书,故托之于子思。或传之久而误以为子思也。……嗟夫!《中庸》之文采之《孟子》,《家语》之文采之《中庸》,少究心于文义,显然而易见也。②

基于对语言特征、行文风格以及孟子引文习惯的考察,崔氏斩钉截铁地否定子思曾作《中庸》,而以为该书是"宗子思者"所著而后"托之于子思"。他又通过文义对比,指出"《中庸》之文采之《孟子》"。这意味着,《中庸》后于《孟子》。那么,到底是谁最后完成了此书的整理呢? 崔述认为,是西汉时《小戴礼记》的编纂者戴圣。

> 世传《中庸》四十九篇,而今《戴记》止有《中庸》一篇,说者谓其四十八篇已亡。以余观之,今世所传《中庸》,非一篇也。……盖戴氏删其三十余篇,而取其未删者合为一篇也,以其首篇言"中庸",故通称为《中庸》。……以今《中庸》通为一篇,而谓四十八篇尽亡,误矣。《中庸》不但非一篇也,亦不似出于一手者。其义有极精粹者,有平平无奇

① 林光朝.艾轩集·卷6[M].郑岳刻本.[出版者不详],1521:15.
② 崔述.洙泗考信余录·卷3[M]//儒藏·精华编第163册.北京:北京大学出版社,2014:58－59.

者,间亦有可疑者。即所引孔子之言,亦不伦,何以参差若是? 其非一人所作明甚。细玩则知之矣。①

　　崔述孤明先发地指出《中庸》"不似出于一手",在一定意义上可以视为此后"非一时一人所作"之说的源头。可是,他从思想义理有极精粹、平平无奇和可疑的层次之分,而判定《中庸》非一人所作,并不十分恰当,因为一本著作即便是经典之作,也做不到处处极精粹,其中存在思想深度的起伏,实属正常。

　　钱穆和牟宗三皆从思想发展的逻辑考察《中庸》的成书年代,且均自成一家之言。《〈中庸〉新义》一文中,钱穆选择"天人合一"的视角,主张"大较言之,孔孟乃从人文界发挥天人合一,而老庄则改从自然界发挥。更下逮《易传》《中庸》,又汇通老庄孔孟,进一步深阐此天人合一之意蕴。"②《〈中庸〉新义申释》则结合道家而分析其书:"《中庸》与《易传》,同为晚出书,两书作者乃染有道家庄老思想之影响,而求汇通儒道以别辟一新境。""孟子道性善,所辨在把人与禽兽划分,而庄周则重提天的观念,把人禽之辨冲淡了。荀子所谓庄周知有天而不知人是也。《中庸》接受庄周观念,而重新奠定了人的尊严,此为《中庸》思想之大贡献。"③在他看来,《中庸》乃采庄老而补孔孟之偏。④牟宗三则认为"《中庸》在时间上本后于《孟子》。即就义理言之,《中庸》首章自'天命之谓性'说到'慎独'、说到'致中和',本是自客观而超越的天命说下来。此是属于'维天之命,於穆不已'一系之义理。而由'於穆不已'之天命说到性,而谓'天命之谓性',并继之言'率性之谓道,修道之谓教',成为天道性命相贯通而为一,此种义理决不在孟子建立性善以前,必是在孔子践仁知天,孟子尽心知性知天以后,推进一步而成之自天命处说之贯通论。至于后半篇由诚以言尽己性、尽人性、尽物性,以至参天地赞化育,乃至由诚以言形著明动变化,乃至由诚以言'天地之道,为物不贰,生物不测',此更是孟子后而更贴近于孟子,自主体以言心性天道通而为一者","由《论》、《孟》至《中

　　① 崔述.洙泗考信余录·卷3[M]//儒藏·精华编第163册.北京:北京大学出版社,2014:59-60.
　　② 钱穆.中国学术思想史论丛(二)[M].北京:生活·读书·新知三联书店,2009:43.
　　③ 钱穆.中国学术思想史论丛(二)[M].北京:生活·读书·新知三联书店,2009:68-69,76.
　　④ 钱穆.钱穆致徐复观信札[M].北京:中华书局,2020:167.

庸》、《易传》可视为一调适上遂之发展"。① 钱、牟的论证展现了精深的哲学功底,然而,仅从思想线索进行分析,很难避免主观性。针对钱穆的论文,徐复观已撰文做了有力的反驳:"'中庸'一词乃儒家故物,固不必取《庄子》中不易捉摸之单辞只义以为《中庸》一书出处之证","就文字的格调词气上说,《中庸》《易传》显系与《论语》《孟子》为同一类型;而《庄子》之格调词气,完全属于另一类型,完全属于另一系统;此乃一经比较而即可明了断定之事"。② 牟宗三的判断,亦可从其后的论文如郭沂的《〈中庸〉成书辨正》(《孔子研究》1995年第4期)中,找到支持相反结论的例证。

劳思光也语气坚决地反对主流观念:"《中庸》作为《礼记》之一篇,其时代及作者亦均不可确定。但非子思所作,则可断言。"③他从文体、词语和思想特色等三方面观察,认为《中庸》大致成书于秦至汉初这一时期。然而,以汉代《淮南子》等作品有类似词语或思想,而推定《中庸》为汉初作品,恐难以成立。一则,从中国古代的其他时代找到类似的词汇或思想,也完全做得到;再则,反过来认为《淮南子》采纳《中庸》之说,也一样能够成立。

(五)"《中庸》盖秦书也"

清代的《中庸》研究有一个显著的特点,即比较普遍地通过个别词句的时代性来判定其成书年代。当然,王十朋已有此动向,但清代讨论此问题的人相对较多,俞樾、叶酉、袁枚等学者都曾参与其中,涉及的内容也相对广泛。就笔者目力所及,关于《中庸》的成书,晚清经学家、训诂学家俞樾发表过两次见解。第一,其《中庸说》认为,《中庸》中的"子曰"都是汉儒"妄加":"《中庸》一书,本是脉络贯联,汉人辄于其中妄加'子曰'字,遂致截断文理,多生枝节。"汉儒这样做的结果,使得读者"语转不了",而不知《中庸》原本是"一气贯注"的。④ 第二,他在《湖楼笔谈》中说,

> 子思作《中庸》,汉时已有此说。太史公亦信之。然吾谓《中庸》
> 或孔氏之徒为之,而非子思所自为也。《中庸》盖秦书也。何以言之?

---

① 牟宗三.牟宗三先生全集7[M].台北:联经出版事业公司,2003:54-55.
② 徐复观.徐复观全集:中国思想史论集[M].北京:九州出版社,2014:80,82.
③ 劳思光.新编中国哲学史:第二卷[M].桂林:广西师范大学出版社,2005:44.
④ 俞樾.达斋丛说[M].//皇清经解读编卷1350.南菁书院刻本.南菁书院,1888:5.

子思之生当鲁哀公时,其殁也,当鲁穆公时。是春秋之末,而战国之初。当是时,天下大乱,国自为政,家自为俗,而《中庸》乃曰:"今天下车同轨,书同文,行同伦。"此岂子思之言乎?吾意秦并六国之后,或孔氏之徒传述绪言而为此书。秦始皇二十八年琅邪刻石文曰:"普天之下,抟心壹志,器械一量,同书文字。"二十九年之罘刻石文曰:"黔首改化,远迩同度。"皆与《中庸》所言合,故知《中庸》作于此时也。其曰:"上焉者,虽善无征,无征不信,不信民弗从。下焉者,虽善不尊,不尊不信,不信民弗从。"然则一禀时王之制矣。此亦秦人之语也。①

俞氏断定《中庸》在秦时成书,乃基于其所云"今天下车同轨,书同文,行同伦"不合于子思之时代背景,但却与秦朝两则石刻文字皆相合。然而,俞氏的理据并不充分,至少是没有回应朱熹对王十朋提出的同样问题的解答。就此问题,朱熹曾经抛出卓越的见解,认为周、秦各有各的车轨、书文,不能因为秦代的这种制度影响更大,就否定周代亦曾存在相同的政制:

　　周之车轨书文,何以能若是其必同也?……周人尚舆,而制作之法,领于冬官,其舆之广六尺六寸……无有远迩,莫不齐同。……《周礼》司徒教民道艺,而书居其一,……是以虽其末流,海内分裂,而犹不得变也。必至于秦灭六国,而其号令法制有以同于天下,然后车以六尺为度,书以小篆隶书为法,而周制始改尔。孰谓子思之时而遽然哉?②

朱熹之说引经据典、有板有眼,还得到了明代胡友信,清代江永、凌曙等学者的推崇与进一步论证。俞樾对此置之不理,而只顾自说自话,尽管又加入了石刻文字为证,但其辩说的说服力实在有限。况且,先秦典籍中有此类语言者不止《中庸》一部,正如前人所多已指出的,《左传》隐公元年即有"同轨毕至"之语,《管子·君臣上》也说"书同文,车同轨,此至正也",这些例子足以释王十朋、俞樾之疑。针对有"车同轨,书同文"数语的一章,徐复观认为它"与《中庸》下篇

---

① 俞樾.九九销夏录[M].崔高维,点校.北京:中华书局,1995:167.
② 朱熹.四书或问[M].上海:上海古籍出版社,2001:97-98.

之时代问题无关","分明系礼家编定时所杂凑进去的"。① 果如徐氏所言,那么以这句话作为《中庸》成书年代的根据,就不甚妥当。李学勤则训《中庸》"今天下车同轨"之"今"为"若",因而是"假设的口气",故"孔子所说,也是假设,并非当时的事实,不能因这段话怀疑《中庸》的年代"。②

（六）"是汉儒所撰,非子思作也"

"载华岳而不重,振河海而不泄"是清人判断《中庸》作者及成书年代的另一重要依据。诗人兼诗论家袁枚在给以治《春秋》、易学见长的叶酉的回信中,引其来札:

> 《中庸》填砌拖沓,敷衍成文,手笔去《论语》《大学》甚远,尚不如《孟子》。是汉儒所撰,非子思作也,其隙罅有无心而发露者。孔、孟皆山东人,故论事就眼前指点。孔子曰"曾谓泰山,不如林放",曰"泰山其颓",孟子曰"登泰山而小天下,挟泰山以超北海"。就所居之地,指所有之山,人之情也。汉都长安,华山在焉。《中庸》引山称华岳而不重,明明是长安之人引长安之山,此伪托子思之明验,已无心而发露矣。

对于叶酉的这一重大发现,袁枚极为推崇,盛赞其"真可谓'读书得间,发二千年古人所未有'"。③ 他在别处亦说:"古书伪托撰人姓名,有无端而发露其伪者。《中庸》汉儒所纂,而相传为子思所作。……《中庸》一言山即曰'载华岳而不重',明明是长安之人说长安之华山,汉都长安故也。"④

不得不说,叶酉提出的"论事就眼前指点",在一定程度上是合乎常理的,但也不宜把它绝对化。再者,《中庸》的原始文本是否是"华岳",也不十分确定。郑玄在《礼记注》中就说:"'华岳',户化、户瓜二反,本亦作'山岳'。"陆德明保留了郑氏的这一说法。⑤ 然而,学界却经常把这一发明权归于陆德明,这大概是因为,《礼记》郑注的不少重要版本如卫湜《礼记集说》之宋嘉熙四年新定郡斋刻本、孔颖达《礼记正义》之宋元递修本、《十三经古注·礼记》之《四部备要》

---

① 徐复观.中国人性论史·先秦篇[M].上海:上海三联书店,2001:94.

② 李学勤.失落的文明[M].上海:上海文艺出版社,1997:345.

③ 袁枚.袁枚全集新编(第8册)[M].王英志,编纂校点.杭州:浙江古籍出版社,2018:182.

④ 袁枚.袁枚全集新编(第7册)[M].王英志,编纂校点.杭州:浙江古籍出版社,2018:479.

⑤ 陆德明.经典释文·卷14[M].嘉善谢氏刻《抱经堂丛书》本.嘉善谢氏,[1806]:3.

本、《礼记注》之清乾隆四十八年武英殿仿宋刻本等,皆脱"本亦作山岳"五字。郑玄关于此条的释文至少表明,汉代有"华岳"作"山岳"的《中庸》版本。就此,清代学者卢文弨判断道:"'山岳'是也。《中庸》,子思所作,何为近舍泰岳而远取华?"①卢氏的疑问与叶酉是一样的,但他并未将怀疑的对象指向作者,而是反过来从作者的情况出发,去确证版本之是非。无独有偶,俞正燮也主张"华岳""不是子思之文,当是西汉博士所改也"。②问题是,郑玄之"亦作'山岳'"毕竟没有否认"华岳"版本的存在。因而,适度的回应仍是必要的。对此,清儒多以"华岳"为二山,与下文的"河海"二水相对而言。如程大中《四书逸笺》卷三《中庸》曰:"华,山名;岳,亦山名。《周礼》:'豫州山镇曰华,雍州山镇曰岳。'《尔雅·释山》云:'河南曰华,河西曰岳。'举二山与下二水对。今解华岳为西岳,误。"曹之升《四书摭余说》卷五《中庸》说:"自《中庸章句》无明文,读者不知'华岳'二山对下'河海'二水,是皆执于华山为西岳之说,误之也。"毛奇龄亦曰:"'华岳',二山,与'河海'对文。若不注明,则止太华一山,有偏倚矣。"③现当代学者在这方面也做了不少工作,如顾实指出:"不知此正子思所以形容祖德之广崇,二《南》《大雅》尝言江汉矣,岂必囿于咫尺之间哉?"④郭沫若则发现与子思约略同时的宋钘亦有"作为华山之冠以自表"之语,进而提出"东方之人正因未见华山而生景慕","'载华岳而不重'一语无关重要"。⑤徐复观根据邵晋涵的"汉以前五岳无定名"、丁君杰的"西岳、中岳,异说兹多"等说法,而宣称"先秦文献,无以今华阴之华山为'西岳'之文";又通过考察《尔雅》《晏子春秋》《庄子·天下篇》《山海经》等经籍,而断言"《中庸》下篇所谓'华岳'者,原系齐境二山之名,与下文之'河海',正相对称"。⑥这些论证显示了徐复观扎实的学术功底和宽阔的学术视野。但是,我们认为,发端于崔述、展开于郭沫若的关于古书特点的分析,更具解释力:"《中庸》经过后人的润色窜易是毫无问题的,任何古书,除刊铸于青铜器者外,没有不曾经过窜易与润色的东西。但假如仅因

---

① 卢文弨.经典释文考证·卷14[M].嘉善谢氏刻《抱经堂丛书》本.[出版者不详],[1806]:1.

② 俞正燮.癸巳存稿[M].上海:商务印书馆,1957:56.

③ 毛奇龄.四书改错·卷2[M].金孝柏学圃刻本.[出版者不详],1811:7.

④ 顾实.汉书艺文志讲疏[M].上海:商务印书馆,1929:101.

⑤ 郭沫若.十批判书[M].北京:东方出版社,1996:143.

⑥ 徐复观.中国人性论史·先秦篇[M].上海:上海三联书店,2001:126-128.

枝节的后添或移接,而否定根干的不古,那却未免太早计了。"①

三、调和:《中庸》由几部分组成

此观点一般以对《中庸》的文本结构、写作体裁和思想特征等的分析为前提,宋代即有倡导者,后经日本学者加以阐发,现当代中国学界则愈演愈烈。在作者问题上,此类论者则认为《中庸》的作者部分是子思,部分是子思门人或者他人,顺此,关于其成书年代就有战国说、秦说和汉说等。他们的总体思路则是,《中庸》一书"非一时一人之作"。

初露锋芒的是宋代理学家王柏,其《古中庸跋》指出,"常觉其(引者按:指《中庸》)文势时有断续,语脉时有交互",《中庸论上》再申此意,略有不同:"似觉文势微有断续,宫商或相夺伦。"后来,他因偶然看到《汉书·艺文志》有《中庸说》二篇,颜师古注为"今《礼记》有《中庸》一篇"然未言其中之一已佚,从而灵机一动:"知班固时,尚见其初为二也;合而乱之,其出于小戴氏之手乎?"②此处所说的二篇本就是其所谓的"古中庸"。然而,王柏从颜注中获得的启发,并不具有普遍性,姚振宗就有不同的感受:"颜注殆以《礼记》之外别有此《中庸》之书,而不知此乃说《中庸》之书也。"③而如果《中庸》和《中庸说》分别在《礼记》内外,则二者断然不能合为一书。大概是为了增强其猜测的可信性,王柏提供了一个证据,即"在下位不获乎上,民不可得而治矣"这十四个字在《中庸》里出现了两次,郑玄注之曰:"此句其属在下,著脱误重在此。"这里的"下",孔颖达疏为"下章",但依王柏之见,此"下"意指"下篇",而这恰是"旧章之痕迹尚未磨也"。④ 立足于思想的考察,王柏又主张:"'中庸'二字为道之目,未可为纲;'诚明'二字可以为纲,不可为目。……但见其纲领纯而辨也,如此之精;条目疏而理也,如此之莹。首尾相涵,可谓缜密;气脉流通,可谓融畅。"⑤"纲"即下文的"纲领",亦可说是总则、大要;"目"即下文的"条目",亦可说是细则、细节。之所以视"诚明"为纲领、以"中庸"为条目,是因为"前篇曰天命,则性在命中;

① 郭沫若.十批判书[M].北京:东方出版社,1996:143.

② 王柏.鲁斋王文宪公文集·卷13[M].《续金华丛书》本.[出版者不详],1924:1.

③ 姚振宗.汉书艺文志条理·卷1上[M].快阁师石山房丛书本.杭州:浙江省立图书馆,1931:26.

④ 王柏.鲁斋王文宪公文集·卷13[M].《续金华丛书》本.[出版者不详],1924:2.

⑤ 王柏.鲁斋王文宪公文集·卷13[M].《续金华丛书》本.[出版者不详],1924:1.

修道，则教在道中。然非诚则命不能立，非明则道不能行"。① 更为具体的分篇情况，《宋史·儒林八》有载："（王柏）谓《中庸》古有二篇，'诚明'可为纲，不可为目，定'中庸''诚明'各十一章。"正史的看法，也成为后来的共识，明郑柏《金华先民传》、清孔继汾《阙里文献考》、清孙奇逢《理学宗传》等皆继承此说。可是，王柏的论证却存在不严谨或待反思之处：其一，郑玄（127—200）在班固（32—92）之后，而郑氏又提到了《中庸》"下篇"，因而就应以郑而非班为"尚见其初为二也"的坐标；其二，班、郑都是有识见的学者，然而他们却没有对戴圣"合而乱之"的重大改动发表任何意见，这很难理解；其三，郑玄的影响并不比戴圣小，甚至可以说，正是郑注成就了《小戴礼记》，是以，其"此句其属在下，著脱误重在此"之"下"若果真是"下篇"之义，就理应引起时人对《中庸》原本的重视，而其说却未得到丝毫响应，这也不合常情。

查证可知，作为王柏之灵感来源的颜注，在"今《礼记》有《中庸》一篇"下，还有半句"亦非本《礼经》，盖此之流"。这下半句，被清代学者王鸣盛评价为"虚浮无当"，因为在他那里，《中庸》是《礼记》"百三十一篇之一"，"而《中庸说》二篇，其解诂也"，且二者在《汉书·艺文志》里"各为一条"，②故不能笼统地合并。武内义雄主张，"所谓《中庸说》二篇，是否本经之《中庸》的长篇，不可考"。③ 徐复观则认为，"所谓《中庸说》二篇者，实即《礼记》四十九篇中之一的《中庸》的单行本，二者实为一书"，"《孔子世家》称《中庸》，《汉志》称《中庸说》，《白虎通》称《礼中庸记》，古人对传记之称谓，并不严格，三者皆可视作一书之名称"。④ 但在笔者看来，彻底否定王柏的二篇之说，尚嫌仓促。1973 年出土的马王堆汉墓帛书中，有一部《五行篇》，附于《老子》甲本卷后，"这篇佚书原由两个部分组成：自第一七〇行至第二一四行，即原第一大段，为第一部分；自第二一五行的提行另段开始，直至末尾第三五〇行，为第二部分。第一部分提出了若干命题和基本原理，第二部分则对这些命题和原理进行了解说。这是战国时期的一种文章格局。《管子》《墨子》《韩非子》等书中，都有这种篇章。照当时的习惯说法，这第一部分叫《经》，或有一个切合内容的题目某某；第二部分

① 王柏.鲁斋王文宪公文集·卷 10[M].《续金华丛书》本.[出版者不详],1924:8.

② 王鸣盛.蛾术编·卷 6[M].世楷堂刻本.世楷堂,1841:24.

③ 江侠庵.先秦经籍考（中册）[M].上海:商务印书馆,1931:107.

④ 徐复观.中国人性论史·先秦篇[M].上海:上海三联书店,2001:93.

叫《说》,或者叫《某某解》"。① 《五行篇》是思孟学派的作品,它的"经""说"合体,有可能是帛书抄写者为了节省昂贵的书写材料,但也不能排除二者本为一书的可能,如果是后一种情况,那么作为子思著作的《中庸》当然也可以有经、说两种思想成分。

王柏之后,日本学者接过了他的接力棒。伊藤仁斋(1627—1705)是日本江户时期的思想家,撰有《中庸发挥》一卷。他赞同陈善和王柏对《中庸》文本结构的怀疑态度,但强调他们的主张是"无证之言,不足信据"。仁斋认为,亦在《孔子家语》中的"哀公问政篇",即《中庸》第二十章,乃"误入于《中庸》";"第十六章论鬼神,及第二十四章论祯祥妖孽处,又非孔子之语"。② 他以《中庸》为"《论语》之衍义",并依此标准,以鬼神章为界,把《中庸》分为上下两篇。也就是说,自"天命之谓性"至"子曰:父母其顺矣乎",是上篇,"说中庸之义者止于此,盖《中庸》本书也"。③ 其中,"喜怒哀乐"一节"赞礼乐之德",应排除在《中庸》本文之外,而来自古《乐经》:"若以此章为《中庸》本文,则唯喜怒哀乐未发之中,独为学问之根本,而《六经》《语》《孟》,悉为言用而遗体之书,害道特甚,故今断为古《乐经》脱简";④ 自"子曰:鬼神之为德,其盛矣乎"至末章,是下篇,而整个下篇也"非《中庸》原文""或是他书之脱简"。⑤ 仁斋推崇论孟古义,并以之考量后世儒典,故而尽管他承认"衍义"的合理性,但"《论》《孟》二书实包括天下古今道理尽头,所谓彻上彻下者也",尤其是《论语》,才是"最上至极宇宙第一书"(《仁斋日札》)的观念,使他的《中庸》文本裁定,过于武断,其以"喜怒哀乐"一节为古《乐经》脱简,则尤为不妥,诚如徐复观所言,"此处分明系就人之自身来说,并非就音乐而言","乃紧承慎独的工夫说下来的"。⑥

武内义雄(1886—1966)认为,按照仁斋之《中庸》后半"与子思无关系"的说法,"则《中庸》哲学上之价值甚薄矣"⑦。经过整体性的考察,他指出,《表

---

① 庞朴. 马王堆帛书解开了思孟五行说之谜:帛书《老子》甲本卷后古佚书之一的初步研究[J]. 文物,1977(10):63 – 69.

② 伊藤仁斋. 中庸發揮[M]//關儀一郎. 日本名家四書註釋全書. 東京:鳳出版,1973:3 – 4.

③ 伊藤仁斋. 中庸發揮[M]//關儀一郎. 日本名家四書註釋全書. 東京:鳳出版,1973:23.

④ 伊藤仁斋. 中庸發揮[M]//關儀一郎. 日本名家四書註釋全書. 東京:鳳出版,1973:11.

⑤ 伊藤仁斋. 中庸發揮[M]//關儀一郎. 日本名家四書註釋全書. 東京:鳳出版,1973:23.

⑥ 徐复观. 中国人性论史·先秦篇[M]. 上海:上海三联书店,2001:110.

⑦ 江侠庵. 先秦经籍考(中)[M]. 上海:商务印书馆,1931:116.

记》《淄衣》《坊记》《累德》及《中庸》等五篇"必非一时一人所作,迨后由子思后学所编纂","其中最原始之部分,只为《中庸》之前半(朱子《章句》自第二章至第十九章),至《中庸》之后半(第二十章以下),乃后人从《中庸》之前半而传演之者",结合其他四篇而言其成书先后,则"最先出者当为《中庸》之前半,次为《累德》《表记》以下之篇,最后出者,为《中庸》之后半"。武内氏仍然秉持仁斋之标准,以为"其内容若异于《论》《孟》者,则非子思所自著"。① 因之,《中庸》之首章与下半,乃韩非、始皇之顷,是子思学派之人所敷演之部分,非子思原始的部分。……此等部分,恐即由《中庸说》所搀入者","与《易》之《文言》《系辞》相似,谅是秦代作品"。② 总之,武内义雄从整体上分析子思子的著作,并参以《论》《孟》《易》等而判定《中庸》的文本结构和成书年代,进而得出其"非一时一人所作"的不刊之至论,都是不容忽视的成果。可是,他以思想的相似性来推断作品的年代,却存在较大的误判风险。

国内较早与王柏呼应的是冯友兰。其 1931 年出版的《中国哲学史》上卷表示,王柏的分篇及把"中庸"后段名之为"诚明""殊无根据",对于"中庸"二字不见于首章的解答"又曲为之辞"。在冯友兰看来,《中庸》可分三段:自"天命之谓性"至"天地位焉,万物育焉"为首段,自"仲尼曰,君子中庸"至"道前定则不穷"为中段,自"在下位不获乎上"至"无声无臭至矣"为末段;其中,首尾两段大概是论著体裁,"多言人与宇宙之关系,似就孟子哲学中之神秘主义之倾向,加以发挥",中段大概为记言体裁,"多言人事,似就孔子之学说,加以发挥"。基于对论著体裁和思想内容之不同的分析,他推测,中段似为原子思所作的《中庸》,而首尾两段则是后儒所加,"似秦汉时孟子一派之儒者所作"。③

徐复观亦是《中庸》分篇说的倡导者。他指出,以往在《中庸》的成书年代问题上犯的主要过失,多是用后人著书之例去推测它,从而以之"出于一人之手"、"同时写定",而实际《中庸》原为二篇。然而,他却宣称王柏和武内义雄"对其篇章之分合,及内容之陈述,皆不甚妥洽"。④ 徐复观认为,自"天命之谓性"至"道前定则不穷"是上篇,作者系子思,其中也杂有他门人的话,"是直承《论语》下来的孔门文献","主要是解决孔子的实践性地伦常之教,和性与天道

① 江侠庵.先秦经籍考(中册)[M].上海:商务印书馆,1931:113-114.
② 江侠庵.先秦经籍考(中册)[M].上海:商务印书馆,1931:121-122,130.
③ 冯友兰.中国哲学史·上卷[M].上海:神州国光社,1931:417-418.
④ 徐复观.中国人性论史·先秦篇[M].上海:上海三联书店,2001:92.

的关系"；自"在下位不获乎上"至文末是下篇，出于子思的门人，也成立于孟子之前，"不仅是在进一步解决性与天道的问题；而且也是进一步解决天道与中庸的问题"，不过，"下篇是以诚的观念含摄上篇所解答的问题"，且"上下篇的思想，实在是一贯的"。此外，他接续陈善《扪虱新语》所谓十七、十八两章为汉儒杂记之说，进而宣扬，第十七至十九章以及下篇的第二十八章，都是"由礼家所杂到里面去的"，与《中庸》本文无关。①

郭沂也主张《中庸》由两部分组成，但语出惊人。《〈中庸〉成书辨正》一文中，他指出，"以孔子语单独成章的是第一部分，大致为《记》或者说原始《论语》的佚文"，这一部分绝不是《中庸》一书原有，因为"在诸子私人著作中，绝无大量以孔子语单独成章的现象"；其余是第二部分，基本上是一部独立的著作，主旨是"极中庸之妙"。而这两部分之所以被汉人整合，是由于第一部分的原始《论语》佚文也多是关于中庸的言论，也就是说，与第二部分主题相同。② 是文收入《郭店竹简与先秦学术思想》一书时做了一些修订。郭书认为，《中庸》除汉人杂入部分外，由《中庸》遗章（属《论语》类文献）和子思佚篇《天命》组成，汉书《礼记》编者将二者编在一起。③ 其实，子思的《淄衣》《表记》《坊记》等著述通篇都是以"子言之"或"子曰""子云"开头的文字。而在《论语》中找到与之语义相近的语句也并不难，比如，《坊记》中有"子云：小人贫斯约，富斯骄"，《论语·述而》亦有"贫而无谄，富而无骄，何如？"一条；《表记》载"子曰：恭近礼"，《论语·泰伯》则有"恭而无礼则劳"。所以，以屡称"子曰"和与《论语》某些言论含义相近，而断定第一部分是原《论语》佚文，至少要以证明《坊记》《表记》《淄衣》等不是子思之作为前提。

经过对今本《中庸》之内容、文体、性质、风格、用词等多方面的细致分析，杨泽波也认为《中庸》分为两部分。前十九章是子思所作，语录体，论述与《论语》一致，语言朴实，复词较少，基本上可以代表孔子关于中庸的思想；"首章和后十三章很大程度上可能为秦汉人士所为"，论著体，语言高深，复词较多，论中庸的调子已完全不同，且以论说诚明为主，形上气氛浓厚。④ 不能不说，杨氏的论证深刻细腻，很具启发性。但是，郭沂同样运用词汇分析的方法考察《中庸》下篇，

① 徐复观.中国人性论史·先秦篇[M].上海：上海三联书店.2001：94－130.
② 郭沂.《中庸》成书辨正[J].孔子研究，1995（4）：50－59.
③ 郭沂.郭店竹简与先秦学术思想[M].上海：上海教育出版社，2001：442.
④ 杨泽波.孟子评传[M].南京：南京大学出版社，1998：38－48.

得出的结论却与之完全相反。因而,"单纯运用汉语构词发展规律来判断《中庸》作者归属,也是有一定的冒险性的"。①

结合对出土的相关文献的研究,梁涛提出了新的观点。他认为,原始《中庸》是从今本的第二章开始的,这是因为,"第二章的'仲尼曰',可能是子思看到人们对自己的言论表示怀疑,故在'撰《中庸》之术四十九篇'时特意在其首篇首章标明'仲尼曰'三字,说明自己所记均为孔子之言,具有绝对的权威性"。梁氏进而指出,自第二章至第二十章上半段"所以行之者一也"为《中庸》上半部,与《淄衣》体例接近,属于记言体,主要讨论中庸;第一章及第二十章"凡事豫则立"以下是《中庸》下半部,与《五行》体例接近,主要讨论诚明,这一部分应该是后来加上去的。亦即,这两部分原来绝不是一个整体,而是子思不同时期的两篇作品。从荀子《不苟篇》可以看出,他既对《中庸》和《诚明》同时表现出极大的兴趣,又试图将二者统一起来,"那么很有可能,今本《中庸》就是经他之手而编定的"。② 梁氏从《不苟篇》与《中庸》的义理关联入手,精心构思出的论断可谓石破天惊。可是,一则,历史上没有关于荀子曾整理文献的记载;再则,因不满原书思想而提出新的主张,是顺理成章的行为,但因之而改造经典的原本,就令人费解。荀子不会不知道,原本的保存恰可证明其思想的创造性,而改造的工作则有可能磨灭他的贡献。

四、两称"仲尼"与作者、文本问题

《中庸》中有两条文字带"仲尼"字样,一是"仲尼曰:君子中庸,小人反中庸。君子之中庸也,君子而时中;小人之中庸也,小人而无忌惮也",二是"仲尼祖述尧舜,宪章文武"。而众所周知,仲尼是孔子的字,中国古代又有避讳制度,避讳包括国讳和家讳,家讳要求子孙为长者讳,不能直呼父祖之名。据此,如果《中庸》的作者是孔子之孙子思,那么,书中就不应该出现"仲尼",反之,如果出现了"仲尼",就有理由反驳作者为子思之说。如前所示,王十朋最早发出这种疑问:"岂有身为圣人之孙,而字其祖者乎?"然而,事实往往不是如此简单。

《礼记·曲礼上》就强调,某些特殊情况无须避讳:"不逮事父母则不讳王父母,……诗书不讳,临文不讳。"这里的第一句容易理解,指没有来得及侍奉父

---

① 杨少涵.中庸原论[M].北京:社会科学文献出版社,2015:392.
② 梁涛.郭店楚简与《中庸》公案[J].台大历史学报,2000(25):36-50.

母,就可以不避祖父母的名讳;后面两句,本于《论语·述而篇》"《诗》《书》、执礼,皆雅言也"。今人多译《礼记》之文为"读《诗》《书》时可以不避讳;写文章时可以不避讳"。① 可是,历史上的注释却不是这样。孔颖达疏曰:"诗书,谓教学时也;临文,谓礼执文行事时也。"②宋末元初的理学家陈澔分析了这两种情形下不用避讳的原因,"不因避讳而易《诗》《书》之文、改行事之语,盖恐有惑于学者、有误于承用也"。③ 这是从下层民众的角度做出的判断。无独有偶,郑玄在注解上引《论语·述而篇》之语时,也曾说:"读先王典法,必正言其音,然后义全,故不可有所讳。礼不诵,故言执。"④此乃从尊崇上层先王的角度给出的理由,可以解读《中庸》。尽管角度不同,但试图消解避讳造成的负面影响,则是二人的共同认知。《礼记·玉藻》有与《曲礼上》近似的说法:"教学临文不讳。"东汉末经学家卢植注曰:"教,《诗》《书》典籍教训也;临文,谓礼文也。《诗》《书》、执礼皆雅言,故不讳。礼执文行事,故言文也。"⑤孔颖达疏:"教学为师长也,教人若讳,疑误后生也;临文,谓简牍及读法律之事也,若讳则失于事正也。"⑥至此可知,没有侍奉过父母,教学过程中诵读《诗》《书》,以及涉及礼文时,可以不避讳。然而,从《中庸》中带"仲尼"二字的两条文字看,它们既不属于《诗》《书》,也不是礼文,因而不合乎这两条免避讳的原则。但子思却被普遍认为"不逮事父母"。钱穆就曾说,"或谓(伯鱼)遗腹生子思"。⑦ 果真如此,他就可以不避"仲尼"讳。还有一种可能,即子思是在跟鲁穆公交流时直呼"仲尼",这符合《礼记·曲礼上》之"君所无私讳"的规定。《孟子·公孙丑下》记载,"昔者鲁缪公无人乎子思之侧,则不能安子思",从中可见,"往者鲁缪公尊礼子思"。⑧ 班固《汉书·艺文志》也说,子思"为鲁穆公师"。《孔丛子·杂训篇》更为具体地指出,鲁穆公是在即位三年时就教于子思。1993 年在湖北省荆门市

① 杨天宇.礼记译注[M].上海:上海古籍出版社,2004:30.

② 礼记注疏·卷3[M].郑玄,注.孔颖达,疏.南昌府学重刊宋本《十三经注疏》本.南昌府学,1817:14.

③ 陈澔.云庄礼记集说.卷1[M].司礼监刻五经本.[出版者不详],1447:44.

④ 宋翔凤.论语郑氏注·卷4[M].《浮溪精舍丛书》本.[出版者不详],道光咸丰年间:3.

⑤ 杜佑.通典·卷104[M].武英殿刻本.[出版者不详],1747:16.

⑥ 礼记注疏·卷30[M].郑玄,注.孔颖达,疏.南昌府学重刊宋本《十三经注疏》本.南昌府学,1817:12.

⑦ 钱穆.先秦诸子系年[M].北京:商务印书馆,2015:199.

⑧ 赵岐.孟子赵注·卷4[M].《微波榭丛书》本.[出版者不详],清乾隆年间:16.

郭店村出土的郭店楚墓竹简里,确有一篇《鲁穆公问子思》,则在某种程度上坐实了前人的记载。如是,尽管子思是老师,但鲁穆公是君,在君面前,就不能有私讳,必须直称"仲尼"。综上,《中庸》的两称"仲尼",并不能否认其作者为子思。

然而,需要进一步思考的是,《中庸》中为何两次直呼"仲尼"? 关于此,学界的看法大致有以下几种:

第一,"古人称字者最不轻"。这种观点源于南北朝时期的颜之推,宋代的陆游继承其说,明确提出这一论断并将之与子思称仲尼关联起来的是魏了翁,后来,宋罗大经、明蔡清和清顾炎武皆秉持此说。魏晋经学家杜预较早指出,"书字者,伸父母之尊"。①《颜氏家训·风操第六》则进一步将之用于解释孔子弟子称仲尼的现象:"古者,名以正体,字以表德,名终则讳之,字乃可以为孙氏。孔子弟子记事者,皆称仲尼。"字代表一个人的品德,甚或可以作为孙子辈的氏,故而,孔子弟子"称仲尼"绝非轻慢之举。陆游亦曰:"字所以表其人之德,故儒者谓夫子曰仲尼,非嫚也。"②魏了翁至少有四次提及子思称仲尼事,两次持肯定态度,③分别在《答张大监》和《师友雅言》中,文字稍有不同,今引其一:"古人称字,最不轻。《仪礼》:子孙于祖祢皆称字。孔门弟子多谓夫子为仲尼,子思孙也,孟子又子思弟子也,亦皆称仲尼。至汉魏后只称仲尼。虽今人亦称之,而人不为怪。游、夏之门人皆字其师。"④此处的"最不轻"在《师友雅言》中作"最尊"。魏氏之意,古人称尊长之字非但不是轻慢,而且恰好相反,乃是表示尊敬。就此,罗大经评论道:"观鹤山此说,古人盖以称字为至重。今世唯平交乃称字,稍尊稍贵者,便不敢以字称之,与古异矣。"⑤可知,宋代时风已变,一般的交往关系才会称字。王十朋对子思称仲尼的说法提出了质疑,即是以宋代考量先秦的结果。此后,明代的蔡清以子思称仲尼为例去证明古人重字:"古人重字,如子

---

① 杜预.春秋经传集解·卷2[M].武英殿刻《仿宋相台五经》本.[出版者不详],1783:20.

② 陆游.老学庵笔记·卷2[M].虞山张氏刻照旷阁刻《学津讨原》本.[出版者不详],1805:14.

③ 第三次:"子思作《中庸》,始称仲尼,字其祖。《中庸》'君子之道四,丘未能一焉',亦不讳其祖之名。"仅指出现象,未评论。第四次说:"若用孔门弟子与子思、孟子称仲尼例,则字先贤已过矣。"

④ 魏了翁.重校鹤山先生大全文集·卷34[M].吴凤高翀刻本.[出版者不详],1551:8.

⑤ 罗大经.鹤林玉露·卷7[M].稗海本.[出版者不详],明万历间:7.

思之于孔子,亦称仲尼云",①顾炎武依据魏了翁之说归纳出"古人敬其名,则无有不称字者"②的历史知识,则皆与颜之推之论属于一系。日本学界也有类似主张。狄生徂徕(1666—1728)注"仲尼祖述尧舜"章即曰:"盖古者人死而止讳其名,有谥则称其谥,无谥则称其字。如诸侯薨而复曰'某甫复'矣,此时始薨而未有谥,故虽诸侯亦止称其字。可见,称字者尊之至也。"③徂徕的解释更为详细,但仅限于推测,而没有提供强有力的例证。

此种观点照应了"仲尼"的出场,但何以同为敬称的"子""夫子"等没有被这两处采纳,却无法得到合理的说明。再者,认为古人重字,似也存在理解上的偏颇。《仪礼·士冠礼》《礼记·郊特牲》皆云"冠而字之,敬其名也",表明取字的目的是敬名。上引顾炎武"古人敬其名,则无有不称字者",亦是此义。也就是说,称字的原因在于,尊贵的名字不能随意被称呼。故而,称字是敬其人,而非敬其字或重其字。也正是在这个意义上,隋刘炫才说"称字轻于称名矣"。④

第二,"古人未尝讳其字"。此乃朱熹之说。《朱子语类》卷六十三载,当有人问及"子思称夫子为仲尼"时,朱熹告诉他这是因为"古人未尝讳其字",且举明道直称"周茂叔"、伊川"尝呼明道表德"之例为证,又以《仪礼》中所见"古人祭祀,皆称其祖为'伯某甫'"为经典依据。这里需要说明一下,古代男子的字一般由三部分组成:第一部分指排行,即伯、仲、叔、季之类,这一部分在男子五十以后才加上:"年至五十,耆艾转尊,又舍其二十之字,直以伯仲别之";⑤第二部分是字的核心,即与名意义相关的字,表德行,或相反、或相成;第三部分作"甫"或"父",是对男子的美称,也表示此男子已经具有父权。所以,字一般表述为"伯某甫""仲某父"等,举例言之,"伯禽父"即周公长子的字的全称,"仲尼父"即孔子的字的全称。于此可知,朱熹所见《仪礼》中的"伯某甫"是字的全称形式。《中庸或问》中,回答"孙可以字其祖乎?"时,朱熹引申其说:"古者生无爵,死无谥,则子孙之于祖考,亦名之而已矣。周人冠则字而尊其名,死则谥而讳其名,则固已弥文矣,然未有讳其字者也。故《仪礼》馈食之祝词曰:'适尔皇祖伯

---

① 蔡清.四书蒙引·卷3[M].刻本.[出版者不详],1527(嘉靖六年):73.
② 顾炎武.日知录集释(下册)[M].石家庄:花山文艺出版社,1990:1034.
③ 荻生徂徕.中庸解[M]//關儀一郎.日本名家四書註釋全書.東京:鳳出版,1973:58.
④ 林秀一.孝经述义复原研究.武汉:崇文书局,2016:111.
⑤ 礼记注疏·卷7[M].郑玄,注.孔颖达,疏.南昌府学重刊宋本《十三经注疏》本.南昌府学,1817:23.

某父',乃直以字而面命之。况孔子爵不应谥,而子孙又不得称其字以别之,则将谓之何哉?若曰孔子,则外之之辞,而又孔姓之通称,若曰夫子,则又当时众人相呼之通号也,不曰仲尼而何以哉?"①很显然,这种解释难以服人。仅就《中庸》的内容而言,就足以推翻他的推论,因为《中庸》大量引用孔子的话,但使用"仲尼"只区区两处。不过,朱熹的"古人未尝讳其字",的确可以作为子思称"仲尼"现象的有力支撑,但他仅以宋代为例,则是有局限性的。后来,陈淳问及为何不在《四书章句集注》里把"仲尼"改为"夫子",朱熹说:"若如《中庸》第二章所辨,则恐在当时为可耳。"②此中的"恐"字,含有十分不确定之意,表明朱熹对《中庸》时的避讳制度未能详究,这也能解释他为何仅以宋代为例。其实,先秦儒典中,不乏此类例证,如《论语·子张》即记有子贡"仲尼不可毁也"之语,《孟子》则有"仲尼"凡六次。③遗憾的是,对于古人为什么"未尝讳其字",朱熹没有作出充分的说明。

第三,"非当面之称也"。此说乃针对颜之推的说法而立,是南宋文学家王楙(1151—1213)的主张。他说:"颜之推谓字以表德,古者无嫌,岂其然乎?且孔门弟子称仲尼者,是退而记其所言,非当面之称也。"④依王氏之见,孔子的弟子称呼仲尼,并非像颜之推所言,是用字来表示其德行,王氏着力分析了当时的生活语境,认为孔子弟子不是当其面称呼仲尼,而是退下来后记录他的言论时所为。然而,这种辩驳实属牵强。不需避讳则已,一旦需要避讳,就不该有什么当面不当面的区别,而是任何时候都应遵守,甚至可以说,不当面时的直呼其字,才是更为不敬的。当然,无论这种观点的合理性有多大,用于解释孔子弟子称仲尼尚可,而一定不能用于解释撰于孔子之后的《中庸》文本。

第四,"非一家之私也"。元代诗文家、词人王义山宣称,子思"字其祖",是因为在他的观念中,仲尼不能为他一家所私有:

> 子思,孔子之孙也,为人之孙而字其祖,何也?子思盖谓仲尼者六经之仲尼也,千万世之仲尼也,吾岂敢私之以为己祖哉!
> 或问:《中庸》何以称"仲尼"者再也?《中庸》第二章"仲尼曰君子

---

① 朱熹.四书或问[M].上海:上海古籍出版社,2001:60.
② 朱熹.朱子全书(第23册)[M].上海:上海古籍出版社,2002:2725.
③ 杨伯峻.孟子译注[M].北京:中华书局,1960:371.
④ 王楙.野客丛书·卷4[M].上海:商务印书馆,1939:31.

中庸,小人反中庸",子思所以系仲尼于中庸之上者,盖以夫子集中庸之大成者也。是以总括前数章天地造化之大,而归于夫子之身,况敢私夫子以为己祖哉!嗟夫,仲尼之为仲尼,非孔氏一家之仲尼也,六经之仲尼也,千万世之仲尼也。呜呼盛哉夫子!呜呼盛哉夫子!此夫子之所以为夫子也。①

仲尼代表六经之道,②理应造福千秋万代,子思不能只把他当作自己的祖父;而之所以在"君子中庸"前用"仲尼曰",是因为要刻意揭示孔子集中庸之大成的特殊地位。

清代经学家龚元玠与王义山不谋而合。他说:"首引仲尼之言,此言仲尼之行,皆举其字,明非一家之私也。"③意即,《中庸》之所以直呼孔子的字"仲尼",是为了表明孔子的学问不能仅属于某一家,而应成为人类共用之道;理由在于,"仲尼之行,无非中庸,直与尧舜文武合而为一,上契天地、四时、日月;即前章君子中庸,统括千古圣帝明王,而仲尼居其后,所谓集大成,生民未有者也"。④ 这就是说,仲尼的人格与尧舜文武等圣王相合,其境界与天地日月相契,他是集大成者,不应属于一时一地,而是具有跨时空的普遍感召力,当为万世之师。进言之,直举"仲尼",即意在展示其言行的普遍性、超越性。

毋庸讳言,王、龚的观念中充斥着强烈的崇古崇圣意识,而在这种意识下做出的判断,虽然独树一帜,但很难被视为客观公允之论。

第五,"所引书之本文"。此乃王阳明嫡传弟子季本之说。他主张:"此章首二句圣人之言,下四句子思释之也,故以首二句著仲尼字,盖必仍所引书之本文也。以后凡引圣人之言,皆止称'子曰',亦用当时所记之文。"⑤也就是说,第二章"仲尼曰君子中庸,小人反中庸……"乃引自书籍的本文,而后文引孔子的话

---

① 王义山.稼村类稿·卷17[M].刻本.[出版者不详],1516(正德十一年):7-8.

② 事实上,早在宋代,这就成为一种比较普遍的看法,如陈襄说:"孔子没,六经之道不明于世。"欧阳修云:"昔者圣人已没,六经之道几熄于战国,而焚弃于秦。"苏辙曰:"自仲尼之亡,六经之道遂散而不可解。"

③ 龚元玠.四书客难·卷1[M].县学文昌祠考棚公局刻本.[出版者不详],1846(道光二十六年):33.

④ 龚元玠.四书客难·卷1[M].县学文昌祠考棚公局刻本.[出版者不详],1846(道光二十六年):32.

⑤ 季本.四书私存·中庸私存[M].台北:"中央研究院"中国文哲研究所,2013:59-60.

仅用"子曰",则是因为所引为子思时记录的文字,非原书。这种说法纯属猜测,没有充足的证据。

第六,"尊祖德,表家传"。此乃王阳明门人耿定向的弟子管志道的主张。在他看来,"仲尼祖述尧舜"章系从第二十八章之"吾从周"和第二十九章之"其寡过矣乎"推来,此章的出现大概是因为不想拘泥于仅谈论孔子穷居时的事情,从而扩展到其"得时行道"之时,意在表明如果孔子真的"王天下","其作用当如此矣",而"前章凡仲尼之言,皆书'子曰',而此独与君子中庸章为一例者"的原因何在呢? 管氏认为,这是因为要"尊祖德,表家传也"。[1] 不过,此说也无充分的证据,猜想的成分居多,它需要解释,为什么"子曰"开头的句子就不能有这样的功能?

第七,"极致归美尊崇之意",是明代经学家郝敬如的主张。其《礼记通解》朱订第二章注曰:"自此至'子路问强'章,历引夫子之言明中庸之德。诸章皆称'子曰',此独称'仲尼',以中庸发自仲尼。上章推本天命,此首揭仲尼以圣继天,开斯道之传也。篇内两称仲尼,极致归美尊崇之意。"[2]朱订第三十章(郝敬定为第二十七章)亦曰:"此章特称'仲尼'者,承上数章之意,归德于夫子也。"[3]郝敬还从仲尼和子思的思想关联角度加以阐发:"仲尼言中庸,罕言性命;子思言性命,必称仲尼。盖性命以中庸为实际,中庸以仲尼为宗师。故言必称仲尼者,亦虑学者歧而之他也。"[4]总之,对孔子首倡中庸之功的赞美,以及对其"以圣继天、开斯道之传"的地位的推崇,是《中庸》两称仲尼的原因。然而,这一说法仍然不甚妥当。郝氏难以回应,《中庸》为何不用"孔夫子""孔子"等尊称,以及何以仅此两处使用"仲尼"等问题。

第八,"天下人之公称"。清代学者刘沅(1767—1855)《中庸恒解》注"仲尼曰"谓:"其称仲尼则固天下人之公称,而以为此理发于仲尼,亦天下人之公论也。后文'祖述'章,拟孔子于天地,亦称仲尼,意亦如此。两论书法,于门人记述则称子,于君大夫问答及他邦则称孔子。兹独称仲尼,固非漫然。"[5]事实上,据考察《论语》《礼记》等文献,天下人更则是称孔丘为孔子或子,而非仲尼。在

---

① 管志道.重订中庸章句注释·卷下[M].明万历三十四年刊本.[出版者不详],1606:25.
② 郝敬.礼记通解·卷18[M].明万历四十四年本.[出版者不详],1606:25.
③ 郝敬.礼记通解·卷19[M].明万历四十四年本.[出版者不详],1606:50.
④ 郝敬.礼记通解·卷18[M].明万历四十四年本.[出版者不详],1606:14.
⑤ 刘沅.槐轩全书[M].成都:巴蜀书社,2006:57.

这个意义上说,刘氏之说缺乏根据。

第九,"中庸之名,自仲尼定之","中庸之德,惟仲尼备之"。此乃清代语言学家、文字学家王筠(1784—1854)的主张。他著有《四书说略》。对于《中庸》"通篇皆子曰",仅第二章和第三十章称"仲尼"。王氏认为,第二章称仲尼,是因为"中庸之名"即由仲尼所定:"独言仲尼曰者,中庸之名,自仲尼定之也",而第三十章再称仲尼,则是由于只有他才配得上中庸之德:"祖述尧舜节又言仲尼者,则谓中庸之德惟仲尼备之也。"那么,"仲尼何以备中庸之道哉"? 王筠指出,根据就在于"所祖述者尧舜也,所宪章者文武也"。此前,尧说"允执其中",舜"用中",汤"执中"、"建中","列圣相传只是一'中'",然而,中只是一个"空名","传久则差",故而孔子"加'庸'字,以作'中'字定盘星也"。① 其实,王氏之说很难成立。首先,仲尼首次使用"中庸"的史实,与"仲尼曰:君子中庸,小人反中庸",并无实质的关系。其次,《论语·雍也篇》有"中庸之为德也,其至矣乎,民鲜久矣"之叹,隐含中庸是对普通民众的普遍期盼,这与王氏所说只有孔子才具备中庸之德,显然相悖。

第十,"明下文皆夫子之语也"。这是日本学者伊藤仁斋(1627—1705)和中井履轩(1732—1817)的看法。伊藤仁斋注"仲尼曰"一条说:"此称仲尼者,明下文所引'子曰'者,即皆夫子之语也。"②中井履轩之注的文字稍异、语义则同:"此特称'仲尼曰'者,以明下文所引'子曰'者,皆仲尼之言,非他人也。"③众所周知,"仲尼曰"一章被朱子定为第二章,是《中庸》里第一次引用孔子的话,其上的第一章是议论体;而"子"是尊称,可以指代任何有身份有地位的人,非专指一人,"仲尼"则特指孔子。文中首次出现,用特指的方式,的确可以达到后文的"子曰"免于被误解的效果。可是,当《中庸》第三十章"仲尼祖述尧舜,宪章文武"中"仲尼"再次出现时,伊藤仁斋和中井履轩却均未置一言。他们对"仲尼曰"的注解,确实发人所未发,然而,对于《中庸》为什么采用孔子的字"仲尼",而放弃孔子之名"孔丘",或"孔子""孔夫子"等同样可以避免被误解的称呼,恐

① 王筠.中庸说略[M].四书说略本.[出版者不详],清道光至咸丰间:5-6,28.
② 伊藤仁斋.中庸發揮[M]//關儀一郎.日本名家四書註釋全書·學庸1.東京:鳳出版,1973:12.
③ 中井履轩.中庸逢原[M]//關儀一郎.日本名家四書註釋全書·學庸1.東京:鳳出版,1973:24.

怕是他们难以回答的。《礼记》中,同被视为子思之作的《表记》《坊记》《缁衣》①等皆以"子言之"开篇,除《表记》在下文有几处"子言之"或"子言之曰",其他均作"子曰"外,《缁衣》下文均作"子曰",②《坊记》下文均作"子云"。对于此三篇"开端皆称'子言之',邵晋涵、黄以周及顾实等以为,"盖子思语而弟子述之也。称'子云''子曰'者,引孔子语也"。③ 而这诚如梁涛所言,"忽视了子思思想的特点"。④ 以"子言之"开篇,显然是在强调文中所记皆为孔子言论。那么,为何偏偏《中庸》首引孔子之语时,表达方式不再是子思习惯使用的"子言之"而改为"仲尼曰",这是否提示该书的作者不是子思? 似乎也应得到合理的说明。

第十一,"自填讳"。袁枚如此主张:"况子贡、子思称仲尼,子路称孔丘;乐正子称孟轲;……皆自填讳也。"⑤在他看来,《中庸》中的"仲尼"乃自填讳而来,不是子思本人所写。所谓填讳,亦名题讳,指子孙为祖先撰写行状、碑志等文字时,请人代写祖先名号。但是,袁枚之说实难成立。首先,子思是在著书,不是写行状或碑志;再者,填讳现象出现较晚,清人钱大昕所云"是宋人已称填讳矣",⑥虽非确考,但将这一现象推至先秦,无论如何都是过头的。

第十二,"两书仲尼,特笔也"。这是清代文坛桐城派之殿军人物马其昶(1855—1930)的观点。他在《中庸谊诂》里指出,《中庸》两次直书仲尼,乃是一种特殊的笔法:

> 夫性之体至大,而其用则至实。前章(引者按:指"唯天下至诚"至"盖曰文王之所以为文也,纯亦不已")既言尽性者,必尽其性之量如天地。此(引者按:指"大哉圣人之道"至"苟不固聪明圣知达天德者,其孰能知之")又言欲尽性之量如天地,必实致其尽性之功如夫子。赞

---

① 沈约《修订乐书疏》曰:"《中庸》《表记》《缁衣》皆取《子思子》。"《隋书·音乐志》引沈约的话时,则多了一篇《坊记》:"《中庸》《表记》《坊记》《缁衣》,皆取《子思子》。"

② 楚简本《缁衣》以"夫子曰"开篇,下文均作"子曰"。这大概是较早的书写方法,汉代编纂的版本则被统一改为"子言之"。

③ 顾实.汉书艺文志讲疏[M].上海:商务印书馆,1929:101.

④ 梁涛.郭店楚简与《中庸》公案[J].台大历史学报,2000(25):35.

⑤ 袁枚.袁枚全集新编(第7册)[M].王英志,编纂校点.杭州:浙江古籍出版社,2018:420.

⑥ 钱大昕.十驾斋养新录·卷十六[M].上海:商务印书馆,1935:400.

化育,参天地,皆有其实事,祖述宪章是已。首引仲尼之言以发端,篇
终复述仲尼之行以实之。两书仲尼,特笔也。盖舜、文、武、周(公)皆
以大德受天命,不难知;夫子不得位,其参赞未易知矣。此子思所以作
《中庸》以昭明圣祖之德也。①

"特笔"本是春秋学的术语。杜预分春秋笔法为正例和变例,南宋吕大圭《春秋
五论》将之析为达例和特笔,元代赵汸则指出特笔的功能:"特笔者,所以正名
分、决嫌疑也。……凡特笔,皆谓有所是正者也。……恒辞不足以尽义,而后圣
人特笔是正之。"②在马其昶看来,孔子有实实在在的参天地、赞化育的尽性之
功,但他有德无位,因而其功绩不像"以大德受天命"的舜文武周公等那么容易
被人知晓,职是之故,子思用直呼仲尼的特殊笔法来刻意彰显孔子之德。反观
历史,《中庸》两次直书仲尼的确引起了后人的注意,但这种做法并未达到"昭明
圣祖之德"的效果,反而引发了对子思作《中庸》的看法的问难。这一事实,在一
定程度上从反面构成了对马其昶之说的证伪。

　　如上诸说皆有一定的道理,但却面临一个共同的问题:《中庸》其他处引孔
子之言皆称"子曰",何以仅此两处例外? 实则,只有联系上下文而统观《中
庸》,这个问题才能得到更为深入的剖析。第三十章"仲尼祖述尧舜,宪章文武"
以"仲尼"为主语,比较容易理解:称字可以表示尊敬,且比"孔子""孔夫子"等
更能避免误解;而若延续上文体例,冠以"子"字,作"子祖述尧舜,宪章文武",
则又不太合乎语言习惯。可见,"仲尼"是第三十章的最佳选择。第二章以"仲
尼曰"引入的理由为何? 这主要取决于其上的第一章。第一章讲述"天命之谓
性,率性之谓道,修道之谓教"等高度抽象的哲理,体裁是议论体,而第二章却忽
然转为语录体,这自然就需要标明语录的言说者。标明的方式,应力求准确但
又不失敬意,因此"仲尼"仍是最合适的。在首条语录指明作者的情况下,下文
再引他的言语,为了省文而简称"子曰"就完全可以。而假如径直以"子曰"衔
接第二章的引文,则具有通用性质的尊称"子"具体指向何人,就不甚明确。

　　引人思考的是,正如上文已提及的,亦在《礼记》中、同被视为子思之作的
《表记》《坊记》《缁衣》等皆以"子言之"开篇,为何偏偏《中庸》选择了不同的著

---

① 马其昶.马其昶著作三种[M].合肥:安徽大学出版社,2009:87.
② 赵汸.春秋属辞·卷13[M].《通志堂经解》本.[出版者不详],1680:1.

述体例？是否可依据"子言之"和"仲尼曰"的相似性，而认为《中庸》原本乃以现第二章为开篇呢？当然不能。事实上，"仲尼曰"的字眼，恰可证明此章非《中庸》原本的首章，否则开头就不会是"仲尼曰"，而应为子思惯用的"子言之"。由此可以推断，原始的《中庸》文本就是以第一章为开篇，下接"仲尼曰"为第二章，今本《中庸》未对这一部分进行改编。有鉴于此，武内义雄《子思子考》、冯友兰《中国哲学史》等把《中庸》第一章视为后人所加的观点，就需要重新审视。

经过对古今重要观点的梳理与分析可知，在《中庸》的作者及成书年代问题上，绝对地单方面地主张是与不是的学者越来越少，而离析其文本的篇章结构、以之为"非一时一人所作"的人在当代呈越来越多之势。也就是说，调和派正在日益成为主流。在这一研究进路下，《中庸》的成书就有一个过程，顺此，关于其撰写者也就要区分作者、编者和改造者。然而，论辩各方仍是各持己见，莫衷一是；或者说，在这个问题上，除非有新的资料出现，否则永远无法达成一致。如果一定要给一个结论，笔者倾向于认为，《中庸》之主体部分成书于战国，作者是孔子之后、孟子之前的子思，其后，有子思弟子及后学的编纂加工，亦有汉儒重新整理时的附益，于是乎，才有今本《中庸》的成型。

第二章 《中庸》的章句之学（上）

章句体于《中庸》而言，具有特殊的意义。这不仅是因为此方面的典范之作朱熹《中庸章句》——曾长期被作为科举取士的教材之一，从而对中国古代社会产生了深远的影响，而且是由于该书本身议论体与语录体夹杂的著述方式更需"离章辨句"的剖析。除朱著外，历史上还有不少章句体的《中庸》训解之作，且在此书之分章断句的看法上，争议颇多。因此，有必要对之进行梳理和分析，以期获得对《中庸》更为深入的理解。

一、何谓"章句之学"

章句，是一种写作体裁，亦即一种文体。何谓"章"？《说文解字》曰："乐竟为一章。"何谓"句"？元周伯琦《说文字原》云："语绝曰句。"可知，作为单词，二者都有"某一段之结束"的意思。而联结起来的复词"章句"则是"训解科段之名"，①其目的在于"释经"，②方法则是"离章辨句，委曲枝派"、③"正句，画段，提其章旨与夫义理之微"。④ 正是在这个意义上，乾嘉学者才有"章句训诂，通经之蹊径也"⑤的概括。西汉景帝时，丁宽作"训故、举大谊而已"的《易说》，班固《汉书》称其"今小章句是也"，这是史书记录的最早的章句体论著。章句

---

① 杭世骏.道古堂文集·卷1[M].清乾隆四十一年刻光绪十四年修本.[出版者不详]，1888:10.

② 汪绂.双池文集·卷5[M].刻本.[出版者不详]，1834（道光十四年）:6.

③ 范晔.后汉书·卷28上[M].北京:中华书局，1965:955.

④ 金履祥.仁山集·卷1[M].《金华丛书》本.[出版者不详]，民国年间:6.

⑤ 夏炘.述朱质疑·卷3[M].景紫山房刻本.[出版者不详]，1852:18.

之学的兴起,则约在武昭宣之时,①欧阳修探究其原因说:"自《六经》焚于秦,而复出于汉,其师传之道中绝而简编脱乱讹阙,学者莫得其本真,于是诸儒章句之学兴焉。"②

众所周知,先秦时期,就出现了解释"经"的论著体裁,有"说",亦有"传",如《春秋》有《左传》,墨子的《经上》《经下》分别有与之对应的《经说上》《经说下》的"说"文,《易经》则有《系辞传》《彖传》《象传》等"传"文。然而,到了汉代,尤其是武帝施行"罢黜百家,独尊儒术"的政策后,先秦诸子的言论开始以"传曰"的方式被引用,扬雄和王充更是分别有"传莫大于《论语》"、③"诸子之传书"④的言论。这意味着,"传"在汉代,含义已发生变化,主要用于指代先秦诸子书,其中居于主导地位的"传"则是儒家典籍,尽管它们是五经的附属品。汉代的解经之作,主要是章句体裁,"研究在什么地方分章,什么地方断句的。这里所讲的'章',实际上相当于后代文章中的段。'章句'的'句',也不是现代语法中所说的句,而是说话时一个停顿的单位"。⑤ 当然,字词的训诂和义理的阐发也是章句之学的重要内容。章句与先秦时的"说""传"相较,可谓同中有异。同是它们皆为注释文字,解释的对象也都以经为主体,性质上亦均兼具学术性和政治性;异是说、传重在对经进行学术性的阐发,尚无所谓师法或家法,亦非官方学说,而章句重在为政治服务,多属于今文经学,为官方学说,即意识形态,且具有经师身份的作者多遵守师法或家法。王充曾讥讽此作风道:"说章句者,终不求解扣明,师师相传。"⑥而这恰可反显章句的特征。

然而,由于后来的章句学日趋空疏:"弘章句诸生,不达国体",⑦日渐烦琐,甚者如秦近君"能说《尧典》篇目两字之说,至十余万言;但说'曰若稽古',三万言",⑧所以自王莽时代始,"官方经学界出现过一个系列化、长时间的减省章句

① 关于章句体兴起的时间,学界意见不一。王葆玹认为,"章句是在汉宣帝时兴起的一种著作形式"。张荣明则说:"章句学的兴起大体是在汉武帝时期。"

② 欧阳修.唐史卷57[M].校刻本.武英殿,1939(乾隆四年):1.

③ 班固.汉书·卷87[M].北京:中华书局,1962:3583.

④ 黄晖.论衡校释·卷13[M].北京:中华书局,1990:610.

⑤ 詹锳.文心雕龙义证[M].上海:上海古籍出版社,1989:1247.

⑥ 黄晖.论衡校释·卷28[M].北京:中华书局,1990:1160.

⑦ 袁宏.两汉纪(下册)[M].北京:中华书局,2002:236.

⑧ 桓谭.桓子新论[M].孙冯翼,辑.承德孙氏刻《问经堂丛书》本.承德孙氏,清嘉庆年间:11.

的过程",然而这并不能解除"章句小儒,破碎大道"的弊端,①故章句体的主导地位逐渐被注、疏等新的解经形式所取代,但其优点则被一些注疏学者吸收。郑玄遍释三礼,以"注"名之,曰《周礼注》《仪礼注》《礼记注》。六朝时,为汉魏之注再加注而有义疏、义训、义注等,后人简称之为"疏"。"然注疏创始,用功最勤影响甚大者,仍推晋之道安"。② 此后,"注疏"一直是古代注经的最主要的方式。唐朝官方所谓的"正义",尽管名称有异,但它强调"疏不破注"而纠正前人之义疏,实质上也是注疏。

二、汉唐:《中庸》章句之学的发轫

尽管章句之学兴盛于汉代,但具体到《中庸》则不得不说,其章句学的发达是较晚的。如此主张的根据在于,目前可考的汉代的《中庸》章句之作,仅一载:"(桥玄)七世祖仁,从同郡戴德③学,著《礼记章句》四十九篇,号曰'桥君学'。"④相对于其时章句学的总体繁盛景象,《中庸》章句学可谓落魄。这种状况的出现,大概是因为《中庸》在汉代仅为《礼记》的一篇,且未受到官方或学界的特别重视。关涉汉唐《中庸》章句之学的发轫,郑玄和孔颖达是两位关键人物。

郑玄是东汉的经学大师,尤精礼学,也因此学界很早即有"礼是郑学"⑤之说。他著有《礼记注》,作为其中一篇的《中庸》,自然在注释范围。郑氏数句一注,《中庸》部分共一百二十八处。可是,关于郑学是否为章句之学,学界的看法却不尽一致。《后汉书》本传曰:

> 自秦焚《六经》,圣文埃灭。汉兴,诸儒颇修艺文;及东京,学者亦各名家。而守文之徒,滞固所禀,异端纷纭,互相诡激,遂令经有数家,家有数说,章句多者或乃百余万言,学徒劳而少功,后生疑而莫正。郑

① 杨权.论章句与章句之学[J].中山大学学报(社会科学版),2002(4):81-90.
② 汤用彤.汉魏两晋南北朝佛教史(增订本)[M].北京:北京大学出版社,2011:306.
③ 黄侃认为,"戴德"当作"戴圣"。
④ 范晔.后汉书·卷51[M].北京:中华书局,1965:1695.
⑤ 陈澧:"孔冲远云:'礼是郑学。'(自注:《月令》《明堂位》《杂记》疏,皆有此语。不知出于孔冲远,抑更有所出?)"杨天宇据孔颖达《礼记正义序》所云"据皇氏为本,其有不备,以熊氏补焉"而指出,是语亦有可能出于皇侃或熊安生。

玄括囊大典,网罗众家,删裁繁诬,刊改漏失,自是学者略知所归。①

这里,诉诸复杂的历史脉络而看郑学之发生:《六经》灭而复兴,以至衍生"经有数家,家有数说,章句多者或乃百余万言"之弊,故又纠其弊端而有郑玄之"括囊大典,网罗众家"。既是"网罗众家",就不能简单地认为郑玄完全抛弃了今文章句学,因此,说"郑玄发明出一种笺注的体裁",②是没有问题的,而若以之创造一种与章句体相抗衡的体裁,则至少是不精确的。然而,如果像钱穆一样宣扬"郑氏之学实已近似章句。仅不守家法,又能删裁省减,使不烦黩尔",③则亦不足以服人,毕竟章句并非郑注的重心。钱穆在其《大学中庸释义》中标注的所谓郑玄的《中庸》分章,也被杨祖汉指出是误"以孔疏分章为郑玄之分章"。④ 总而言之,郑学一方面试图汲取章句体的优点,"注书时于诠次章句,用力已勤,而其法乃缜密如此,可云精谨矣",⑤另一方面则又极力消解其所造成烦琐注经的弊端。有论者认为,郑学是今古文经学融合的完成者。⑥ 这种说法大致不错。郑玄一改章句之学的烦琐,还在于"郑君注经,不但要解释经文,而且要调和经文异义异制,而其调和之法,即重新在经文之中,寻找可以理解所有经文的'共通性'。寻找这种'共通性',必须放下今文博士之学经有数家,家有数说,至于章句繁多,学者疑而莫正的经说,直接回到经文本身,通过注笺经文,分析、采择经说,重新整顿整个经学体系"。⑦

由于郑玄是将《礼记》作为一个整体加以注释的,故而不能单独从《中庸注》这一部分,而应结合整个《礼记注》甚至要关照郑氏其他经学著作,来总结其《中庸注》的注经特点。关于这个问题,张舜徽《郑氏经注释例》专列"诠次章句例",分析郑玄对《周礼》《礼记》《仪礼》这三部礼书的章句诠解,且《礼记·中庸》"在下位不获乎上,民不可得而治矣"的注文被作为例证之一。⑧ 这至少说

① 范晔.后汉书·卷35[M].北京:中华书局,1965:1212–1213.
② 王葆玹.今古文经学新论[M].北京:中国社会科学出版社,1997:70.
③ 钱穆.两汉经学今古文平议[M].北京:商务印书馆,2015:246.
④ 杨祖汉.中庸的作者问题、成书年代及其思想之衡定[J].鹅湖月刊,1984(106):12.
⑤ 张舜徽.郑学丛著[M].武汉:华中师范大学出版社,2005:63.
⑥ 杨天宇.郑玄三礼注研究[M].天津:天津人民出版社,2007:53.
⑦ 陈壁生.经史之间的郑玄[J].哲学研究,2020(1):66–75.
⑧ 张舜徽.郑玄丛著[M].武汉:华中师范大学出版社,2005:62.

明,郑玄经注是不废章句的。但是,郑玄《中庸注》的文本的确未呈现分章的意图,而是"将注文署于正文一句或数句之后,而未言何者为章,何者为节,故所分仅为'单句'或'句群',而不得谓为分章,分节更无论矣"。① 他注重以经解经,用《论语》《大学》《周易》等经典解释《中庸》的相关文字。郑氏《中庸注》对章句之学的吸收,主要体现在字词训诂上,其重心则是义理阐发。如郑注"子曰:中庸其至矣乎,民鲜能久矣",云:"鲜,罕也。言中庸为道至美,顾人罕能久行。○'中庸其至矣夫',一本作'中庸之为德其至矣乎'。"又,"自诚明谓之性,自明诚谓之教,诚则明矣,明则诚矣",郑注为"自,由也。由至诚而有明德,是圣人之性者也;由明德而有至诚,是贤人学以知之也。有至诚则必有明德,有明德则必有至诚"。② 可见,郑注的字词训诂部分很是简略。从来源看,郑氏训诂字词之义,乃承自章句体。他力戒烦琐,则是在纠正其前章句之学的偏弊。

唐初,"太宗又以经籍去圣久远,文字多讹谬,诏前中书侍郎颜师古考定《五经》,颁于天下,命学者习焉;又以儒学多门,章句繁杂,诏国子祭酒孔颖达与诸儒撰定《五经》义疏,凡一百七十卷,名曰《五经正义》,今天下传习"。③ 可知,《五经正义》的成书经过了颜师古考订文字和孔颖达主持撰定义疏两个步骤。既是因为"儒学多门,章句繁杂"而下诏,那么章句的辨析就是孔颖达无法回避的问题。因此,尽管孔氏《礼记正义·中庸》没有使用"章"的名称,但其所谓"此一节""此一经",实质上就是对"章"的划分。孙明良用"章(节、经)"这种加括号的方式显示三者是"正义"和"义疏"中"四级单位"的同一级,即是有鉴于此。他还指出,

> 汉代注释书训释单位是字(词)、读(词组)、句(包括音句、义句);所谓"章句"之法,主要内容是按章串讲语句,很少有涉及章节组织、全篇结构的分析。而孔颖达、贾公彦的"正义""义疏"则在汉人"章句"之法的基础上从句的解释扩大到章、篇结构的分析。④

---

① 程元敏.王柏之生平与学术[M].上海:华东师范大学出版社,2011:504.

② 礼记注疏·卷52[M].郑玄,注.孔颖达,疏.南昌府学重刊宋本《十三经注疏》本.南昌府学,1816:3.

③ 刘昫,等.旧唐书·卷189[M].北京:中华书局,1975:4941.

④ 孙良明.中国古代语法学探究(增订本)[M].北京:商务印书馆,2005:229-230.

这一论断,未必放之四海而皆准,但用于概括郑注与孔疏的不同,则是成立的。在注释的内容上,孔《中庸正义》相对于郑《中庸注》而言,有四大重要举措:郑注若符合经文之意,则沿用并发挥之;郑的注文中若有难点,孔要加以解释,若有矛盾或前后不一致,则要弥补或解释之;郑注若不符合经文,则必破之;郑对经文若无解,则补充之。①

　　一般认为,《中庸正义》将《中庸》分作两卷(按:分置于《礼记注疏》的卷五十二和卷五十三)三十三章。而细考可知,孔颖达其实将其分为三十四章。孔氏分章有一个习惯的表述方式,即先以"自……至……"说明每章之首尾,后以"此节……""此一经……"或"此一节……"来揭示章旨。然而,他所划定的第十章,只有"子曰父母其顺矣乎"区区八个字,或许孔氏认为这就没有必要再采取惯用的"自……至……"分章表述,而他在表达方式上的变化最有可能是后世学者忽视此章存在的原因。但此条文字的注文里,孔颖达所云"故此一经次之",却清楚地表明,此条乃自成一章。

　　孔颖达致力于分章,则是因为章能够汇总各句的含义而更加凸显经典之义:"章者,明也,总义包体,所以明情者也"。② 以下,胪列孔疏《中庸》的具体分章及章旨:

　　《礼记注疏》卷五十二:
　　1. 自"天命之谓性"至"万物育焉","此节明中庸之德,必修道而行;谓子思欲明中庸,先本于道"(注:阿拉伯数字,表示章号,下同);
　　2. 自"仲尼曰君子中庸"至"道其不行矣夫","此一节是子思引仲尼之言,广明中庸之行,贤者过之,不肖者不及也;中庸之道,鲜能行之";
　　3. 自"子曰舜其大知也与?"至"其斯以为舜乎","此一经明舜能行中庸之行,先察近言而后至于中庸也";
　　4. 自"子曰人皆曰予知"至"不能期月守也","此一经明无知之人行中庸之事";
　　5. 自"子曰回之为人也"至"中庸不可能也","此一节是夫子明颜

① 张培高."疏不驳注"与"疏必破注":从《中庸正义》看郑玄、孔颖达解经方法之不同[J].哲学与文化,2022,49(9):79-92.
② 孔颖达.毛诗注疏·卷1[M].汲古阁刻本.[出版者不详],1630:41.

回能行中庸,言中庸之难也";

6. 自"子路问强"至"强哉矫","此一节明中庸之道,亦兼中国之强";

7. 自"子曰素隐行怪"至"君子之道,造端乎夫妇,及其至也,察乎天地","此一节论夫子虽隐遁之世,亦行中庸。又明中庸之道,初则起于匹夫匹妇,终则遍于天地";

8. 自"子曰道不远人"至"小人行险以侥幸","此一节明中庸之道去人不远,但行于己则外能及物";

9. 自"子曰射有似乎君子"至"乐而妻帑","以上虽(阮校:浦镗校云:'虽'疑'言'字误)行道在于己身,故此一节覆明行道在身之事,以射譬之";

10. "子曰:父母其顺矣乎?","因上和于远人,先和室家,故此一经次之。'父母其顺矣乎',谓父母能以教令行乎室家,其和顺矣乎。言中庸之道,先使室家和顺,乃能和顺于外,即上云道不远、施诸己";

11. 自"子曰鬼神之为德"至"诚之不可掩如此夫","此一节明鬼神之道无形,而能显著诚信。中庸之道与鬼神之道相似,亦从微至著,不言而自诚也";

12. 自"子曰舜其大孝也与"至"故大德者必受命","此一节明中庸之德,故能富有天下,受天之命也";

13. 自"子曰无忧者其唯文王乎"至"父母之丧无贵贱一也","此一节明夫子论文王、武王圣德相承,王有天下,上能追尊大王、王季,因明天子以下及士、庶人葬、祭祀之礼";

14. 自"子曰武王周公其达孝矣乎"至"治国其如示诸掌乎","以前经论文王、武王圣德相承,此论武王、周公上成先祖,修其宗庙,行郊社之礼,所以能治国如置物掌中也";

15. 自"哀公问政"至"及其成功,一也","此一节明哀公问政于孔子,孔子答以为政之道在于'取人'、'修身',亦明'达道'有五,'行之者'三";

16. 自"子曰好学近乎知"至"则知所以治天下国家矣",正义曰:"前文夫子答哀公问政,须修身、知人、行五道三德之事,此以下夫子更为哀公广说修身治天下之道,有九种常行之事。又明修身在于至诚,

若能至诚,所以赞天地、动蓍龟也。博厚配地,高明配天,各随文解之。此一节覆明上生而知之,学而知之,困而知之";

　　按:孔疏中有"'子曰'至'家矣'"的话,这是孔颖达断章的行文方式,但他却把这句话置于下文的"怀诸侯则天下畏之"下,且孔氏的下一章自"齐明盛服"始,而未包含"家矣"至"齐明"之间的一段文字。这说明,在孔颖达的眼中,实则自"子曰好学近乎知"至"天下畏之"才是完整的一章。

　　17.自"齐明盛服,非礼不动,所以修身也"至"所以怀诸侯也","此一节说行'九经'之法";

　　18.自"凡为天下国家有九经"至"道前定则不穷","此一节明前'九经'之法,唯在豫前谋之,故云'所以行之者一也'";

　　《礼记注疏》卷五十三:

　　19.自"在下位不获乎上"至"不诚乎身矣","此明为臣为人,皆须诚信于身,然后可得之事";

　　20.自"诚者天之道"至"择善而固执之者也","前经欲明事君,先须身有至诚。此经明至诚之道,天之性也。则人当学其至诚之性,是上天之道不为而诚,不思而得。若天之性有生杀,信著四时,是天之道";

　　21.自"博学之"至"虽柔必强","此一经申明上经'诚之者,择善而固执之'事";

　　22.自"自诚明谓之性"至"明则诚矣","此一经显天性至诚,或学而能;两者虽异,功用则相通";

　　23.自"唯天下至诚"至"则可以与天地参矣","此明天性至诚,圣人之道也";

　　24.自"其次致曲"至"唯天下至诚为能化","此一经明贤人习学而致至诚";

　　25.自"至诚之道可以前知"至"至诚如神","郑以圣人君子将兴之时,或圣人有至诚,或贤人有至诚,则国之将兴,祯祥可知。而小人、愚主之世无至诚,又时无贤人,亦无至诚,所以得知国家之将亡而有妖孽者,虽小人、愚主,由至诚之人生在乱世,犹有至诚之德,此妖孽为有

至诚能知者出也";

26.自"诚者自成也"至"悠也久也","此经明己有至诚能成就物也";

27.自"今夫天"至"纯亦不已","此一节明至诚不已,则能从微至著,从小至大";

28.自"大哉圣人之道"至"至道不凝焉","此一节明圣人之道高大,苟非至德,其道不成";

29.自"故君子尊德性而道问学"至"敦厚以崇礼","此一经明君子欲行圣人之道,当须勤学。前经明圣人性之至诚,此经明贤人学而至诚也";

30.自"是故居上不骄"至"其此之谓与","此一节明贤人学至诚之道,中庸之行,若国有道之时,尽竭知谋,其言足以兴成其国";

31.自"子曰愚而好自用"至"亦不敢作礼乐焉","上经论贤人学至诚,商量国之有道无道能或语或默,以保其身。若不能中庸者,皆不能量事制宜,必及祸患。又因明己以此之故,不敢专辄制作礼乐也";

32.自"子曰吾说夏礼"至"蚤有誉于天下者也","以上文孔子身无其位,不敢制作二代之礼,夏、殷不足可从,所以独从周礼之意,因明君子行道,须本于身,达诸天地,质诸鬼神,使动则为天下之道,行则为后世之法,故能早有名誉于天下";

33.自"仲尼祖述尧舜"至"《诗》曰:'予怀明德,不大声以色。'","此一节明子思申明夫子之德与天地相似,堪以配天地而育万物,伤有圣德无其位也";

34.自"子曰声色之于化民"至"至矣","此一节是夫子之言。子思既说君子之德不大声以色,引夫子旧语声色之事以接之,言化民之法当以德为本,不用声色以化民也。若用声色化民,是其末事,故云'化民末也'"。

对比孔疏和朱注的《中庸》分章可知,朱熹的许多分章包括第一章、第六章、第七章、第十章、第十五章、第十六章、第十七章、第十八章、第十九章、第二十一章、第二十二章、第二十三章、第二十四章,都与孔疏完全相同;孔疏第2章,朱注分为四章,即第二章到第五章;孔疏第5章,系朱注第八、九两章;孔疏第7章,乃朱注第十一、十二两章;孔疏之第 15 至 21 章,朱注连为第二十章;孔疏之第 28—30 章,朱注连为第二十七章。据此可以断言,孔疏奠定了《中庸》分章的基本框架,而朱熹的《中庸》章句划分是在孔疏的基础上完成的。

三、朱熹《中庸章句》:《中庸》章句之学的典范

朱熹思想创造依据的经典中,四书具有不可替代的地位,甚至是"朱子全部学术之中心或其结穴"。① 之所以用"最通常的理解"一词,是因为《朱子文集》(陈俊民校编)、《朱子语类》中的四书次序并不止这一种。据陈逢源考察,"其中列举形情相当复杂,既非不同时期列举有所差异,顺序也不一定以《大学》为先,《中庸》为末,至于《论语》、《孟子》与《大学》、《中庸》更常是交互排列"。② 中,为学是有次第的:

> 先读《大学》,以定其规模;次读《论语》,以立其根本;次读《孟子》,以观其发越;次读《中庸》,以求古人之微妙处。《大学》一篇有等级次第,总作一处,易晓,宜先看;《论语》却实,但言语散见,初看亦难。《孟子》有感激兴发人心处;《中庸》亦难读,看三书后,方宜读之。③

而他对四书次序的重视,与撰写《学庸章句》密切相关:"到了 60 岁前后,由于撰写《大学章句》《中庸章句》,对二书有了更深的认识,朱熹才逐渐注意到《四书》的相互关系,从而对其先后次序形成了明确的观点。"④

(一)典范何以可能

毋庸置疑,朱熹确立了《中庸》章句之学的典范,甚至有学者认为《中庸章句》的问世"标志着《中庸》之学进入了'章句'时代"。⑤ 而该书成为典范之作的原因是多方面的,其中既有学术的原因,也有政治的原因。

从学术角度看,《中庸章句》是集字词训诂和义理阐发为一体的上乘之作。这是它成为经典的最重要的、最根本的原因。

① 钱穆.钱宾四先生全集:朱子新学案一[M].台北:联经出版事业公司,1998:213.
② 陈逢源.道统的建构:重论朱熹四书编次[J].东汉汉学,2005(3):229.
③ 黎靖德.朱子语类·卷14[M].北京:中华书局,1986:249.
④ 郭齐.朱熹《四书》次序考论[J].四川大学学报(哲学社会科学),2000(6):93-96.
⑤ 许家星.经学与实理:朱子四书学研究[M].北京:中国社会科学出版社,2021:402.

典范的生成,首先与朱熹的学习经历及其对学问的艰辛探索相关。他"自卯读《四书》,甚辛苦",①后又在李延平处"受《中庸》之书",②这些均会让他对该书另眼相看,实则,其《中庸集说》在师事延平时就"已属稿"。③ 对于包括《中庸章句》在内的《四书章句集注》,朱熹更是终其一生反复打磨,"一字未安,一语未顺,覃思静虑,更易不置,或一二日而不已,夜坐或至三四更",④甚至不必解处亦解之:"某解书,如训诂一二字等处,多有不必解处,只是解书之法如此;亦要教人知得,看文字不可忽略",⑤直到庆元六年三月辛酉临近去世仍在修改《大学》"诚意"章的注文。具体到《中庸章句》,朱熹当然也是再三揣摩,如说:

> 《中庸》首章更欲改数处,第二版恐须换却,第三版却只刊补亦可。⑥
>
> 偷闲修得《中庸》。⑦

从相关资料还可见,朱注首章(有五处)和"中庸不可能章"至少存在两个版本。首章的首句"天命之谓性,率性之谓道,修道之谓教",元代的胡炳文和清代的吴英伯等认为朱注定本是:

> 盖人之所以为人,道之所以为道,圣人之所以为教,原其所自,无一不本于天而备于我。学者知之,则其于学,知所用力而自不能已矣。故子思于此首发明之,读者宜深体而默识也。⑧

而宋末元初的陈栎(新安陈氏)则宣称定本应为:

① 黎靖德.朱子语类·卷104[M].北京:中华书局,1986:2611.

② 朱熹.朱子全书·第24册[M].上海:上海古籍出版社,2002:3634.

③ 钱穆.钱宾四先生全集·13[M].台北:联经出版事业公司,1998:415.

④ 陈义和.勉斋先生黄文肃公年谱[M].元刻重修本.[出版者不详],1315(延祐二年):7-8.

⑤ 黎靖德.朱子语类·卷105[M].北京:中华书局,1986:2626.

⑥ 朱熹.朱熹集(九)[M].成都:四川教育出版社,1996:5183.

⑦ 朱熹.朱熹集(九)[M].成都:四川教育出版社,1996:5403.

⑧ 胡炳文.四书通·中庸通[M].通志堂经解本.[出版者不详],1680:4.

盖人知己之有性,而不知其出于天,知事之有道,而不知其由于性。知圣人之有教,而不知其因吾之所固有者裁之也。故子思于此首发明之,而董子所谓"道之大原出于天",亦此意也。

理由是,"元本含蓄未尽",而"定本"对于这三句话则先逐字逐句剖析、后融贯会通,"尽发子思之意,无复余蕴"。① 对于首章的"可离非道也",朱熹最初并未作注:"《中庸》旧本不曾解'可离非道'一句",②后则有两种注解:《四书章句集注》通行本及胡炳文《四书通》所引皆为"则为外物而非道矣",陈栎认为这是"元本",定本为"则岂率性之谓哉"。③ 首章"君子慎其独也"之朱注亦有二本。元本作"是以君子……不使其滋长于隐微之中,以至离道之远也",定本加"潜""暗"二字,作"是以君子……不使其潜滋暗长于隐微之中,以至离道之远也"。④ 首章"喜怒哀乐之未发……和也者,天下之达道也",朱注中,"道之体"曾作"独立而不近四傍,心之体,地之中也";⑤"达道"之"达"旧曾解为"感而遂通",⑥后改为"古今之所共由"。"中庸不可能也",朱注,陈栎以为元本是"然不必其合于中庸,则质之近似者皆能以力为之。若中庸,则虽不必皆如三者之难",定本作:"然皆倚于一偏,故资之近而力能勉者,皆足以能之。至于中庸,虽若易能。"⑦胡炳文反对其说,而宣称上引前者是改本:"盖曰'倚于一偏',则就三者之事上说;曰'不必其合于中庸',则就人行此三者之事上说。后本是改本,分晓。"⑧陈栎所谓"定本"的影响颇广,明儒蔡清就发现,"今之板行《章句》凡四处改旧本,皆因先儒陈氏之言而改也"。⑨ 但蔡氏却以为旧本更好,并对陈说一一加以驳斥。如关于首句,他指出:其一,在子思的时代,"知己之有性""事之有道""圣人之有教"并不具有普遍必然性;其二,旧本的"原其所自无一不本于天而备于我"包括了改本"董子所谓道之大原出于天"之意且比之多了"备于我"

① 胡广. 四书大全·中庸章句[M]. 明内府刻本. [出版者不详]:5-6.
② 黎靖德. 朱子语类·卷62[M]. 北京:中华书局,1986:1495.
③ 胡广. 四书大全·中庸章句[M]. 明内府刻本. [出版者不详]:6.
④ 胡广. 四书大全·中庸章句[M]. 明内府刻本. [出版者不详]:9.
⑤ 黎靖德. 朱子语类·卷62[M]. 北京:中华书局,1986:1510.
⑥ 黎靖德. 朱子语类·卷62[M]. 北京:中华书局,1986:1516.
⑦ 胡广. 四书大全·中庸章句[M]. 明内府刻本. [出版者不详]:33.
⑧ 胡炳文. 四书通·中庸通[M]. 通志堂经解本. [出版者不详],1860:16.
⑨ 蔡清. 四书蒙引·卷3[M]. 刻本. [出版者不详],1528(嘉靖六年):19.

一层意思;其三,改本删去了旧本文末的"尤最切要"的话;其四,"人之所以为人"似乎欠缺对"性"字的解释而实际并非如此:

> 当子思时,未必人人皆能知己之有性,皆能知事之有道,皆能知圣人之有教也;且旧本曰"原其所自无一不本于天而备于我",则于后本"董子所谓道之大原出于天"者,意已该了而又不失却"备于我"一意;况旧文末云"学者知之则其于学知所用力而自不能已矣",此一意尤最切要,可惜今本去了也;惟"人之所以为人"一句似欠了性字,然而人之所以为人者即性也,性字意元不失也。疑旧本尤为精矣。

经过系统的辨析,蔡清主张,旧本其实才是定本:"愚意旧本正是朱子后来之定本,而今本乃是朱子未定之本,或者错认而谬改之耳。"①

上述可见,关于《中庸章句》定本的争论,到底孰是孰非,已很难断定,但这场争论的发生,至少表明朱熹在反复修订其说。此外,《中庸章句序》也有被修订的线索,包括淳熙四年和淳熙十六年两个版本,后者乃前者的修改本。②

其次,根据《中庸》的相关论著的撰述,从侧面证明《中庸章句》成为精品。前文已示,师事延平时,朱熹就有《中庸集说》之作。乾道乙丑(1169),他修订该书并改称之为《中庸集解》。但是,切不能把此书与其朋友石子重于乾道八年(1172)辑录的同名著作混为一谈。石辑录了周、张、二程及其弟子吕、谢、游、杨、侯、尹等十人的言论,而朱则仅收集吕、游、杨、侯四家之说。然而,石著乃在朱熹的协助下完成的,朱熹还曾为其书作《中庸集解序》,其中已慨叹前人注解"甚者遂至于脱略章句,陵籍训诂,坐谈空妙,展转相迷"。有了这些前期的积累,朱熹"会众说而折其中",于乾道八年(1172)③"既为定著《章句》一篇"。④淳熙元年(1174),朱熹完成《中庸章句》的修订本,书末附《书中庸后》,其中有"妄以己意分其章句如此"之说。此前,《中庸章句》亦名《中庸解》,"后乃特称

① 蔡清.四书蒙引·卷3[M].刻本.[出版者不详],1528(嘉靖六年):20-21.
② 束景南.朱熹年谱长编[M].上海:华东师范大学出版社,2001:585-588.
③ 束景南.朱熹年谱长编[M].上海:华东师范大学出版社,2001:479.
④ 朱熹.四书章句集注[M].北京:中华书局,2012:16.

《中庸章句》"。① "《中庸章句》自乾道八年草成至淳熙四年正式序定,多经修改"。② 淳熙丁酉年(1177),朱熹以石子重《中庸集解》为本删成《中庸辑略》,并"记所尝论辩取舍之意,别为《或问》",③《答蔡季通(三十六)》对这一过程有详细说明:"某数日整顿得《四书》颇就绪,皆为《集注》;其余议论别为《或问》一篇,……但《中庸》更作《集略》一篇,以其《集解》太繁故耳。"此后,朱熹改动《中庸章句》不已,淳熙十五年(1188)仍在说"《大学》《中庸》屡改,终未能到得无可改处"。④ 淳熙十六年(1189),朱熹正式序定《中庸章句》。自此,他完善《大学章句》始终不辍,而对《中庸章句》则不太有疑问:"《中庸解》每番看过,不甚有疑。《大学》则一面看,一面疑,未甚惬意,所以改削不已。"⑤然而,朱熹并未放弃对其的完善:"《中庸章句》已刻成,尚欲修一两处。以《或问》未罢,亦未欲出,次第更一两月可了。"⑥从特征看,《章句》的重心在阐发己见,《辑略》侧重辑录前说,《或问》则是对二书的进一步反思,"反映了朱子由依傍程门到自出手眼,独立门户的转变""堪称朱子思想之'独立宣言'",⑦三书均具有不可替代的地位;但若强分主次,则"因出己意,去取诸家,定为一书"⑧的《章句》是最重要的,《辑略》和《或问》都是为理解和完善《章句》而服务的。这也是《章句》成为典范的主要原因之一。

再次,对章句之学的偏爱,是不容忽视的情感因素。兴趣是最好的老师,也是做好一件事的关键。从学李延平时,朱熹就偏爱章句之学,以至于忽视其师"危坐终日,以验夫喜怒哀乐未发之前气象为如何"⑨的体验工夫,他后来回忆说:"当时亲炙之时贪听讲论,又方窃好章句训诂之习,不得尽心于此。"⑩朱熹

① 钱穆.钱宾四先生全集·14[M].台北:联经出版事业公司,1998:240.
② 束景南.朱熹年谱长编[M].上海:华东师范大学出版社,2001:481.
③ 朱熹.四书章句集注[M].北京:中华书局,2012:15.
④ 朱熹.朱熹集(五)[M].成都:四川教育出版社,1996:2703.
⑤ 黎靖德.朱子语类·卷19[M].北京:中华书局,1986:437.
⑥ 朱熹.朱熹集(六)[M].成都:四川教育出版社,1996:3159.
⑦ 许家星.经学与实理:朱子四书学研究[M].北京:中国社会科学出版社,2021:420.
⑧ 朱熹.朱熹集(九)[M].成都:四川教育出版社,1996:5478.
⑨ 朱熹.朱子全书·第25册[M].上海:上海古籍出版社,2002:4517.
⑩ 朱熹.朱熹集(四)[M].成都:四川教育出版社,1996:1842.

认为,对古书的误解,多因不通章句之学:"张子韶说《中庸》'所求乎子以事父,未能也',到'事父'下点做一句。看他说'以圣人之所难能',这正是圣人因责人而点检自家有未尽处,如何恁地说了? 而今人多说章句之学为陋,某看见人多因章句看不成句,却坏了道理"。① 在他那里,章句之学"不是一般的文字解释,而是为学为道的工夫,是必要工夫,是首要、根本工夫"。② 正是对章句的格外注重,其《中庸》诠释在义理上也非常人所及。

从政治角度看,《四书章句集注》被列为科举取士的教材,稳固了《中庸章句》的典范地位。政治上的支持,尽管是外在的,但历史经验告诉我们,这对提升某部书籍、某个学派或某个思想家的地位具有至关重要的作用。朱熹去世后的第十一年,即南宋宁宗嘉定四年(1211),刘爚"奏刊朱子《四书》于太学"。③宝庆三年(1227)春,宋理宗诏曰:"朕观朱熹集注《大学》《论语》《孟子》《中庸》,发挥圣贤蕴奥,有补治道。朕方励志讲学,缅怀典刑,深为叹慕,可特赠熹太师,追封信国公。"淳祐元年(1241)再诏曰:"我朝周敦颐、张横渠、程颢、程颐,真见实践,深探圣域,千载绝学,始有指归。中兴以来,又得朱熹,精思明辨,折衷融会,使《大学》《论》《孟》《中庸》之旨本未洞彻,孔子之道益以大明于世。朕每观五臣论著,启沃良多,今视学有日,其令学宫列诸从祀。"④但这并不意味着,四书已是科举取士的教科书。诚如艾尔曼所说:"虽然在1211—1212年间朱熹的注释本已被列入官学内容,北宋道学大师也获从祀孔庙的殊荣,但道学对科举的影响和改造仍是缓慢性的工程。即使当理宗1241年所下的从祀诏中明显尊北宋四子和朱熹为儒学正统,朱熹'精思明辨'的看法在科举考试中仍属弱势声音"⑤。以四书取士,始于元代。究其原因有二:其一,隋唐以来,专以词赋取人,造成"士习浮华"⑥的弊端;其二,作为统治阶层的蒙古、色目人文化水平低,而四书文字少,便于记诵。元仁宗皇庆二年(1313)十月,中书省臣奏请改

---

① 黎靖德.朱子语类·卷56[M].北京:中华书局,1986:1327.
② 许家星.经学与实理:朱子四书学研究[M].北京:中国社会科学出版社,2021:138.
③ 王圻.续文献通考·卷198[M].松江府刻本.[出版者不详],1602:18.
④ 陈邦瞻.宋史纪事本末·卷80[M].北京:中华书局,2015:879-880.
⑤ 艾尔曼.元代经学国际学术研讨会论文集[M].吕妙芬,译.台北:中国文哲研究所筹备处,2000:91.
⑥ 宋濂.元史·卷81[M].北京:中华书局,1976:2018.

变隋唐以来取人"专尚词赋"的做法而"专立德行明经科"，①得到仁宗的支持，十一月遂下诏"行科举"。程钜夫建言，"经学当主程颐、朱熹传注，文章宜革唐、宋宿弊"。② 针对蒙古人、色目人，"第一场经问五条，《大学》《论语》《孟子》《中庸》内设问，用朱氏《章句》《集注》"。③ 明代的开科取士，始于洪武三年（1370），朱元璋"一宗朱子之学"，规定"国家明经取士，说书者以宋儒传注为宗"。④ 时至清代，《四书章句集注》仍是钦定教材，"有清科目取士，承明制用八股文。取《四子书》及《易》《书》《诗》《春秋》《礼记》五经命题，谓之制义。……《四书》主朱子《集注》"。⑤ 可以认为，从元至清，得到六百多年官方钦点的《四书章句集注》，深深印在了中国士人的心灵，从而被奉为经典。

（二）典范之所以为典范

以上所述，属于外在因素，但《中庸章句》成为典范之作，更取决于其内在的品质。具体而言，《章句》至少在两个方面具有典范意义。

1. 为道统注入哲学内涵

尽管儒家道统观由来已久，《孟子·尽心下》即有"由尧舜至于汤，五百有余岁。……由汤至于文王，五百有余岁。……由文王至于孔子，五百有余岁"之说；然而是唐代的韩愈，在佛教传法世系说的影响下，首次建构了系统的且产生了广泛影响的儒家道统。其道统观尤其是"轲之死不得其传"的谱系中断说，得到了宋儒的普遍肯认，朱熹就是其中一位。巧合的是，其道统说较为完备的呈现，就在《中庸章句序》中，也正是这个序，在中国历史上首次使用"道统"一词。⑥ 该序认为，尧之授舜，仅"允执厥中"一言，舜则"益之以三言"作"人心惟危，道心惟微，唯精唯一，允执厥中"而授禹，"自是以来，圣圣相承：若成汤、文、

---

① 宋濂.元史·卷81[M].北京:中华书局,1976:2018.

② 宋濂.元史·卷172[M].北京:中华书局,1976:4017.

③ 钱大昕.廿二史考异[M].上海:上海古籍出版社,2004:1254.

④ 王圻.续文献通考·卷60[M].松江府刻本.[出版者不详],1602:23.

⑤ 赵尔巽,等.清史稿·卷108[M].北京:中华书局,1977:3147-3148.

⑥ 此说尚有争议。陈荣捷主张，《中庸章句序》"首用'道统'之词。胡杰则说，学界一般认为朱熹于淳熙六年（1179）《知南康牒》中提出"道统"一词，而陈概早在1172年与张栻讨论"古道"时即已提出"道统"。然而，无论是否为提出者，朱子重视"道统"一词及道统谱系的建构，都是一定的。

武之为君,皋陶、伊、傅、周、召之为臣,既皆以此而接夫道统之传,若吾夫子,则虽不得其位,而所以继往圣、开来学,其功反有贤于尧舜者。然当是时,见而知之者,惟颜氏、曾氏之传得其宗。及曾氏之再传,而复得夫子之孙子思,则去圣远而异端起矣。子思惧夫愈久而愈失其真也,于是推本尧舜以来相传之意,质以平日所闻父师之言,更互演绎,作为此书,以诏后之学者。……自是而又再传以得孟氏,为能推明是书,以承先圣之统,及其没而遂失其传焉。……然而尚幸此书之不泯,故程夫子兄弟者出,得有所考,以续夫千载不传之绪;得有所据,以斥夫二家似是之非。盖子思之功于是为大,而微程夫子,则亦莫能因其语而得其心也"。这里,朱熹确立的圣人之道的传授统绪,与其说是客观的史实描述,不如说是"儒学精神史的一项重建,意在强调圣人之道作为中国传统文化的一种精神存在必然具有绵延不绝的传承历史"。① 而其以《尚书·大禹谟》的十六字心传为"道统"注入哲学内涵,"实为一极有价值之贡献","从此而后,道统乃成为一哲学范畴。此诚是破天荒之举。纵是武断,不害其为新观念也"。②

此外,《大学章句序》《江州重建濂溪先生书堂记》分别在道统谱系里加入伏羲和周敦颐,则是朱熹在其理学思想的支配下对其道统观的完善。

2. 分章析句

在思想层面上,朱熹综合二程之见,既认同程颐的以《中庸》为"孔门传授心法",③又继承程颢所云"《中庸》始言一理,中散为万事,末复合为一理",并发挥说:"虽曰'合为一理',然自然有万事在",④"始合而开,其开也有渐;末后开而复合,其合也亦有渐"。⑤ 基于这样的认识,在文本形式上,《中庸》就不能是四分五裂的杂凑之作,而是一个统一的整体:"《中庸》一书,枝枝相对,叶叶相当,不知怎生做得一个文字齐整",⑥"《中庸》自首章以下,多是对说将来。不知它古人如何做得这样文字,直是恁地整齐"。至于书中"时复有个'子曰'字",则

① 吴震. 阳明后学研究(增订本)[M]. 上海:上海人民出版社,2016:455.
② 陈荣捷. 朱子新探索[M]. 上海:华东师范大学出版社,2007:288.
③ 程颢,程颐. 二程集[M]. 北京:中华书局,2004:411.
④ 黎靖德. 朱子语类·卷64[M]. 北京:中华书局,1986:1598.
⑤ 黎靖德. 朱子语类·卷62[M]. 北京:中华书局,1489:1489.
⑥ 黎靖德. 朱子语类·卷62[M]. 北京:中华书局,1986:1479.

是"子思参取夫子之说"。① 不止于此,《中庸》还首尾通贯,首章从"天命之谓性"到"天地位焉,万物育焉"是"自里面说出外","末章却自外面一节收敛入一节,直约到里面'无声无臭'处",二者可谓"相表里也"。②

朱熹把《中庸》分为三十三章,三大板块,且"次第甚密"。③ 第一章至十一章是第一大板块,对于其中的首章,他赞同杨时"一篇之体要"的概括,而下面的十章"盖子思引夫子之言,以终此章之义""皆论中庸以释首章之义。文虽不属,而意实相承也"。④ 第十二至二十章为第二大板块。第十二章仍意在申明首章的"道不可离"的含义。该章首句"君子之道费而隐"是主题句,其"费"和"隐"分别意为"用之广"和"体之微",整章则在"明道之体用",⑤其下八章都围绕这个主题而展开。阐发道之费的是第十三至十五章以及第十七至十九章,分别言"费之小"与"费之大";第十六章则具有过渡的性质,"兼费隐,包大小";⑥第二十章以诚为一篇之枢纽,"包费隐、兼小大,以终十二章之意"。⑦ 第三大板块乃自第二十一章至卒章,均是子思之言,主题是天道与人道。分而言之,"二十一章承上章总言天道人道之别,二十二章言天道,二十三章言人道,二十四章又言天道,二十五章又言人道,二十八、二十九章承上章'为下居上'而言,亦人道。三十章复言天道,三十一、三十二章承上章'小德大德'而言,亦天道。卒章反言下学之始以示入德之方,而遂极言其所至,具性命、道教、费隐、诚明之妙,以终一篇之意,自人而入于天也"。⑧ 至此可知,朱熹的《中庸》分章乃以义理的分疏为基础,文中多次出现的"承上章""起下章""即上章"等语言,则表明他注重章与章之间的呼应关系的考察。

《章句》还重视分析句与句之间的关系。如第二十七章首句"大哉圣人之道"注曰:"包下文两节而言。"下文两节指"洋洋乎! 发育万物,峻极于天"和

---

① 黎靖德.朱子语类·卷64[M].北京:中华书局,1986:1591.
② 黎靖德.朱子语类·卷64[M].北京:中华书局,1986:1598.
③ 黎靖德.朱子语类·卷64[M].北京:中华书局,1986:1565.
④ 朱熹.四书章句集注[M].北京:中华书局,2012:18-19.
⑤ 朱熹.朱熹集(七)[M].成都:四川教育出版社,1996:4175.
⑥ 朱熹.四书章句集注[M].北京:中华书局,2012:25.
⑦ 朱熹.四书章句集注[M].北京:中华书局,2012:32.
⑧ 朱熹.朱熹集(七)[M].成都:四川教育出版社,1996:4175.

"优优大哉！礼仪三百，威仪三千"二句；其下"待其人而后行"的注则为"总结上两节"。如是，一"包"一"总"，前五句就被紧密地联系起来。再下五句"故君子尊德性而道问学，致广大而尽精微，极高明而道中庸。温故而知新，敦厚而崇礼"，《章句》注云："故此五句，大小相资，首尾相应，圣贤所示入德之方，莫详于此。"另，《语类》关于此章的说法可与《章句》参看，"只章首便分两节来，故下文五句又相因"，"更须看中间五句，逐句兼小大言之，与章首两句相应，工夫两下皆要到。'尊德性而道问学'，此句又是总说"。①

与孔颖达《礼记正义·中庸》对其所分的每一章都有章旨概括不同，朱熹《中庸章句》仅在第一章、第十一章、第十二章、第十三章、第十七章、第二十一章之后总结章旨，其他章节则因上有总括之语或不注，或简注为"言天道也""言人道也"，更多则是"承上章以起下章"式的连接词。这与他把《中庸》作为一个不可分割的、前后呼应的整体，是分不开的。

总之，受道统观念的支配，并立足于理一分殊的理念，《中庸章句》辨章离句，撮其宏纲，"实现了文韵与玄理的圆融无间"，②为《中庸》创造了经典诠释。

① 黎靖德.朱子语类·卷64［M］.北京:中华书局,1986:1590 - 1591.
② 许家星.经学与实理:朱子四书学研究［M］.北京:中国社会科学出版社,2021:402.

第三章 《中庸》的章句之学(下)

《中庸章句》取得了巨大的成功,在"章句浑沦,读者亦莫知其条理之粲然也"的状况下,"妙得圣人之本旨,昭示斯道之标的"。① 然而,朱熹对其著述不厌其烦的修缮及与师友的反复探讨所显示的开放的文化心态,深深影响了其门人和后起之秀。因此,除了赞扬之声,对其《章句》的辩难亦是时有发生。辩难又分两种情况,一种是认为《中庸》文本存在错简,难以分章,如明儒杨守陈说:"《大学》之错简未尽正,而《中庸》之简亦多错,《大学》之章可分,而《中庸》难以章分也。"②一种是反对朱熹之分章,进而提出新见。

一、宋明学者对朱熹《中庸章句》的辩难

南宋时分,朱熹的《中庸》分章就屡被挑战。似乎有些出乎意料,首先发起挑战的竟是其弟子林夔孙(字子武);但也不得不说,这又在情理之中,弟子的挑战完全符合朱子反复斟酌甚至否定自己前说的为学精神。陈淳在给郭子从的书信里记录此事:"昨过建阳,亦见子武《中庸解》,以《书》相参为说,中间分章有改易文公旧处。"③遗憾的是,关于林夔孙做了怎样的"改易",却没有线索可寻。

(一)黄榦一系二脉

亦持异议且论著存世的是朱熹的另一门人,也是他的女婿——黄榦(1152—1221)。其"分六段授陈师复"④的《读〈中庸〉纲领》,乃陈宓问学黄榦

---

① 王懋竑. 朱熹年谱[M]. 北京:中华书局,1998:278 - 279.

② 朱彝尊. 经义考存·卷154[M]. 清乾隆四十二年刻本.[出版者不详],1777:4.

③ 陈淳. 北溪先生全集·文卷13[M]. 陈文芳刻本.[出版者不详],1783:3.

④ 黄榦. 勉斋集·卷40[M]. 元刻延祐二年重修本.[出版者不详],1315:49.

时所记。具体地说,黄榦把《中庸》析之为三十四章六大节:朱订第一章为第一大节,注曰"先生云:此一篇之纲领"。① 黄氏指出,此节字数虽然不多,但"义理本原""工夫次第"和"效验之大",②包罗殆尽。尽管表述方式不同,但能看出,这是对朱熹《中庸章句》之"首明道之本原出于天而不可易,其实体备于己而不可离,次言存养省察之要,终言圣神功化之效"的精练概括;第二大节是第二至十一章,注曰"先生云:此中庸明道之体段,惟有知仁勇之德者,为足以尽之";③第三大节自第十二章至"十九章之半'不明乎善,不诚乎身矣'",此处的"十九章"④,朱订实为第二十章,注曰"先生云:言中庸之道,无所不在,无时不然"。⑤自一半断开,表明黄榦系把朱订第二十章分作两章;第四大节从朱订第二十章下半的"诚者天之道也"到"纯亦不已"即朱订第二十六章,也就是黄订第二十一至二十七章,注曰"先生云:言道皆实理,人惟诚实足以尽道"。⑥ 黄榦还宣称,到此处为止,《中庸》的全部义理就已经说尽;第五大节从"大哉圣人之道"止于"其孰能知之",即朱订第二十七至三十二章、黄订第二十八至第三十三章,注曰"先生云:此后六章,总括上文一篇之义,以明道之大小,无所不该,惟德之大小无所不尽者为足以体之。中间'仲尼祖述尧舜',再提起头说仲尼一章,言大德小德无所不尽者,惟孔子足以当之。此子思所以明道统之正传,以尊孔子也。至圣者,至诚之成功;至诚者,至圣之实德。此又承上文称仲尼而赞咏之也。"⑦第六大节为朱订末章即三十三章、黄订第三十四章,注曰"先生云:末章言人之体道先于务实,而务实之功有浅有深,必至于'上天之载,无声无息'而后已。至此,则所谓'大而化之'、'圣而不可知'之谓也。"⑧与朱熹相较,黄榦《中庸》分章的主要不同有四:第一,朱订第一大板块被划为两大节,其中第一章被单列为第一大节;第二,朱订第二十章一分为二,成为黄订第二十章和第二十一章;第三,朱订第三大板块被分为三大节,即黄订第四至六大节;第四,黄榦以为

① 黄榦. 勉斋集·卷40[M]. 元刻延祐二年重修本. [出版者不详],1315:49.
② 赵顺孙. 四书纂疏·中庸[M]. 通志堂经解本. [出版者不详],1680:25.
③ 黄榦. 勉斋集·卷40[M]. 元刻延祐二年重修本. [出版者不详],1315:49.
④ 黄榦. 勉斋集·卷40[M]. 元刻延祐二年重修本. [出版者不详],1315:49.
⑤ 黄榦. 勉斋集·卷40[M]. 元刻延祐二年重修本. [出版者不详],1315:49.
⑥ 黄榦. 勉斋集·卷40[M]. 元刻延祐二年重修本. [出版者不详],1315:49.
⑦ 黄榦. 勉斋集·卷40[M]. 元刻延祐二年重修本. [出版者不详],1315:49.
⑧ 黄榦. 勉斋集·卷40[M]. 元刻延祐二年重修本. [出版者不详],1315:49 - 50.

《中庸》至"纯亦不已"，一篇之义已尽，朱熹则指出，此后的部分，《中庸》仍反复探讨天道和人道的问题。

毫无疑问，上引注文中的"先生"即朱熹，然而注文却不直接取材于其《中庸章句》。这在某种程度上表明了黄榦对《中庸章句》的态度。其实，他很推崇章句学对于理解《中庸》的重要性："苟从章分句析而不得一篇之旨，则亦无以得子思诸书之意矣。"①只是，并不赞同朱熹的分章。然而，其注文直引朱熹之言，则揭示他的思想底蕴仍是朱子学的。黄榦认为，《中庸》"皆言道之体用"。②从他的分章和章旨概括看，这一观念已贯穿于其对《中庸》的章句划分中，"戒惧谨独与夫智仁勇三者，及夫诚之一言"则是"全夫道之体用"的工夫。③黄榦甚至宣称，"戒惧谨独知仁勇诚，此八字括尽《中庸》大旨"。④分析地看，"道之体用"为思想主旨的概括，"戒惧谨独知仁勇诚"则是具体的展开，二者是一体两面的关系。

黄榦之后，他的学生饶鲁（1193—1264），无论是在章节划分还是在义理解析上，均表现出与《中庸章句》存在着显著的差异。饶鲁认为，《中庸》一书意在"说道"，这与《大学》"只说学"⑤形成鲜明对比。正是看到了《中庸》有"说道"的统一主旨，所以他在该书之完整性的判断上与朱熹的意见一致，即这是一篇整齐的前后照应的文字。但是，在具体的分章上，却与朱熹不同。饶鲁眼中，《中庸》有"六大节"、三十四章之分。首章是第一节，主题是中和。异于杨时、朱子以之为"一篇之体要"，饶氏宣称"《中庸》要处不专在首章"。⑥自"君子中庸"以下十章为第二节，思想核心是中庸。⑦前两节的关系是：

首章原天命之性以立言，以性无不善、无不中也。次章而下则以

① 黄榦.勉斋集·卷23[M].元刻延祐二年重修本.[出版者不详],1315:15.

② 黄榦.勉斋集·卷23[M].元刻延祐二年重修本.[出版者不详],1315:15.

③ 黄榦.勉斋集·卷23[M].元刻延祐二年重修本.[出版者不详],1315:16.

④ 黄榦.勉斋集·卷40[M].元刻延祐二年重修本.[出版者不详],1315:50.

⑤ 王朝璩.饶双峰讲义·卷2[M]//四库未收书辑轩编辑委员会.四库未收书辑刊:贰辑·拾伍册.北京:北京出版社,2000:353.

⑥ 史伯璿.四书管窥·卷2[M].《敬乡楼丛书》本.[出版者不详],民国十七年至二十年:6.

⑦ 关于饶鲁对此节主题的概括，有两种记载，饶鲁自己说："第二节说中庸。"史伯璿曰："自'君子中庸'以下十章说道教。"

　　君子小人、知愚、贤不肖、南方北方相形言之,以气质有善有不善、有中有不中也。惟性无不善无不中,故前言戒惧慎独者,所以使人涵养其本然之性情。惟气质有善有不善、有中有不中,故后言择守矫强者,所以使人变化其未纯之气质。知仁勇三者,行乎存养省察之中,则气质之偏不能为之累,而一动一静之间,始无适而不得其性情之正矣。①

　　显而易见,饶氏是把一、二两节之间的理论逻辑,纳入了理学家们普遍认同的变化气质以复性的基本结构之中。第三节系"君子之道费而隐"以下八章,"皆以道之费隐言"。饶鲁反对朱熹对此节所做的"申明首章道不可离之意"的定位:一则,"道不可离"属于"无时不然"一类,指向时间上的永恒,费隐节则属于"无物不有"一类,指向空间上的普遍;再则,首章的性道乃是就天命在个体上的落实而言,第三节则就万物共有的性道来说:"首章性道是说自家底,此章费即道,隐即性,是万物公共底。"②在饶鲁看来,前三节始终围绕"说道"的主题而展开,只是角度不同:"始言中和以见此道管摄于吾心,次言中庸以见此道著见于事物,此言费隐以见此道充塞乎天地",从而相对应的工夫亦有异:"知道之管摄于吾心,则存养省察之功不可以不尽,故以戒惧谨独言之;知道之著见于事物,则致知力行之功不可以不加,故以知仁勇言之;知道之充塞乎天地,则致知力行之功不可以不周,故自违道不远以极于达孝。"③他亦从体用的角度总结前三节的一体关系:首章"先中而后和"是"由体以推用",费隐章"先费而后隐"系"由用以推体",中间十章则是"极论君子中庸之事,皆道之用故也"。④"哀公问政"以下七章⑤为第四节,主题是诚,且"诚为一篇之体要"。与黄榦截朱订第二十章为二的做法相同,但具体断法又有异:饶氏把"哀公问政"章自"不可以不知天"处截开而成两章,根据是前半部分以"子曰"开头,为孔子的话,后半部分则是子

---

　　① 王朝璩.饶双峰讲义·卷9[M]//四库未收书辑轩编辑委员会.四库未收书辑刊:贰辑·拾伍册.北京:北京出版社,2000:422.

　　② 史伯璿.四书管窥·卷2[M].《敬乡楼丛书》本.[出版者不详],民国十七年至二十年:41.

　　③ 王朝璩.饶双峰讲义·卷9[M]//四库未收书辑刊编辑委员会.四库未收书辑刊:贰辑·拾伍册.北京:北京出版社,2000:422.

　　④ 王朝璩.饶双峰讲义·卷9[M]//四库未收书辑刊编辑委员会.四库未收书辑刊:贰辑·拾伍册.北京:北京出版社,2000:423.

　　⑤ 史伯璿:"按:本七章,饶分八章。"

思据孔子之言而做的发挥,由此,《中庸》也就从朱熹的三十三章变为了饶鲁的三十四章。第五节"说大德小德",指"大哉圣人之道"以下六章,而《章句》对此节的人道天道之分,"饶氏皆不以为然",他借用周敦颐《通书》的话解释这一节的六章:"前三章'贤希圣'之事,后三章'圣希天'之事"。① 末章为第六节,复申首章之义:"'上天之载,无声无臭',此便是未发之中,便是天命之性,盖一篇之归宿也。"整体地看,《中庸》尚有两次开合:"要之中间却是两次开阖,自中和而中庸以至费隐,是放开说;自费隐而诚,是收敛说;自诚而推至道至德,又是放之以至于极;自至道至德而归之无声无臭,又是敛之以至于极。"② 总之,饶鲁根据自己对《中庸》思想的理解,重新规划其章节,形成了独具特色的《中庸》诠释,其说甚至成为元代以来四书学方面著述"绕不开的必要话题",③直至清代,王朝璩仍盛赞"双峰于《章句》最善发明"。放眼东亚儒学可知,饶鲁的分章还波及韩国,韩儒权近(1352—1409)之《中庸分节辨议》去取于朱、饶之间,徐昌载(1726—1781)之《中庸质疑》"六大节次序"更是直接阐发饶氏分章,④而其以《中庸》"说道"的主张,也广为韩国儒者所接受。

　　时至元代,饶鲁的再传弟子吴澄(1249—1333),称赞朱子的《章句》《或问》"择之精,语之详",但同时指出这样做的弊端:"唯精也,精之又精,邻于巧;唯详也,详之又详,流于多。其浑然者,巧则裂;其粲然者,多则惑。"亦即,过于精巧会导致语意本来完整的地方被割裂,过于详细易使原本明白晓畅之处陷入迷惑不清。吴澄年少时读《中庸》,就已经"不无一二与朱子异",后来又看到刘良贵、饶鲁亦不屈从于朱熹《章句》,且"三人之不同各有不同",因而决心重划《中庸》章句。⑤

---

　　① 史伯璿.四书管窥·卷2[M].《敬乡楼丛书》本.[出版者不详],民国十七年至二十年:27.

　　② 王朝璩.饶双峰讲义·卷9[M]//四库未收书辑刊编辑委员会.四库未收书辑刊:贰辑·拾伍册.北京:北京出版社,2000:417.

　　③ 许家星.再论饶鲁的《中庸》章句学及其对朱子的超越[J].深圳大学学报(人文社会科学版),2014:4.

　　④ 徐昌载.中庸质疑[M]//《国际儒藏·韩国编四书部》编委会.国际儒藏·韩国编四书部:中庸2.北京:华夏出版社,2010:157-158.

　　⑤ 吴澄.吴文正集·卷12[M].崇正县司训万璜校刻本.[出版者不详],1756:4-5.

在吴澄看来,《中庸》应分为七节三十四章:首章为第一节,二章以下总十章为第二节,十二章以下总八章为第三节,二十章以下总四章为第四节,二十四章以下总六章为第五节,三十一章以下总三章为第六节,第三十四章为第七节。他指出,性道教是《中庸》"一篇之纲领",第一节既已揭示出来。其后,第二、三节均在"明其所谓道、所谓教也",第四节"论治国家之道在人以行其教也",第五节"论诚明则圣人与天为一也",第六节"论孔子之德与天地为一也",第七节讲"入道之次序",与首章即第一节"明道之源流"前后呼应,反衬《中庸》为"全体大用"之学。在分章上,吴澄与朱熹不同之处颇多,且情形较为复杂:其一,把朱订第二十章作为第四节,并分四章:"二十章说哀公问政在人又当知天。二十一章说达道五、达德三以修身。二十二章言天下国家有九经,以治国平天下。二十三章说事豫则立、诚者天之道、诚之者人之道、明知仁之事。"其二,合朱订第二十二章与第二十三章为其第二十五章。其三,吴订第二十七章"言诚自成,道自道,故至诚无息",乃《中庸》"故至诚无息"至"无为而成",这是新的组合。其四,二十八章"言天地之道、为物不贰、生物不测",乃自"至诚无息章"析出。其五,三十章"言愚而无德贱而无位不敢作礼乐,宜于今,及王天下有三重焉",则是对朱订第二十八和二十九章的合并。① 总之,从分章到章旨,吴澄皆与朱熹有所不同。

除饶鲁、程若庸、吴澄的江西一脉外,黄榦的传人还有浙江一脉,即何基、王柏、金履祥和许谦,人称"金华四先生"。其中的王柏,也对朱熹的《中庸》分章提出异议。他主张"四大支三十三节"说:"是篇分为四大支(三十三节)"②。第一支:首章子思立言,下十一(引者按:'一'字疑衍)章引夫子之言以终此章之义;第二支:十二章子思之言,下八章引夫子之言以明之;第三支:二十一章子思承上章夫子天道人道以立言,下十二(引者按:"二"疑作"一")章子思推明此章之义;第四支:三十三章,子思因前章极致之言反求其本,复自下学立心之始,推言戒惧慎独之事,以驯致其极。《研几图》卷一(退补斋本)引王柏

---

① 吴澄.吴文正集·卷1[M].崇正县司训万璜校刻本.[出版者不详],1756:18.

② "三十三节"四字,据陆陇其《三鱼堂四书大全·中庸章句序》(清康熙嘉会堂刻本)补。

《中庸章句图》(图3-1):

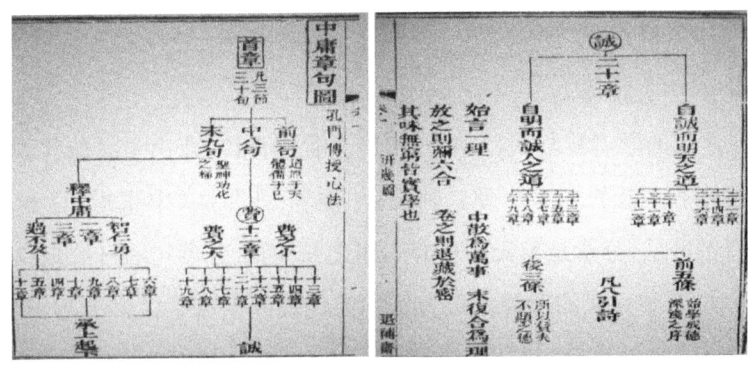

图3-1 中庸章句图

据程元敏分析,"首章"下的"三十句"当作"二十句","自诚而明天之道"下的"二十一章"当作"三十二章"。① 结合图、文与朱熹《中庸章句》对比可知,此时的王柏大致继承了朱熹对《中庸》的三十三章之分及义理阐释,不同的是,他与饶鲁一样,把第三十三章单列为一支,再者,咸淳间王氏定《中庸》为两篇的结构,在此图已粗见其形。后,王柏又作《再定中庸章句图》《中庸首章图》《中庸卒章图》等,但直至《中庸上下图》(图3-2),才明确展现了其分《中庸》为上下两篇的观念,只是,"中庸"仍作"性道教",上下各十三章,而非最终的十一章。

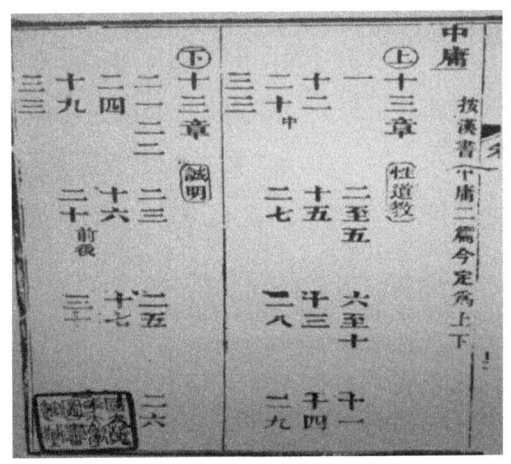

图3-2 中庸上下图

① 程元敏.王柏之生平与学术[M].上海:华东师范大学出版社,2011:508.

总之,尽管不断改变自己的看法,但王柏始终以义理的思考为基础而斟酌《中庸》章句的划分,并最终形成一家之言。

（二）程门再传

宋元之际的学者黎立武（1246—1313），程门再传、兼山学派的代表人物，心仪于程颐弟子郭忠孝之学，"爱二郭氏《中庸》"，①并撰《中庸指归》和《中庸分章》，从后者可见,分章是黎氏的核心工作之一,而重分章句的目的则是"原作者之意"。② 按照黎立武的理解，"以朱子学为代表的主流学派实为程子早年未定之说,以吕氏、郭氏为代表的思想则为程子晚年定论,故兼山之学实为《中庸》学之正统"。③

在"《中庸》一书,以诚为本"④的理念下,黎立武《中庸分章》分《中庸》为三层十五章,"皆发明郭氏之旨"。⑤ 第一层是第一章,自"天命之谓性"至"万物育焉",与朱熹所订第一章相同,"首章以命性道教明中庸之义,以戒惧谨独明执中之道,以中和明体用之一贯,以位育明仁诚之极功",⑥《中庸》一书"大旨皆备于此"。⑦ 第二层是"次章",自"仲尼曰君子中庸"至"惟圣者能之",即朱订第二章至第十一章,"集夫子平日论中庸者,推原作《中庸》之意",⑧此乃承自朱熹对这一部分的"其下十章,盖子思引夫子之言""皆论中庸以释首章之义"的概括。第二层复分"六节"：第一节即朱订第二章,"谓中庸之道不以君子而有,不以小人而无"；第二节自"中庸其至矣乎"到"道其不行矣夫",即朱订第三至第五章,"盖三叹焉"；第三节即朱订第六章,言"求之古人,宜莫如舜"；第四节即朱订第七、八两章,"以乾之象推之"，"舜达而在上,乾九五事也；颜子穷而在下,乾初九

① 李修生.全元文·卷512[M].南京：江苏古籍出版社,1998：400.
② 黎立武.中庸分章附元中子碑[M].上海：商务印书馆,1959：1.
③ 许家星.《易》与《中庸》相为经纬：论黎立武以《易》解《中庸》的思想意义[J].陕西师范大学学报,2015,44(6)：37-45.
④ 黎立武.中庸分章附元中子碑[M].上海：商务印书馆,1959：8.
⑤ 永瑢.四库全书总目·卷35[M].北京：中华书局,1965：297.
⑥ 黎立武.中庸分章附元中子碑[M].上海：商务印书馆,1959：1.
⑦ 黎立武.中庸分章附元中子碑[M].上海：商务印书馆,1959：3.
⑧ 黎立武.中庸分章附元中子碑[M].上海：商务印书馆,1959：4.

事也",以《易》解《中庸》;第五节包括朱订第九、十两章,孔子诲子路以"中和之教";第六节是朱订第十一章,以《易》诠解中庸之能否。统观这六节内容,"则中庸之至德,中庸之难能,与夫圣贤之所以执中用中者,浅深次第,历历可见"。① 第三层为三章以下诸章,"节节相生,首尾相应,推明首章之义至矣,通为十有五章"。② 黎氏所谓第三章即朱订第十二章,"明率性之谓道";第四章即朱订第十三章,引孔子的话以"明修道之教与道不可离之意";第五章即朱订第十四章,讲"正己之事","第五章以下,皆教之序也";第六章即朱订第十五章,"于九经为亲亲之教";第七章即朱订第十六至十九章,"亦亲亲之教";第八章自"哀公问政"至"不诚乎身矣",将朱订第二十章一分为二,"合九经论之";第九章自"诚者天之道"至朱订第二十一章末"明则诚矣","承上诚身之说,极论诚之道",此章以下"皆诚而化之事";第十章自"惟天下至诚"至"至诚如神",即朱订第二十二章到第二十四章,黎氏强调此章"乃尽性之事,中庸之极功","以下皆发此意,以明首章致中和、天地位、万物育"。第十一章自"诚者自成也"至"纯亦不已",即朱订第二十五、二十六两章,"言成己所以成物,实以成物为重";第十二章自"大哉圣人之道"至"蚤有誉于天下者也",朱订第二十七至二十九章,"子思叹中庸之道,未尝一日不在天下","伤夫子之不遇";第十三章即朱订第三十章,"谓仲尼虽不得位",然"明中庸之道,以垂教万世,成小成大,其化密矣,其功莫名";第十四章自"惟天下至圣"至"其孰能知之",即朱订第三十一、三十二两章,"论至诚尽性之功";第十五章为末章,内容与朱熹第三十三章同,这也是朱订的末章,黎氏曰:"天命谓性一语,十一章已深明其妙,末章复会而归之,知人知天之学备矣。"③在其《中庸指归》里,黎立武则主张《中庸》"盖本诸《易》",并有五层之说:"为书十有五章:首章统论一篇之大旨;二章备著夫子之格言;三章而下,明率性谓道、修道谓教之事;九章而下,明至诚尽性、至诚能化之事,末乃伤今思古,以道统绝续之会、帝王授受之真寔在夫子,且反复推明仁诚之道以俟

---

① 黎立武.中庸分章:附元中子碑[M].上海:商务印书馆,1959:4 - 5.

② 黎立武.中庸分章:附元中子碑[M].上海:商务印书馆,1959:3.

③ 黎立武.中庸分章:附元中子碑[M].上海:商务印书馆,1959:5 - 18.

后之圣人;末章则穷理尽性至命之学也。"①尽管有三层、五层之别,但总体而言,黎氏的两种分章大同小异。

（三）明代政治家与经学家

明代政治家、儒家学者廖纪（1455—1532）嘉靖年间撰《四书管窥》,中有《中庸管窥》。《四库全书总目》记曰:

> 是书不用朱子《章句》,亦不从郑玄旧《注》。分《中庸》为二十五段,与《章句》同者十四段。其异者以"中庸其至矣"乎以下二章为第三段,"道其不行矣夫"二章为第四段,"人皆曰予知"二章为第五段,"天下国家可均也"三章为第六段,"道不远人"至"亦勿施于人"为第八段,"君子之道四"一节为第九段,"武王周公"至"孝之至也"为第十五段,"郊社之礼"一节为第十六段,"哀公问政"合"自诚明"二章为第十七段,"大哉圣人之道"至"王天下"三章为第二十三段,"仲尼祖述尧舜"至"唯天下至诚"三章为第二十四段。其中如以"道其不行"一节与"舜其大知"一节合为一段,殊为牵强。谓"君子之道"一节与上文不相蒙,以"郊社之礼"一节承上起下,亦未能深思文意,特自抒其一人之见而已。后附《性学》、《心学》二篇,亦无甚精微之论。②

然而,尽管有如上不同,但其与朱熹分章相同处,皆依从朱子之意。

晚明经学家、思想家郝敬（1558—1639）早年出入佛老,中年信奉理学,晚年归宗心学。他对《中庸》章句也表现出浓厚的兴趣。在郝氏的观念中,"《中庸》本礼书",③然"礼与道,非二物也",所以"自二篇(引者按:指《大学》《中庸》)孤行,则道为空虚而无实地;四十七篇别列,则礼似枯瘁而无根柢,所当亟还旧观

---

① 黎立武.中庸指归[M]//影印文渊阁《四库全书》(第200册).台北:商务印书馆,1982:5.
② 永瑢.四库全书总目·卷37[M].北京:中华书局,1965:309.
③ 郝敬.礼记通解·卷19[M].明万历四十四年本.[出版者不详],1616:20.

者也"。① 尽管郝敬认为朱熹的《章句》"大有分晓",但同时指出"朱注分三支,其实一片文字"。为使"初学易解",他把《中庸》分为七大层次:第一层次自"天命之谓性"至"万物育焉",与朱订第一章同,统论中庸源委;自"仲尼曰"至"强哉矫",为第二层次,即朱订第二至十章,"论实体中庸之难";第三层次自"素隐行怪"至"小人行险以侥幸",即朱订第十一章至第十四章末句前,"论道不越寻常所以为中庸"。自"射有似乎君子"至"虽柔必强"是第四层次,即朱订第十四章末句至第二十章,"举帝王制作圣明经纶不越人伦以实中庸之用"。第五层次自"自诚明谓之性"至"纯亦不已",即朱订第二十一至第二十六章,发挥孔子所说的诚明、天人"以究中庸之微"。从"大哉圣人之道"到"其孰能知之"是第六层次,相当于朱订第二十七至三十二章,"极言道德之至,惟仲尼能全体素位而行,所以为至圣至诚,集中庸之成也。盖中庸之教,发自仲尼、子思,奉扬祖德,故以仲尼终"。自"诗曰衣锦尚絅"至"无声无臭"为第七层次,多次引用《诗经》而"反复咏叹道之微显","归极于天以终首章天命之意"。可知,郝氏以"中庸"为贯穿《中庸》全书的主旨。在郝敬看来,《中庸》全篇的结构是,从天说向人,又从人说还天,中间则是发挥天人之蕴;"显微"则是一篇之"枢纽","乃其天人合一而道中庸者也"。② 之所以以"显微"二字为全篇枢纽,是因为《中庸》"首言显微,中言费隐即显微也,鬼神即道亦言微显,末章反复申明不越显微。二者离则百敝生,二者合则德可入、道可凝。夫子谓'下学而上达',显微之谓也。中是微,庸是显"。③

　　郝敬亦把《中庸》分为上下两卷,三十章,分置于《礼记通解》之卷十八与卷十九。《中庸上》包括前十六章:第一至四,承自朱熹所订。第五章合朱订第五、六两章而为一。第六章合朱订七、八两章。第七章合朱订九、十两章。第八、九、十章相当于朱订第十一、十二、十三章。第十一章自"君子素其位而行"至"小人行险以侥幸",第十二章自"子曰射有似乎君子"至"父母其顺矣乎",这两章相当于朱订第十四、十五两章,不同的是,在朱熹,"子曰射有似乎君子"一

　　① 郝敬.礼记通解·读礼记[M].明万历四十四年本.[出版者不详],1616:7.
　　② 郝敬.礼记通解·卷18[M].明万历四十四年本.[出版者不详],1616:5-6.
　　③ 郝敬.礼记通解·卷18[M].明万历四十四年本.[出版者不详],1616:11-12.

条属上章,而在郝敬,则属下章。第十三章即朱订第十六章,郝敬指出,这章以后所说的"葬祭""达道""九经""三重"等都是"礼家本色",然而自《中庸》独行,"学者登枝捐本,道与礼几为二物矣"。① 第十四、十五、十六章分别相当于朱订第十七、十八、十九章。《中庸下》始于第十七章,即哀公问政章,朱订为第二十章。郝氏主张,"舜其大孝也与"以下三章"历举帝王盛德大业",这一章则揭示"仲尼之谓集大成也",进言之,第十七章之意为"中庸之教阐自夫子,其道德伦常,帝王以来皆已言之,其融会贯通,以三行五、以人合天、以明求诚,则吾夫子修道之教,故引告哀公语实之"。② 统观全篇,此章之前多言"下学","道之显也而微在其中","诚明"章之后多言"上达","道之微也而显在其中",此篇前"许多义理结局在诚明两字",故而此章后"即承此两字立言"。③ 第十八至三十章,与朱熹分章同,分别相当于其所订第二十一至三十三章,当然,章旨的概括自有不同。

(四)阳明一系

除了程朱门人外,王阳明及其部分后学也对《中庸》分章提出己见。阳明反对"泥分"《中庸》为"三大支"的做法,他认为《中庸》首尾两章"自是相映",中间各章也是"脉络贯通",并举例道:

> 如前说智仁勇,至夫子论修身,而曰智仁勇之达德,是谓中庸非智仁勇不能,而其寔智仁勇乃通天下之德,何不可以之修道,而能此中庸也。如前说道造端于夫妇,宜于妻子,和于兄弟,顺于父母,至夫子而总之曰,此天下之达道也。如前说愚可与知,不肖可能行,至夫子而曰困知及其知之一也,勉行及其行之一也。如前说武王周公制礼,后说此礼乃三重之道,出之上而不骄,循之下而不倍也。如前说鬼神之诚而显,后说诚身者体此理而诚者妙合此理也。如前说中和位育,而后说尽性即致中和,尽人物即育万物,参赞天地即位天地,其礼乐三重即

---

① 郝敬.礼记通解·卷18[M].明万历四十四年本.[出版者不详],1616:66.
② 郝敬.礼记通解·卷19[M].明万历四十四年本.[出版者不详],1616:7.
③ 郝敬.礼记通解·卷19[M].明万历四十四年本.[出版者不详],1616:16.

参赞之事,而天渊立本知化,则其用功之妙也。①

阳明之说有理有据,自成一家之言。

王阳明门人耿定向的弟子管志道(1536—1608)撰《中庸订释》,对《中庸章句》进行"分其合而合其分"②的工作,从而将《中庸》分为三十五章。朱彝尊载管氏语曰:

> 以"人莫不饮食也"一节合"子曰道其不行矣夫"为一章;析"子曰无忧者"一节为一章;自"武王缵太王王季文王之绪"至"孝之至也"为一章;以"郊社之礼"一节自为一章;自"哀公问政"至"礼所生也"接"在下位"一节,然后接"以故君子不可以不修身"一节为一章;自"天下之达道五"至"则知所以治天下国家矣"为一章;自"凡为天下国家有九经"至"道前定则不穷"为一章;自"诚者天之道也"至"明则诚矣"为一章;自"惟天下至诚"至"惟天下至诚为能化"为一章。自"诚者自成也"至"无为而成"为一章;自"天地之道可一言而尽也"至"纯亦不已"为一章;自"子曰愚而好自用"至"亦不敢作礼乐焉"为一章;自"子曰吾说夏礼"至"君子未有不如此而蚤有誉于天下者也"为一章;自"唯天下之至诚"至末为一章。谓通篇未有径以"《诗》云"作章首者,故订之。③

朱氏仅就管志道与朱熹在《中庸》分章的不同处做了说明,尚嫌不足,故再依《重订中庸章句注释》之明万历三十四年刊本详述。管氏分《中庸》为上下两卷、三十五章,上卷从第一章到第二十四章,下卷自第二十五章至卒章,亦即第三十五章。第一到三章,与朱熹分章同,第一章"以中和管道、以道摄性教,而庸德贯于

---

① 徐奋鹏.中庸古今道脉(一)[M].金陵郑氏书林奎壁堂刊本.[出版者不详],1618:4–5.

② 管志道.重订中庸章句注释[M].万历三十四年刊本.[出版者不详],1606:2.

③ 朱彝尊.经义考存·卷155[M].刻本.[出版者不详],1777(乾隆四十二年):4.

其中"，①第二章"子思释仲尼之言也"，②第三章"虽并提'中庸'二字，而'中'义全收在'庸'字上"。③ 第四章自"子曰道之不行也"至"不肖者不及也"，比朱订第四章少一句"人莫不饮食也，鲜能知味也"，"引圣言以剖中庸鲜能之故"。④第五章自"人莫不饮食也"至"道其不行矣夫"，即朱订第四章末句及朱订第五章，管氏批评朱熹说："朱本画前两句属上章，而独截'子曰'一句谓一章，似非分章之体"。⑤ 第六至十七章，亦同于朱熹之所分，第六章"朱注确矣"，⑥第七章"此夫子伤中庸之教久湮""有嘅而云"，⑦第八章"挑出'得一善'来，大有吃紧，盖颜子亦精一执中之圣人也"，⑧第九章"历举难行可行之事，以表中庸之德之至也"。⑨ 管志道认为，前九章都是孔子关于教的言论，意在彰明君子的中庸，第十一章则"兼举其身教以为师世者立的也"。⑩ 第十二章是子思继承孔子的中庸之心法而"特出费隐二字以状之"。⑪ 第十六章"诚之不可掩"句在郊社、禘尝之后，"含有仁人飨帝、孝子飨亲之礼义在其中"，这其实是上章所云"费隐"的"至处"，"而下章所云'诚者天之道，诚之者人之道'，皆渊源于此矣"。⑫ 第十七章"盖从不愿外而居易俟命说来，故举舜孝以立极"。⑬ 第十八章不同于朱熹，自"子曰无忧者"至"父作之，子述之"，即朱订第十七章前两句，"此夫子表文王之隐意也"。⑭ 第十九章自"武王缵大王、王季、文王之绪"至"孝之至也"，"结上

① 管志道. 重订中庸章句注释·卷上[M]. 明万历三十四年刊本. [出版者不详],1606:2.
② 管志道. 重订中庸章句注释·卷上[M]. 明万历三十四年刊本. [出版者不详],1606:6.
③ 管志道. 重订中庸章句注释·卷上[M]. 明万历三十四年刊本. [出版者不详],1606:7.
④ 管志道. 重订中庸章句注释·卷上[M]. 明万历三十四年刊本. [出版者不详],1606:7.
⑤ 管志道. 重订中庸章句注释·卷上[M]. 明万历三十四年刊本. [出版者不详],1606:9.
⑥ 管志道. 重订中庸章句注释·卷上[M]. 明万历三十四年刊本. [出版者不详],1606:9.
⑦ 管志道. 重订中庸章句注释·卷上[M]. 明万历三十四年刊本. [出版者不详],1606:10.
⑧ 管志道. 重订中庸章句注释·卷上[M]. 明万历三十四年刊本. [出版者不详],1606:12.
⑨ 管志道. 重订中庸章句注释·卷上[M]. 明万历三十四年刊本. [出版者不详],1606:13.
⑩ 管志道. 重订中庸章句注释·卷上[M]. 明万历三十四年刊本. [出版者不详],1606:20－21.
⑪ 管志道. 重订中庸章句注释·卷上[M]. 明万历三十四年刊本. [出版者不详],1606:21.
⑫ 管志道. 重订中庸章句注释·卷上[M]. 明万历三十四年刊本. [出版者不详],1606:32.
⑬ 管志道. 重订中庸章句注释·卷上[M]. 明万历三十四年刊本. [出版者不详],1606:34.
⑭ 管志道. 重订中庸章句注释·卷上[M]. 明万历三十四年刊本. [出版者不详],1606:34－35.

文两节,皆继志述事之意也"。① 第二十章自"郊社之礼"至"治国其如示诸掌乎","承上武周宗庙之礼,而论及郊社,盖皆中庸费隐中事,而周道之最大者也"。② 在管氏看来,一章是一个分界线,此前的章节都以中庸为主题,此后的章节"则细言君子诚明之学以及至诚至圣德业之盛,皆不出于中庸一脉也"。③ 《中庸章句》中,朱熹将"哀公问政"至"虽柔必强"并作第二十章,而且比较了其与《孔子家语》所载同段文字的不同。管志道注意到这一点,但错误地理解为朱熹乃据《家语》分章,且误认其分章至"固执之者也"。依管氏之见,圣人给君主的建言一定是简洁的,不能是繁杂的,因而哀公问政章由哀公之问、孔子之答与子思之申言三部分组成,"故知'人道敏政'以下,皆子思之言也。子思立言,亦隐然有个段落,无有混数章为一章之理"。④ 据此,自"哀公问政"截至"不可以不知天"为第二十一章。管志道认为,此章之郑本存在错简。所以,他在这一章的"在下位不获乎上,民不可得而治矣"与"故君子不可以不修身"之间,移入后文的"获乎上有道:不信乎朋友,不获乎上矣。信乎朋友有道:不顺乎亲,不信乎朋友矣。顺乎亲有道:反诸身不诚,不顺乎亲矣。诚身有道:不明乎善,不诚乎身矣。",后面的相应文字,则定为衍文,用带圈字表示。⑤ 自"天下之达道五"至"治天下国家矣"系第二十二章,自"凡为天下国家有九经"至"所以行之者一也"是第二十三章,自"凡事豫则立"至"道前定则不穷"乃第二十四章,这四句话可作为前文"达道""达德""九经"等章的"结文","'凡事'二字亦活,其分四目亦有伦",先说言、事、行,最后"约之于道",可谓"摄末归本"。至此,上卷终。管志道指出,"道前定则不穷"的"道""必通天人二道,而曰'前定',曰'不穷',则专向人道上说,盖天道无事于前定也。由人道以达天道,则亦非豫不立,故当直接下章'诚者天之道'云"。⑥

① 管志道.重订中庸章句注释·卷上[M].明万历三十四年刊本.[出版者不详],1606:39.
② 管志道.重订中庸章句注释·卷上[M].明万历三十四年刊本.[出版者不详],1606:40.
③ 管志道.重订中庸章句注释·卷上[M].明万历三十四年刊本.[出版者不详],1606:41.
④ 管志道.重订中庸章句注释·卷上[M].明万历三十四年刊本.[出版者不详],1606:47.
⑤ 管志道.重订中庸章句注释·卷上[M].明万历三十四年刊本.[出版者不详],1606:54.
⑥ 管志道.重订中庸章句注释·卷上[M].明万历三十四年刊本.[出版者不详],1606:53-54.

第二十五章始于"诚者天之道也",终于"明则诚矣",即朱订第二十章后半及第二十一章。查证可知,管志道视为衍文的部分是孔颖达《礼记正义·中庸》的第十九章,而除去此部分,孔疏之下卷亦以"诚者天之道也"为始。这就是说,管氏接受了孔颖达的分卷。他反对朱熹把"虽柔必强"以上合为上章,"拆诚明性教四句,另为一章",而认为"性教二字,即结上文天道人道之义",且《中庸》"自费隐章后,亦未有四句而成一章者",①因此才如此划定第二十五章。第二十六章自"惟天下之至诚"至"为能化",即合朱订第二十二与第二十三章为一章,"承上天道人道而言"。② 第二十七章,即朱订第二十四章,"承上致曲变化之至诚言,正人道之上达于天道者也"。③ 第二十八章自"诚者自成也"至"无为而成",即朱订第二十五章、第二十六章的一部分,管氏以为朱熹的分章"文义脉络,似欠贯然",故"据臆见分合其章"。④ 自"天地之道"至"纯亦不已"为第二十九章,"似已说到天命之谓性、率性之谓道以上","独举天地之道而及其原"。⑤ 第三十章自"大哉圣人之道"至"其斯之谓与",即朱订第二十七章,与前面的章节多次提到的至诚之德"虽兼功用而重在体"相反,此章"独举圣人之道,虽本至德而重在用"。⑥ 第三十一章自"子曰愚而好自用"至"亦不敢作礼乐焉",第三十二章自"子曰吾说夏礼"至"蚤有誉于天下者也",而以"子曰"二字另起,"其义已向'居上不骄'半边说,自当合'王天下'以为一章"。⑦ 在管志道看来,三十到三十二这三章内容,都是从"礼教上说来","其用只在'居上不骄,为下不倍'二句",且为"隐说"。其下的第三十三章,即朱订第三十章,则"直归

---

① 管志道.重订中庸章句注释·卷下[M].明万历三十四年刊本.[出版者不详],1606:5.
② 管志道.重订中庸章句注释·卷下[M].明万历三十四年刊本.[出版者不详],1606:5.
③ 管志道.重订中庸章句注释·卷下[M].明万历三十四年刊本.[出版者不详],1606:7-8.
④ 管志道.重订中庸章句注释·卷下[M].明万历三十四年刊本.[出版者不详],1606:11.
⑤ 管志道.重订中庸章句注释·卷下[M].明万历三十四年刊本.[出版者不详],1606:13,14.
⑥ 管志道.重订中庸章句注释·卷下[M].明万历三十四年刊本.[出版者不详],1606:17.
⑦ 管志道.重订中庸章句注释·卷下[M].明万历三十四年刊本.[出版者不详],1606:19.

诸仲尼身上,乃子思剖露家法处"。① 统观前后章,管志道宣称,第二十一章"哀公问政"章提出"诚明为学脉",其后的章节"详明天道人道",第三十三章则"结在仲尼一人身上",然而仲尼上达犹有不容已者,所以下文又演出"至圣、至诚二章"即第三十四和三十五两章"终焉"。② 其中,第三十四章自"唯天下至圣"至"故曰配天",即朱订第三十一章,第三十五章自"唯天下至诚"至篇末,即朱订第三十二、三十三两章。管氏指出,朱订第三十三章有"未审处",因"通篇并未有无上事而径以'诗云'作章首者",③故合其后两章。在《中庸测义》里,管志道还分析了"诚明之后"(管订第二十五章)各章间的逻辑层次:"诚明之后,举至诚者三,言尽性,言前知,言配天地;而后及'大哉之圣道',即以仲尼集其成;及'仲尼祖述章'后,方言至圣,而复以至诚要其极。"在他看来,子思如此安排"尚有深意",是为了反映至诚与至圣之间的体用关系。④

尽管有三十五章之分,但管志道强调,《中庸》一书"义如贯珠,即不分章亦可也"。⑤ 这意味着,于他而言,《中庸》乃一通贯的整体。不止于此,管氏还分析了整部《中庸》的逻辑脉络。依他之见,首章是以性道教发其端,以中和位育收其实,中庸之意隐含其中;次章揭"中庸"二字以标宗旨,下面的十章皆引孔子之言而"显道脉";然而由于中庸易被忽视,所以接着阐发"费隐"之义,教人精察,"因详示庸德而以舜文武周之事实之,其中亦及郊禘鬼神之说";此后的哀公问政章"广推修己治人之道,而约之于诚明","此道中庸之要诀也";继之以"详推圣人天地之道不出一诚,以立思诚之准,此又中庸之实体也";下文则特述仲尼"自用自专之戒,及学礼从周之言,以见庸德之不可违",而后以祖述尧舜、宪章文武"称其大";然而"道无穷尽,不敢以仲尼为绝德",所以又用"至圣、至诚"表示"天道之极";又,只有暗然之君子才能做到中庸,非气浮识浅之人所能为,

① 管志道.重订中庸章句注释·卷下[M].明万历三十四年刊本.[出版者不详],1606:24-25.

② 管志道.重订中庸章句注释·卷下[M].明万历三十四年刊本.[出版者不详],1606:30.

③ 管志道.重订中庸章句注释·卷下[M].明万历三十四年刊本.[出版者不详],1606:43.

④ 管志道.中庸测义[M].明万历三十四年刊本.[出版者不详],1606:47-48.

⑤ 管志道.重订中庸章句注释·卷下[M].明万历三十四年刊本.[出版者不详],1606:44.

故"以无声无臭要其终","则仍反于首章之旨也"。① 总之,管志道认为,《中庸》首尾呼应,前后关联。

南宋后的四书学,有一个比较显著的趋势,即不少学者尝试通过图式、图谱等来展示对四书的理解,这一特征也体现在对《中庸》的诠释中。就上文涉及的人物而言,就有饶鲁的《庸学十一图》、王柏的《中庸章句图》《再定中庸章句图》《中庸首章图》《中庸卒章图》、黎立武的《中庸指归图》等作品,这些直观的、形象的图式为我们准确、快速地抓住他们的分章及思想主旨提供了方便。另外,无论是程朱学者,抑或是阳明学者,其《中庸》分章都以朱熹的《中庸章句》为讨论的前提,这再一次证明了,《中庸章句》是当之无愧的典范。

元代的《中庸》章句学很是落魄,除吴澄外,未见他人探究。事实上,自吴澄《礼记纂言》始,"治《礼记》而宗宋学者,即皆置《大学》《中庸》二篇而不释,且于其原文亦不录,以示对朱熹《章句》的推崇"。② 职是之故,元代的《中庸》章句之学基本处于停滞状态,或者可以理解为处于朱熹《中庸章句》的独尊时代。《四书章句集注》在元仁宗时被官宣为科举教材,更是加剧了这一现象。时至明代,《礼记》类著述中仅存《大学》《中庸》之篇目,仍是一种比较普遍的现象,胡广奉敕而修的《礼记大全》不载《大学》《中庸》,则表明了官方的态度。"在明代不仅是出于学者的《礼记》注本与重编本,甚至连坊刻白文本《礼记》也一样删《大学》《中庸》而不载"。③ 上文已示,《大学》《中庸》重返《礼记》,在明代郝敬的《礼记通解》一书。此书的问世,为《中庸》章句之学的重新启动提供了一大转机。

总之,此一时期对朱熹的《中庸》章句之分提出异见者,既有程朱弟子及再传弟子,又有阳明弟子及再传弟子,还有经学家,他们的发难使得《中庸》章句之学在宋明时期,呈现为一片繁盛的景象。

---

① 管志道.重订中庸章句注释·卷下[M].明万历三十四年刊本.[出版者不详],1606:43-44.

② 杨天宇.礼记译注[M].上海:上海古籍出版社,2004:31.

③ 石立善.《大学》、《中庸》重返《礼记》的历程及其经典地位的下降[J].国学学刊,2012(3):31-37.

二、清代:《中庸》章句之学的延续

清代的《中庸》章句之学,很难再用繁盛加以形容,但自有其特点。相关著述分布于《礼记》类、四书类和《中庸》单行本这三类书籍中,情形也颇为复杂,如王夫之(1619—1692)《礼记章句》摘抄朱熹《中庸章句》之分章、注释,进而以"衍"的体例阐发己说;毛奇龄(1623—1716)《四书改错》对《中庸章句》进行"改错",但主要集中于对其字词训诂的批判,只对《章句》个别分章提出异见;①颜元《四书正误》也稍有涉及分章者,他认为,朱订第二十六章"故至诚无息"之"故"字表明,不该从此处分章,"岂有开口用'故'字之理乎"?鉴于此,颜元指出,自"天命之谓性"至"至矣",亦即整部《中庸》,"原总一篇,未尝有章节之分也。章分则理悖"。② 也就是他根本不赞同分章。任启运(1670—1744)《礼记章句》延续元儒的做法,不释《中庸》,但他另著《四书约旨》。该书之《中庸》部分粗略地谈及分章分支的问题。汪绂(1692—1759)《礼记章句》只有"解题",介绍了从《汉书·艺文志》到朱熹的相关记载和研究,以"程子表章之而朱子为之《章句》《或问》,是篇乃特列于四子书云"结尾。其中,李光地(1642—1718)《中庸章段》和郭嵩焘(1818—1891)《中庸章句质疑》较有代表性。

李光地(1642—1718)的《中庸章段》分《中庸》为十段。翟灏总结其分章称:《中庸》一书的大旨都包括于首章,其后的章节都是"申说其义而已"。"道之不行"至"问强",申说天命之性;"素隐"至"鬼神",申说率性之道;舜文武周公,申说修道之教;问政章,"乃夫子告君之言,传心之典,曾子子思孟子转相付授,盖《中庸》之书所缘以作者,故以继舜文武周公之后,而为一书之枢要";问政章的达德,指的是天命之性;达道,指的是率性之道;九经,指的是修道之教;诚明,指的是中之德;"唯天下至诚"至"纯亦不已",谈的是诚之极至的状态,申说致中。"大哉圣人"至"有誉天下","言明之极至,申致和也"。"仲尼"以下,"又总以夫子建中和之极而由明以归于诚。小德,明也,和也;大德,诚也,中也。

---

① 毛氏认为,"诚者非自成己而已也"与"故至诚无息"两节不可"分作两截"。
② 颜元. 颜元集[M]. 北京:中华书局,1987:170.

至圣,申前圣人也。至诚,申前至诚也。首章之旨,至此尽矣"。最后一章则"自下学立心,推而极于上达之至。盖与首章相发而以一诚尽中庸之道也"。① 《四库全书总目》则记载说,李光地的《中庸》不用朱子本,也不用郑注古本,"自分为一十二章。然特联属其文,使节次分明,大旨则固无异"。② 具体言之,李光地所分第一章,与朱订第一章同,而且他赞同朱熹对其"一篇之体要"的概括,并进一步说明:"自第二章至末,皆所以发明推广此章之旨也。"③第二章自"仲尼曰君子中庸"至"民鲜能久矣",即朱订第二、三章,此章两次引用孔子关于"中庸"的话,"盖标一篇之指,以起作书之意"。④ 第三章自"子曰道其不行也"至"强哉矫",即朱订第四至十章,主要是为了申明首章的"天命谓性"之义。李氏指出,尽管仁义礼智都是性,但"智仁"是"其纲","勇"则"贯乎智仁之间","仁智合一"乃"天命之本,圣人之事","舜以实行而为大智,颜子以真知而为大贤,惟其合一,是以不偏",孔子对子路所说的则是"矫正习俗,变化气质以复其性之道"。⑤ 第四章自"子曰素隐行怪"至"诚之不可掩如此夫",即朱订第十一到十六章,"申明首章率性谓道之义"。李光地认为,无论是求道于性之外,还是不尽其性于道之中,都陷入了过与不及的弊端,故此章"首引夫子之言隐怪半途者,而推论其意,以见自近而远、不可过不可及"。⑥ 第五章自"子曰舜其大孝也与"至"治国其如示诸掌乎",即朱订第十七到十九章,"申明首章修道谓教之义","盖前所言道,自子臣弟友至于鬼神尽矣",然而能做到这种地步的唯有圣人,所以此章"列引舜文武周公以立之极,皆始于孝弟庸行而终于格天受命飨帝

① 翟灏.四书考异·总考六·中庸科段[M].无不宜斋雕本.[出版者不详],1769:4 - 5.

② 永瑢.四库全书总目[M].北京:中华书局,1965:305.

③ 李光地.榕村四书说[M]//影印文渊阁《四库全书》(第210册).台北:商务印书馆,1982:12.

④ 李光地.榕村四书说[M]//影印文渊阁《四库全书》(第210册).台北:商务印书馆,1982:12 - 13.

⑤ 李光地.榕村四书说[M]//影印文渊阁《四库全书》(第210册).台北:商务印书馆,1982:14.

⑥ 李光地.榕村四书说[M]//影印文渊阁《四库全书》(第210册).台北:商务印书馆,1982:16.

禘亲之盛"，而这是"圣人之修道足以为后世法者"，也是"教之所由立"。① 第六
章即朱订第二十"哀公问政"章，这一章是全书的"枢纽根柢"，"盖此书前半篇
发明首章性道教之源流，后半篇发明首章致中和之功化，而此章达德、达道、三
知、三行即性道教之实也，诚明二字即中和之实也"，而且此章是孔子"传心之典
故"，"凡曾子、子思、孟子之所述，皆渊源于此焉"。② 第七章即朱订第二十一
章，总结上章孔子告哀公之言。李氏认为，孔子所说的"一为知仁勇之本"属于
"诚则明"，所说的"明善以诚其身"则属于"明则诚"，而"学问之道，虽由明善之
教而入，而必求端于性之德者，孔门之宗也"。③ 第八章自"唯天下至诚"至"纯
亦不已"，即朱订第二十二至二十六章，这一章承接上章，论诚之极至，结首章所
谓中也，"盖以诚尽性则大本立，而有以合天地之德，故其效至使天地位焉；赞其
化育则天地所以位，而与之参焉者，又极其合德之量而言之也。尽性者，其存诚
无须臾之离，故其体则久而不息，盖可久者圣人之德，天之所以为天者，此也"。④
第九章自"大哉圣人之道"至"此天地之所以为大也"，即朱订第二十七至三十
章，此章论明之极至，结首章所谓和也，"盖以明尽道则达道行，而有以成天地之
功，故其效至使万物育焉；发育万物则万物所以育，峻极于天，又极其功化之分
而言之也。尽道者烛理无毫末之差，故其用则大而无外，盖可大者圣人之业，天
地之所以为大者，此也"。⑤ 第十章自"惟天下至圣"至"故曰配天"，即朱订第三
十一章，承接上章圣人之道而"指其所发之盛，以终中节之和之义"。⑥ 第十一

① 李光地.榕村四书说[M]//影印文渊阁《四库全书》(第210册).台北:商务印书馆,
1982:17.

② 李光地.榕村四书说[M]//影印文渊阁《四库全书》(第210册).台北:商务印书馆,
1982:20.

③ 李光地.榕村四书说[M]//影印文渊阁《四库全书》(第210册).台北:商务印书馆,
1982:20.

④ 李光地.榕村四书说[M]//影印文渊阁《四库全书》(第210册).台北:商务印书馆,
1982:22.

⑤ 李光地.榕村四书说[M]//影印文渊阁《四库全书》(第210册).台北:商务印书馆,
1982:24.

⑥ 李光地.榕村四书说[M]//影印文渊阁《四库全书》(第210册).台北:商务印书馆,
1982:25.

章自"惟天下至诚"至"其孰能知之",即朱订第三十二章,承接前章"至诚尽性"而"指其所存之神以终未发之中之义","极至于上达天德则所谓合天地之德而能使天地位者,此也"。① 自"诗曰衣锦尚絅"至篇末,为第十二章,即朱订第三十三章,"与首章之义相首尾而总结全篇之意"。② 从上可见,李氏与朱熹"意有异而章乃从朱子"。③

郭嵩焘(1818—1891)《中庸章句质疑》虽名为"章句质疑",但其重点并不在于对"中庸章句"段划分的质疑上,而在于对其注解的批评上。翻检该书,郭氏对朱熹所订章段的疑问,仅一见,即认为朱订第十九章当与第十八章合而为一。④ 然而,其关于《中庸》"分两截读"的看法却值得关注。

郭嵩焘认为,《中庸》一书章法分明,当"分两截读"。除却首章的十九章以上部分是第一截,为"《中庸》大体段","发明广大之用",多以事言,倾向于整段说,"大端已尽";此截可再分为两部分,十章以前"分序知仁勇之功,为体",十一章以下"由君子之体道,推极圣人之制礼作乐,为用";此截亦可从十六章处断开,此章"就鬼神之德显出一'诚'字",而"中庸体道之功至于诚而至矣",因此十六章是"前半篇中一大结束",前十六章言工夫,后三章则言发用。第二截则为第二十到三十三章,"穷极精微之蕴",多以理言,偏于错综变化说,"层层推勘入细"。如此划分章段的理由在于,"首标中庸之名,而推出知仁勇三者为行道之资,极之舜文武周公之有天下,制礼以成化,以明中庸之大用;次显知仁勇之德,而推出一'诚'字为凝道之本,极之仲尼之配天,以明中庸之全功"。⑤ 郭嵩焘还主张,第二十章即哀公问政章指出"下手用功处",为"全书之枢纽",此前的章节讲仁智勇的功用,此后诸章则"论诚字体段","极论中庸工夫";⑥而首末

① 李光地.榕村四书说[M]//影印文渊阁《四库全书》(第210册).台北:商务印书馆,1982:25.

② 李光地.榕村四书说[M]//影印文渊阁《四库全书》(第210册).台北:商务印书馆,1982:26.

③ 翟灏.四书考异·总考六·中庸科段[M].无不宜斋雕本.[出版者不详],1736:5.

④ 郭嵩焘.中庸章句质疑·上篇[M].思贤讲舍本.[出版者不详],1890:34.

⑤ 郭嵩焘.中庸章句质疑·上篇[M].思贤讲舍本.[出版者不详],1890:34-35.

⑥ 郭嵩焘.中庸章句质疑·下篇[M].思贤讲本舍.[出版者不详],1890:15,24.

两章则是"相应"的,《中庸》开端"便揭出'慎独'字",但直到末章"始显出慎独之全功";末章所云"暗然而日章",乃"慎独之实体也",不仅是此章的要旨,而且是全书的要旨,这是因为《中庸》所说的"拳拳服膺""遁世不见知而不悔""庸德之行庸言之谨""素其位而行""必自迩""必自卑"等,都可以"总摄之曰慎独","皆所谓'暗然'者也"。①

郭氏对《中庸》有一通盘的把握,即认为此书"以慎独为主,以知仁勇三达德为纲,以至诚为归宿",②"知仁勇是发用工夫,诚字是本","诚所以为知仁勇之府也"。③ 正是立足于这一观念,他才把《中庸》分两截。"由慎独以贯乎知仁勇之全,此所以成德也。始条理者,圣之事也。由知仁勇以合乎至诚之撰,此所以尽神也。终条理者,智之事也。故《中庸》发端便言慎独,而以内省不疚终之;中间前半篇,实指知仁勇之用,后半篇推言至诚之功"。④ 可知,郭嵩焘分两截读《中庸》,良有以也。

三、东亚儒者的《中庸》章句之学

放眼世界,《中庸》章句之学不止是中国思想史的内容,也是东亚儒学史的重要事件,韩国、日本的儒者对此多有关注。

韩国高丽末朝鲜初的儒者权近(1352—1409)撰有《中庸首章分释之图》,在朱熹和饶鲁之《中庸》分章的基础上,"合二说,从其尤长者"而主张"总论大旨为三节,细分为五节"。第一节包括一到十一章,首章讨论命、性、道、教,其下十章则以中庸为主题,"以智仁勇为学之事,推之极于遯世不悔之圣,以孔子之事终之";第二节从第十二"费隐"章到第二十章,费隐章承上章的"君子依乎中庸"而谈君子之道,"其下由庸言庸行推之,自身而家而国而天下,至于九经之目,以孔子之政终之"。前两节的"大旨"相同,都是"君子之道";但进路却不同,"首章言中和,由体而达用;十二章言费隐,由用而明体","前节则主言君子

① 郭嵩焘.中庸章句质疑·下篇[M].思贤讲舍本.[出版者不详],1890:38 – 39.
② 郭嵩焘.中庸章句质疑·上篇[M].思贤讲舍本.[出版者不详],1890:13.
③ 郭嵩焘.中庸章句质疑·下篇[M].思贤讲舍本.[出版者不详],1890:13.
④ 郭嵩焘.中庸章句质疑·上篇[M].思贤讲舍本.[出版者不详],1890:13 – 14.

择守之学,后节则主言君子施措之事"。前两节的划分及把诚明章作为第三节之首,乃权近"从朱子"所做的划分。权氏指出,饶鲁把哀公问政章作为"论诚诸章之首,似亦得矣",但朱熹所谓"引孔子之言,以继大舜、文、武、周公之绪,明其所传之一致"才是"确论",如此判断的根据是:《中庸》把天和孔子作为模范而终始言之,而哀公问政章"不以孔子继之""则非子思子终始标仲尼之意",再者,《中庸》"每节更端之言,皆是子思子之自言,其下乃引孔子之言",而不应是中间一节以孔子之言更端。第三节自二十一至二十六章,第四节自二十七至三十二章,这两节"由诚明、性教而推之以德,言圣人之事为多焉",都是围绕圣人之德而展开,前节之首言"诚",后节之首言"圣人"。卒章为第五节。第二十二至二十六章为第三节之余,大哉圣人之道章为第四节之首,系"从饶氏"。总之,前两节言道,因"多主学者言",后两节言德,因"多主圣人言";第一至三十二章"总论大旨,则不过言道言德,而细论立言之序,则当分为四节者,甚晓然矣",卒章"又总一篇大旨而历言之"。①

　　韩儒李退溪的弟子金彦玑(1520—1588)著《中庸标题》,分《中庸》为三十二章,阐发理、道、仁、知、勇和圣人、贤人的与众不同处。第一章"言尧舜、途人初无二理",可再分五节:一节为首三句,既是一章之"纲领"又是一篇之"纲领"。道则是三句之纲领,上包性,下包教;二节讲"喜怒哀乐未发时存养",指"道之体";三节讲"喜怒哀乐已发时省察",指"道之用";四节论"存养省察做工夫地头";五节"言圣神功化之极,以结上文之意"。第二章兼论气质,分君子小人。第三章谈中庸之道众人鲜能,且"能"字兼知行两面。第四章言智愚、贤不肖、过不及,复分两节:一节以知仁勇开端,二节专指知。第五章言道不明故不行。第六章说"知之事"。第七章讲不能知故不能守。第八章言仁之事。第九章言不能知故不能行。第十章讲勇之事。第十一章讲知者、贤者过之。"索隐",知者过;"行怪",贤者过。第十二章言道充塞乎天地,"夫妇之愚"节极言其费,"鸢飞""鱼跃"言费而隐在其中,"此体用一源也"。第十三至十五章分别

　　① 权近.中庸首章分释之图[M]//《国际儒藏·韩国编四书部》编委会.国际儒藏·韩国编四书部.北京:华夏出版社,2010:6-8.

讲道在身、道在位、道在家,其中第十四章又分五节。第十六章兼费隐、包大小
而言,可再分五节。第十七至二十章分别言舜、文武周公、孔子等能尽中庸,其
中十七章复分五节,十八章分二节,十九章分五节。第二十一章承上天道人道
之意而言。第二十二章以诚者之仁发明天道。第二十三章以诚之知发明人道。
第二十四章以诚者之知发明天道。第二十五章以诚者之知发明人道。第二十
六章讲天道,论诚之者勇,发明天道之勇。第二十七至二十九章言人道,二十
八、二十九章分别言费之小、大,二十八章复分五节。第三十、三十一章言天道,三
十一章可再分二节。第三十二章仅剩章号,注"此以下缺"。① 与朱熹《中庸章句》
对比可知,金彦玑所分的前三十一章皆与朱熹同,惟三十二章下不明情况。金
氏的贡献在于,他对某些章的章旨有自己的独特概括,对某些章进行了分节。

　　日本古学派的代表人物荻生徂徕(1666—1728)受"明人之言"的启发而知
"辞有古今","而后取秦汉以上书,而求所谓古言者"。② 从古文辞学的视角出
发,他"据古言,釐以古义",撰《中庸解》一书,批判朱熹的字词训诂,并解构其
《中庸》分章。徂徕认为,《中庸》应分为三十一章。他把朱熹所订的首章一分
为二,在"故君子慎其独也"处断开。第一章已经具备"一篇之大意",而其中之
所以指出"道本诸性",乃意在揭示"人人性质所近",故道为平常可行之道,而
非"过高至远之道",这是在为下章言中庸"张本";③徂徕不赞成伊藤仁斋《中庸
发挥》把"中和"节视为《乐经》错简"的观点,而将之划为"明上章'率性之谓
道'之意"的第二章,在他看来,"喜怒哀乐之未发"指"人性之初、婴孩之时",
"发而皆中节"则指"既长之后,性之异禀既发,有万不同,苟能学焉,则皆可以中
礼乐之节也"。④ 第三章自"仲尼曰"至"无忌惮也",即朱订第二章,"承上章

　　① 金彦玑.中庸标题[M]//《国际儒藏·韩国编四书部》编委会.国际儒藏·韩国编四
书部.北京:华夏出版社,2010:292-297.
　　② 荻生徂徕.徂徕集·卷23[M].東京:ぺりかん社,1985:242.
　　③ 荻生徂徕.中庸解[M]//關儀一郎.日本名家四書註釋全書·學庸1.東京:鳳出版,
1973:5.
　　④ 荻生徂徕.中庸解[M]//關儀一郎.日本名家四書註釋全書·學庸1.東京:鳳出版,
1973:6-7.

'中也者天下之大本也',连下八章,皆明中庸"。① 第四章合朱熹所订第三至五章为一章,即从"子曰中庸其至矣乎"到"道其不行矣夫",此章共引"子曰"三次,"其义相因,其旨深切有味",其中,朱订第四章即"道之不行也"一节"申上文'鲜能'之义","人莫不饮食也鲜能知味也"大概是"古语","道其不行矣夫"则是"孔子释古语者也",而朱熹令此句"别为一章","不特无味,亦不成意义"。② 第五章即朱订第六章,徂徕指出,"中"指"道","中庸"则是"德",此章"亦承上章言道,以明圣人所立中庸之德也",而宋儒"以精微之极为中","则虽用之于民,民乌能之哉?"③第六章,为朱订第七章,徂徕认为,此条不应断句作"人皆曰予知,驱而纳诸罟擭陷阱之中;人皆曰予知,择乎中庸而不能期月守也",而应在"知驱""知择乎中庸"处断开,其中,"驱"意为"驱车之道";"此言不知,以应上章大知"。④ 第七章,即朱订第八章,"此孔子言颜子好善之诚也",子思引用这句话,"取其有择乎中庸之言也"。徂徕强调,"择乎中庸""得一善"之间"不可断句读"。⑤ 第八章,即朱订第九章,"此以下言君子之中庸也",而朱熹"以三者属知仁勇"是牵强的。⑥ 第九章,即朱订第十章,"实与下诸章,其义相发"。⑦ 第十章自"子曰素隐行怪"至"君子之道费而隐",徂徕赞同朱熹据《汉书》改"素隐"为"索隐"及其对"索隐行怪"之"深求隐僻之理,而过为诡异之行"的解释,但他认为索隐行怪者是老庄之徒,子思引孔子之言以及著书的目的

① 荻生徂徕.中庸解[M]//關儀一郎.日本名家四書註釋全書·學庸1.東京:鳳出版,1973:10.

② 荻生徂徕.中庸解[M]//關儀一郎.日本名家四書註釋全書·學庸1.東京:鳳出版,1973:10-11.

③ 荻生徂徕.中庸解[M]//關儀一郎.日本名家四書註釋全書·學庸1.東京:鳳出版,1973:12.

④ 荻生徂徕.中庸解[M]//關儀一郎.日本名家四書註釋全書·學庸1.東京:鳳出版,1973:12-13.

⑤ 荻生徂徕.中庸解[M]//關儀一郎.日本名家四書註釋全書·學庸1.東京:鳳出版,1973:13.

⑥ 荻生徂徕.中庸解[M]//關儀一郎.日本名家四書註釋全書·學庸1.東京:鳳出版,1973:13-14.

⑦ 荻生徂徕.中庸解[M]//關儀一郎.日本名家四書註釋全書·學庸1.東京:鳳出版,1973:15.

就是对抗老庄之学。这种儒道关系的分析视角颇为新颖,但未必符合实际。

《中庸章句》中,朱熹把"君子之道费而隐"归于下章,并释义曰"费,用之广也;隐,体之微也",徂徕反对此说,认为:"古无是言,又无是义,不可从矣。"① 第十一章自"夫妇之愚"至"察乎天地",讲圣人之道"始孝弟以致广大",而"明大本达道之意也"。② 第十二章自"子曰道不远人"至"君子胡不慥慥尔",即朱订第十三章,共四节,然而不见得是一时之言,"子思以其意相近,故类聚为一章",并用"子曰"放在章首,"以冒之也";此章表明了中庸的具体内容为"孝弟忠信"。③ 第十三章自"君子素其位而行"至"小人行险以徼幸",承接上章,指出"孝弟忠信之可以广施"。④ 第十四章自"子曰射有似乎君子"至"登高必自卑",上两章"皆言卑迩",此章"乃言其可以至高远"。⑤ 第十五章自"诗曰妻子好合"至"诚之不可掩如此夫",这一章才开始"言诚",徂徕指出,"盖本于篇首率性之道焉",理由是"若使先王之道违人之性,则勉强而已,何诚之有哉"。⑥ 第十六章自"子曰舜其大孝也与"至"大德必受命",即朱订第十七章,"此下三章,皆推极孝德,达诸天下也"。⑦ 第十七章自"子曰无忧者"至"治国其如示诸掌乎",合朱订十八、十九两章为一章,"登高极远之义极于是矣"。⑧ 第十八章自"哀公问政"至"不可以不知天",其中"仁者人也"至"礼所生也"是"它书议论之言,误入本文",因为这部分既与上下文不相应,又不是子思的语气;第十八章"自治国本

---

① 荻生徂徕.中庸解[M]//關儀一郎.日本名家四書註釋全書・學庸 1.東京:鳳出版,1973:15 – 17.

② 荻生徂徕.中庸解[M]//關儀一郎.日本名家四書註釋全書・學庸 1.東京:鳳出版,1973:19.

③ 荻生徂徕.中庸解[M]//關儀一郎.日本名家四書註釋全書・學庸 1.東京:鳳出版,1973:21.

④ 荻生徂徕.中庸解[M]//關儀一郎.日本名家四書註釋全書・學庸 1.東京:鳳出版,1973:23.

⑤ 荻生徂徕.中庸解[M]//關儀一郎.日本名家四書註釋全書・學庸 1.東京:鳳出版,1973:23.

⑥ 荻生徂徕.中庸解[M]//關儀一郎.日本名家四書註釋全書・學庸 1.東京:鳳出版,1973:26.

⑦ 荻生徂徕.中庸解[M]//關儀一郎.日本名家四書註釋全書・學庸 1.東京:鳳出版,1973:26.

⑧ 荻生徂徕.中庸解[M]//關儀一郎.日本名家四書註釋全書・學庸 1.東京:鳳出版,1973:31.

诸事亲,又本诸天,以应篇首之言",与上面诸章从孝弟推至治国正好相反。① 第十九章自"天下之达道五"至"所以行之者一也","承上章知人知天,以言必务德也"。② 第二十章自"凡事豫则立"至"明则诚矣",讲的是"学问之道","以应篇首性道教"。③ 对比可知,徂徕之十八到二十章,相当于朱订第二十及二十一章,徂徕是将朱订第二十章一分为三,并在第三部分加入朱订第二十一章"自明诚谓之性,自明诚谓之教,诚则明矣,明则诚矣"。从朱熹认为二十一章乃承接上章孔子的天道人道之意看,徂徕的做法不无道理。既然被归入上一章,那么其思想主旨也就与朱熹所说不同,徂徕认为,朱订第二十一章"言性教之归乎一也"。他详细论证道:"明,谓施诸行事粲然可见也,发乎中心而施诸行事者,得乎性者也,故曰'自诚明谓之性';施诸行事,习以成性者,得乎教者也,故曰'自明诚谓之教'。发于中心者,自然可施诸行事,故曰'诚则明矣';习于行事者,自然可以成性,故曰'明则诚矣'。"这些都在表示,"不可恃性以废学也"。④ 故而,将之归入"言学问之道"的第二十章,于徂徕而言,完全说得通。第二十一章自"唯天下至诚"至"可以与天地参矣",即朱订第二十二章,讲的是"圣人之能率性以建道也","申第二章之义"。⑤ 第二十二章自"其次致曲"到"为能化",即朱订第二十三章,讲的是如果人能够"顺圣人之教",则"亦与圣人同其化也"。⑥ 第二十三章自"至诚之道"至"至诚如神",即朱订第二十四章,说的是"至诚所感,不待思虑而知也","申明上章能化之义"。⑦ 第二十四章自"诚者自成也"至

---

① 荻生徂徕.中庸解[M]//關儀一郎.日本名家四書註釋全書·學庸1.東京:鳳出版,1973:33 - 34.

② 荻生徂徕.中庸解[M]//關儀一郎.日本名家四書註釋全書·學庸1.東京:鳳出版,1973:40.

③ 荻生徂徕.中庸解[M]//關儀一郎.日本名家四書註釋全書·學庸1.東京:鳳出版,1973:43.

④ 荻生徂徕.中庸解[M]//關儀一郎.日本名家四書註釋全書·學庸1.東京:鳳出版,1973:43.

⑤ 荻生徂徕.中庸解[M]//關儀一郎.日本名家四書註釋全書·學庸1.東京:鳳出版,1973:44.

⑥ 荻生徂徕.中庸解[M]//關儀一郎.日本名家四書註釋全書·學庸1.東京:鳳出版,1973:45.

⑦ 荻生徂徕.中庸解[M]//關儀一郎.日本名家四書註釋全書·學庸1.東京:鳳出版,1973:45 - 46.

"时措之宜也",即朱订第二十五章,"言诚者能备也"。① 第二十五章自"故至诚无息"至"纯亦不已",即朱订第二十六章,其中的"纯亦不已"是古注家言误入正文,此章"言诚者不息故能备也,皆所以申明上章之义也"。② 徂徕指出,从二十一到二十五章,谈的都是"诚",皆是阐发第二十章的观念。第二十六章自"大哉圣人之道"至"其此之谓与",即朱订第二十七章,"更端以欲言孔子之事,先以圣人之道起,而承之以学至圣人之方也",然而,《中庸》其他处都说"君子之道",为什么仅仅此处使用"圣人之道"一词呢? 徂徕说:"其意盖谓孔子学古圣人之道以至圣人者也。"③第二十七章自"子曰愚而好自用"至"不信民弗从",申明上章"为下不倍"④的含义,以表明孔子虽然不作礼乐,但也不妨碍他成为圣人。第二十八章自"故君子之道本诸身"至"蚤有誉于天下者也","承上章'征'字意,因以总结一篇之义"。⑤ 第二十九章自"仲尼祖述尧舜"至"此天地之所以为大也",即朱订第三十章,"始言孔子之德,以证上至德凝至道以下之义矣"。⑥第三十章自"唯天下至圣"至"其孰能知之",合朱订第三十一、三十二两章,"言唯圣人知圣人,以申祖述宪章之义矣"。⑦ 第三十一章自"诗曰衣锦尚絅"至篇末,讲"中庸之德,微之显之意",而"以至诚之化终焉"。⑧ 归结起来,徂徕所分章节的第三、五至九、十六、二十一至二十六、二十九章与朱熹所分相当,尽管序号不同,但他对《中庸》的理解却与朱熹存在很大差异,书中多处批评朱熹不解

---

① 荻生徂徕.中庸解[M]//關儀一郎.日本名家四書註釋全書·學庸1.東京:鳳出版,1973:47.

② 荻生徂徕.中庸解[M]//關儀一郎.日本名家四書註釋全書·學庸1.東京:鳳出版,1973:50.

③ 荻生徂徕.中庸解[M]//關儀一郎.日本名家四書註釋全書·學庸1.東京:鳳出版,1973:52.

④ 荻生徂徕.中庸解[M]//關儀一郎.日本名家四書註釋全書·學庸1.東京:鳳出版,1973:55.

⑤ 荻生徂徕.中庸解[M]//關儀一郎.日本名家四書註釋全書·學庸1.東京:鳳出版,1973:57.

⑥ 荻生徂徕.中庸解[M]//關儀一郎.日本名家四書註釋全書·學庸1.東京:鳳出版,1973:59.

⑦ 荻生徂徕.中庸解[M]//關儀一郎.日本名家四書註釋全書·學庸1.東京:鳳出版,1973:63.

⑧ 荻生徂徕.中庸解[M]//關儀一郎.日本名家四書註釋全書·學庸1.東京:鳳出版,1973:66.

古义。此外，与朱熹认为《中庸》首尾呼应不同，徂徕注重分析《中庸》一书前后的逻辑线索："以天命之性发言，贯之以'诚'与'诚之'，而归乎'纯亦不已''至德'凝'至道'，终之以'上天之载'"。①

　　日本江户时代，怀德堂学派第五代学主及集大成者中井履轩（1732—1817）著有《中庸逢原》。履轩认为，《中庸》篇名采自"篇首显著文字"，与《表记》《坊记》《淄衣》等篇章"其义同耳"，与《论语》之《学而》《为政》《孟子》之《梁惠王》《公孙丑》"亦不甚相远"；但是，如果让子思自己选择篇名，他一定会选择"中和"，因为"中庸者所援以证中和，自有主客之分"，而程子主张"中庸"二字为"一篇主意"，朱熹以执中附会之，皆"失一篇之义"。这是因为，《中庸》一书"盖论道之全备者"，"浅深高卑，莫不有也"，而"非以'中庸'两字为主意也"。② 中井履轩亦不赞同《中庸章句》的分章。他反对朱熹式的"舍文章而深讲道理"的解经方法，认为如此必至"泥而不通"。③ 以首章为例，履轩认为"慎独以上，是人事率性之工夫；中和一段，是人道之极致；章末'致中和'一段，复还之天道，以明天人一贯之理，方能承上文而结之者"。此外，篇末和章末也是理解《中庸》文章的关键："篇末以'无声无臭'结篇首'天命'，犹乐之大成也；章末以'位育'结章首'天命'，犹乐之小成也。是自文章之关键耳。"④于此可知，在履轩看来，统观文章的整篇及整章，才能正确把握《中庸》之义。他把《中庸》分为二十八章。首章，与朱订相同，但履轩不赞同杨时、朱熹以首章为"一篇之体要"的定位，而主张"'要'字得当，'体'字失当"。⑤ 第二章为朱订第十一章以上，即从"仲尼曰君子中庸"到"唯圣者能之"这一段文字，此章是子思引用孔子言论"以申明

　　① 荻生徂徕.中庸解[M]//關儀一郎.日本名家四書註釋全書·學庸1.東京:鳳出版，1973:57.

　　② 中井履軒.中庸逢原[M]//關儀一郎.日本名家四書註釋全書·學庸1.東京:鳳出版，1973:17.

　　③ 中井履軒.中庸逢原[M]//關儀一郎.日本名家四書註釋全書·學庸1.東京:鳳出版，1973:23.

　　④ 中井履軒.中庸逢原[M]//關儀一郎.日本名家四書註釋全書·學庸1.東京:鳳出版，1973:23.

　　⑤ 中井履軒.中庸逢原[M]//關儀一郎.日本名家四書註釋全書·學庸1.東京:鳳出版，1973:24.

首章中和之义也";①实则,除却对首章之中心思想的看法不同外,在其下十章申
述首章之义这一点上,履轩与朱熹的见解是一致的。第三章自"君子之道费而
隐"至"察乎天地",即朱订第十二章,履轩反对朱熹之此章申明首章之义的说
法,费隐亦不是体用关系,而是指精粗显微。第四章自"子曰道不远人"至"君子
以人治人改而止",即朱订第十三章上半,第五章自"忠恕违道不远"至"君子胡
不慥慥尔",即朱订第十三章下半,此章中"君子之道四"上当补"子曰"二字,
"前章费隐,义止于本章";②从主题看,前者是"道不远人",后者则是"忠恕",
"义不相承,勿牵合作解",以前被朱熹合为一章,"盖不察脱文故耳"。③ 第六、
七章分别为朱订第十四、十五章。朱订第十六章,即鬼神章,徂徕以为是"错
简",故移于第十九章。第八章即朱订第十七章,"注'用广体微',仍是'费隐'
矣,当削"。④ 第九章自"子曰无忧者"至"子孙保之",即朱订第十八章之上半,
第十章自"武王末受命"至"无贵贱一也",即朱订第十八章之下半,也就是说,
履轩之九、十章乃分朱订第十八章为二。第十一章即朱订第十九章。第十二章
自"哀公问政"至"不可以不知天",即朱订第二十章的首节,第十三章自"天下
之达道五"至"及其成功一也",第十四章自"子曰好学近乎知"至"治天下国家
矣",第十五章自"凡为天下国家有九经"至"天下畏之","一篇中,唯是一节,文
辞陋劣,而意味浅短,不肖于子思之笔矣,且多失九经之正意,置之《家语》中,而
得其宜者,窃恐是《家语》之添补,而还入于《中庸》者",⑤第十六章自"凡事豫则
立"至"不诚乎身矣",第十七章自"诚者天之道也"至"虽柔必强"。第十二到十
七章为朱订第二十章,履轩分之为五,并注曰:"据《家语》作辨论,皆不可从。"⑥

---

① 中井履軒.中庸逢原[M]//關儀一郎.日本名家四書註釋全書·學庸1.東京:鳳出
版,1973:26.

② 中井履軒.中庸逢原[M]//關儀一郎.日本名家四書註釋全書·學庸1.東京:鳳出
版,1973:40-41.

③ 中井履軒.中庸逢原[M]//關儀一郎.日本名家四書註釋全書·學庸1.東京:鳳出
版,1973:39.

④ 中井履軒.中庸逢原[M]//關儀一郎.日本名家四書註釋全書·學庸1.東京:鳳出
版,1973:44.

⑤ 中井履軒.中庸逢原[M]//關儀一郎.日本名家四書註釋全書·學庸1.東京:鳳出
版,1973:57.

⑥ 中井履軒.中庸逢原[M]//關儀一郎.日本名家四書註釋全書·學庸1.東京:鳳出
版,1973:64.

第十八章合朱订第二十一至二十三章,即自"自诚明"至"为能化";履轩认为,朱熹在此章以下,"每章以天道人道判之,似密而实疏",①也正是受天道人道之分的限制,朱熹才把此章分为三章,而这是"失经文之旨"的,再者,"其次致曲"这样的语言,不可作"章首之语"。②第十九章为朱订第二十四章及第十六章,第十六章之所以被移到此章,是因为在履轩看来,"鬼神之为德"乃承接上文的"至诚如神""略论鬼神之状而已","至诚是主,鬼神是客",③而朱熹以"费隐大小"注解鬼神章及其前后三章,是"琐屑不中用"的,如此解释大概是因为"不察此节之错简,而特苦于鬼神之鹘突,上下文势不顺,故强作是解耳"。④十九章的这几节,乃"通借鬼神,证诚之妙也,非赞鬼神之为诚"。⑤第二十章自"诚者自成也"至"悠也久也",朱熹在这段文字中的"故至诚无息"处断为两章,履轩指出,"故"字的出现表明,此章是"不可以分"⑥的。第二十一章自"天地之道可一言而尽也"至"纯亦不已",此章引《诗》"维天之命,於穆不已""乃以为天道之义也",系"承章首'不贰''不测'而言也,与'至诚无息'别项",朱熹"不察章首错简,故不分章"。⑦第二十二至二十七章,与朱订第二十七至三十二章同,只是徂徕主张,第二十六章与下一章,"不当分大德小德,天道亦并非",至第二十七章,"《中庸》一篇之意"止。⑧第二十八章自"《诗》云衣锦尚絅"至文末,"累累引《诗》以咏叹君子之德,虽随处着解,亦略道其义,反复咏叹焉耳,非训诲指导之

---

① 中井履軒. 中庸逢原[M]//關儀一郎. 日本名家四書註釋全書·學庸1. 東京:鳳出版,1973:66.

② 中井履軒. 中庸逢原[M]//關儀一郎. 日本名家四書註釋全書·學庸1. 東京:鳳出版,1973:67.

③ 中井履軒. 中庸逢原[M]//關儀一郎. 日本名家四書註釋全書·學庸1. 東京:鳳出版,1973:69.

④ 中井履軒. 中庸逢原[M]//關儀一郎. 日本名家四書註釋全書·學庸1. 東京:鳳出版,1973:71.

⑤ 中井履軒. 中庸逢原[M]//關儀一郎. 日本名家四書註釋全書·學庸1. 東京:鳳出版,1973:70.

⑥ 中井履軒. 中庸逢原[M]//關儀一郎. 日本名家四書註釋全書·學庸1. 東京:鳳出版,1973:73.

⑦ 中井履軒. 中庸逢原[M]//關儀一郎. 日本名家四書註釋全書·學庸1. 東京:鳳出版,1973:76.

⑧ 中井履軒. 中庸逢原[M]//關儀一郎. 日本名家四書註釋全書·學庸1. 東京:鳳出版,1973:87,89.

言",而且每首诗的意思都不一样,也没有什么条理,故"卒章,如诗词之乱"。①
履轩指出,子思反复咏叹,渐次推极至于无声无臭,而结一篇之义,并与首章天
命之性前后呼应,这属于"文章一路"或"文章之法",而与道理无关。有见于
此,他宣称,《中庸》说道理,论工夫,"至当无渗漏",但"称赞之辞"却"颇浮
虚"。② 总之,履轩从文章之法、字词训诂、章句划分等多个维度进行解析,形成
了颇具个性的《中庸》诠释。

---

① 中井履轩.中庸逢原[M]//關儀一郎.日本名家四書註釋全書・學庸1.東京:鳳出
版,1973:89.

② 中井履轩.中庸逢原[M]//關儀一郎.日本名家四書註釋全書・學庸1.東京:鳳出
版,1973:92.

第四章 《中庸》的基本思想

把握《中庸》的核心观念，要以透彻了解其思想的精神本质为前提。如果用一句话来总结其精神本质，即《中庸》继承了周公、孔子以来的人文精神，进而将之推向深入，尽管其思想中仍保留着某些宗教特征。在这种认识下，我们首先将《中庸》的人文精神做如下揭示。

一、"天命之谓性"——人文精神深化的突出标志

所谓的"人文精神"，主要指重视人的尊严和价值，突出人的主体性，反对人格神或神性对人性的压制的精神取向。事实上，这是"轴心时代"①中国哲学基于对远古宗教的某种程度的批判或反思，而出现的新的思想转向；在这一转向中蕴含的文化气质，奠定了整个中国哲学的人文基调。

"天命"，究其本质，关联着中国哲学的基本问题，即天人关系的问题，这是因为，天之所命的主要对象就是人。追根溯源，"天命"之前，与之意义相当的词汇是"帝令"或"帝命"，②"商人称'帝命'，无作天命者，天命乃周人的说法"。③针对其中的主词"帝"和"天"，郭沫若指出，"卜辞称至上神为帝，为上帝，但决不曾称之为天。……天字在初本没有什么神秘的意思，连《说文》所说的'从一大'，都是臆说。卜辞既不称至上神为天，那么至上神称天的办法一定是后起

---

① 德国哲学家雅斯贝尔斯在《历史的起源与目标》一书中用"轴心时代"指称公元前800至公元前200年这一时段，在此一时期，中国、印度和希腊都形成了不同于史前文明和古代文明的新文明。

② 傅斯年说："令字在甲骨文字中频出现，其语意与金文同，命字则无之，足知命为后起之字也。"

③ 陈梦家.尚书通论[M].北京：中华书局,1985:207.

的,至少当得在武丁以后"。① 徐复观则宣称:"'帝'与'天'常互用;然称帝则表现此至高无上之神的人格性者特重;而天乃此一人格神所居住之世界。"他还认为,"殷人既有明显之上帝观念,卜辞中有'帝令'之名词,则殷人亦必有天之观念,而'帝令'即等于天命"。② 而如果"帝命"和"天命"都只指向至上神,那么,仅仅名称的差异则只是换了个形式上的符号而已,并没有实质的意义。其实,二者有着根本的不同,"周人的理解中,'天'与'天命'已经有了确定的道德内涵,这种道德内涵是以'敬德'和'保民'为主要特征的"。③ 也就是说,"天命"的内容已不再主要是年成、战争、作邑、王之行动④等外在之物,而是与内在的德性关联起来;此外,西周天命观还有两个显著的变化:其一,"天命"的对象已突破以帝王为限的局面,拓展至普通大众,由此,个人就取得了"与'天'直接沟通的自由";⑤其二,商朝的"帝""虽然是神灵系统的最高实体,是所有鬼神的至上神,但并非万物的本原,也不是普遍的根据",周代的"天"则是万物和人世的"最高主宰、根据和本原",⑥后者已具有典型的哲学意蕴。如上几点变化,极大地推动了将"帝"或"天"拉向人间、祛其神性之魅的进程。需要指出的是,殷周之际,有时亦用"天道"一词,如《尚书·汤诰》有"天道福善祸淫,降灾于夏"之说,《国语·周语》记单襄公"天道赏善而罚淫"之语,但此中的"天道",含义与"天命"相近,且福善、赏善、祸淫、罚淫等行为也彰显其与德性的紧密关系。

从宗教到人文的转向而言,以商、周的朝代更替为节点,或许并不恰当,因为思想的发展与王朝的更替往往不能保持完全同步。其实,对于天命的怀疑甚至否定,商代晚期既已发端。商王武乙的"射天",⑦"帝乙""帝辛"的自称"帝",皆显示天帝之权威性的骤降;商纣所云"我生不有命在天"⑧及《尚书·泰誓篇》载武王批纣时所引他的"己有天命""祭无益"的话,也都表明纣王"是掏

① 郭沫若.青铜时代[M].北京:中国人民大学出版社,2005:4.

② 徐复观.中国人性论史·先秦篇[M].上海:上海三联书店,2001:16.

③ 陈来.古代宗教与伦理:儒家思想的根源(增订本)[M].北京:北京大学出版社,2017:194－195.

④ 陈梦家指出,这四者是上帝所管到的事项。

⑤ 余英时.论天人之际:中国古代思想起源试探[M].台北:联经出版事业公司,2014:126.

⑥ 韩水法.上古汉语神灵系统[J].孔学堂,2023,10(3):20－49.

⑦ 司马迁.史记[M].北京:中华书局,1959:104.

⑧ 司马迁.史记[M].北京:中华书局,1959:107.

空鬼神,听命于己"的"巫教的背叛者",此时"巫教已失去统合的力量,新兴的
俗世力量崛起,但崛起的新兴力量却仍没有找到建构的轨道;旧神祇与新欲望
相互拉扯,商末社会深陷终极信仰的危机,引致社会的解体";①同样面对巫教
的功能衰退,西周王朝则不仅提出了"皇天无亲,惟德是辅"②的新天命观,而且
制礼作乐,创造了人文化的新型文明,诚如王国维所言,周的制度"其旨则在纳
上下于道德,而合天子、诸侯、卿大夫、士、庶民以成一道德之团体"。③ 此中,
"德"之介入"天命",为原本身处宗教领域的"天命"增添了显著的人文特征。

《中庸》的"天命之谓性",可谓天命观的又一衍进。性,在理论上讲,可以
充当德的原因或根据。质言之,性比德更为内在、更为根本。因而,"天命之谓
性"的命题的提出,至少有三个方面的意义:首先,从儒学转型的角度看,这是从
宗教向人文转化的更进一层,"性"与"天命"的直接关联,是"正视人自己之觉
悟"的体现,不像"西方思想中的天命,对于人类是永恒地可望而不可即";④其
次,从性论的角度看,此乃从生之谓性的自然人性论过渡到了本质性论或先验
性论;最后,从天人关系的角度看,他标志着天已经进入了人之内在本性的深
层。总之一句话,"天命之谓性"的登场,是人文精神深化的突出标志。当然,
"天命"的宗教成分仍有一定程度的存在,一个不可否认的事实是,"天命"始终
都是儒家的信仰。

二、何为《中庸》的思想主旨

关于《中庸》的思想主旨,学界多有探讨,归纳起来,不外三类观点:

第一,不承认《中庸》存在统一的思想主旨,以为"这部著作只不过是一些格
言警句的汇编而已",此乃"不少汉学家"的看法。⑤ 前文已及,宋王柏也认为,
《中庸》涉及"中庸"和"诚明"两个主题。

第二,《中庸》有其通贯的议题。这是绝大多数学者的观点。北宋学者范祖
禹说"《中庸》者,圣人言性之书也",然其根据全在《中庸》下篇⑥。朱熹则强调,

---

① 杨儒宾.原儒:从帝尧到孔子[M].北京:生活·读书·新知三联书店,2023:294-296.
② 尚书正义[M].《十三注疏》本.阮元,校刻.北京:中华书局,2009:484.
③ 王国维.观堂集林[M].北京:中华书局,1959:52.
④ 牟宗三.中国哲学的特质[M].上海:上海古籍出版社,1997:19.
⑤ 杜维明.中庸:论儒学的宗教性[M].北京:生活·读书·新知三联书店,2013:2.
⑥ 范祖禹.范太史集卷35[M].清钞本:4,6.

"其(《中庸》)枢纽不越乎'诚'之一言也"。① 黄榦、真德秀、赵顺孙、许谦、王夫之等都曾评论或阐发他的这一说法。不过,其门人黄榦别有主张,以为"此书皆言道之体用"。② 饶鲁则宣称,《中庸》意在"说道"。③ 黎立武指出,《中庸》之旨是"命、性、道、教"④。基于"性命即中庸也"的理解,陆九渊的再传弟子袁甫主张《中庸》一书"无一语非中庸,无一语非性命"。⑤ 吴草庐认为,"《中庸》是性道之学也"。⑥ 王阳明宣称,《中庸》始终围绕"修道"的思想中心:"《中庸》一书,大抵皆是说修道的事。故后面凡说君子,说颜渊,说子路,皆是能修道的。说小人,说贤知愚不肖,说庶民,皆是不能修道的。其他言舜、文、周公、仲尼、至诚至圣之类,则又圣人之自能修道者也。"⑦原因则是"《中庸》为诚之者而作"。⑧罗近溪提出,"中庸"就是该书一贯的思想主题:"凡读《中庸》,须要句句贯着中庸二字。"⑨李卓吾说,"子思《中庸》一篇,皆言中之用也",原因在于"中之蕴于中也,中固不可得而言矣,故子思只言用,盖欲人因用以知中也"。⑩ 杨复认为,"礼"字是其核心议题:"玩《中庸》一书,一礼字可以尽之。"⑪郝敬的看法与杨复相同:"《中庸》一篇,礼之精华","《中庸》本礼书",⑫其视《中庸》所云"礼仪三百,威仪三千,致中和,天地位,万物育"等为"道之至极,而礼之大全也"。⑬ 明代小品文作家张鼐曰:"《中庸》言性也","一部《中庸》,节节皆教也,而性在

① 朱熹.四书或问·中庸或问下[M].上海:上海古籍出版社,2001:91.

② 黄榦.勉斋集·卷23[M].元刻延祐二年重修本.[出版者不详],1315:15.

③ 王朝璩.饶双峰讲义[M]//四库未收书辑刊编纂委员会.四库未收书辑刊:拾伍册.北京:北京出版社,2000:353.

④ 黎立武.中庸指归[M]//影印文渊阁《四库全书》(第200册).台北:商务印书馆,1982:720.

⑤ 袁甫.蒙斋中庸讲义[M]//影印文渊阁《四库全书》(第199册).台北:商务印书馆,1982:559,627-628.

⑥ 徐奋鹏.中庸古今道脉(一)·卷1[M].金陵郑氏书林奎壁堂刊本.[出版者不详],1618:1.

⑦ 传习录[M].吴震,解读.北京:国家图书馆出版社,2018:398-399.

⑧ 王守仁.王文成公全书·卷7[M].北京:中华书局,2015:321.

⑨ 徐奋鹏.中庸古今道脉(一)·卷1[M].金陵郑氏书林奎壁堂刊本.[出版者不详],1618:10.

⑩ 李贽.中庸统论[M].明刊《李氏丛书》本.[出版者不详],[1597]:1-3.

⑪ 徐奋鹏.中庸古今道脉(一)·卷1[M].金陵郑氏书林奎壁堂刊本.[出版者不详],1618:9.

⑫ 郝敬.礼记通解·卷19[M].明万历四十四年本.[出版者不详],1616:8,20.

⑬ 郝敬.礼记通解·读礼记[M].明万历四十四年本.[出版者不详],1616:6.

其中"。① 薛瑄宣称,"《中庸》一书,性、情二字贯之"。②《四库提要·中庸辑略》云:"盖子思之作是书,本以阐天人之奥。"现当代学者中,钱穆认为,"《中庸》本义,正吃重在发挥天人合一"。③ 杜维明《中庸:论儒学的宗教性》一书通过君子、信赖社群和道德形而上学三个问题推证《中庸》的内在逻辑。陈赟继承并发展黎立武之说,主张"中庸的本质就在于命、性、道、教四者之间的相互贯通,而这种贯通正是中庸思想的原初经验"。④ 方朝晖则提倡,《中庸》一书的宗旨是"修身立德"。⑤

第三,首三句为《中庸》纲领。这种看法为朱熹所首倡:"读书先须看大纲,又看几多间架。如'天命之谓性,率性之谓道,修道之谓教',此是大纲。夫妇所知所能,与圣人不知不能处,此类是间架。"⑥他的弟子陈孔硕也说:"此章盖《中庸》之纲领。此三句又一章之纲领。"⑦谢木斋亦认为,"首提天命之性、率性之道、修道之教三语,通一部《中庸》,不脱此三语"。⑧ 李塨进一步主张,《中庸》"通篇之理不出首一章,首一章之理不出首三句,首三句不出一'中'字。民受天地之中以生,天命之谓性也;发而皆中节执中,率性之谓道也;用其中于民,修道之谓教也。"⑨潘家邦则揭示首章的性道教与中庸之间的关系:"不知性则不知中庸所自来,不知道则不知中庸之所由在,不知教在不知中庸所咸由成。"⑩徐复观也认为,"《中庸》上篇的第一章,可以说是作者有计划写的一个总论。而'天命之谓性,率性之谓道,修道之谓教'三句话,又是全书的总纲领,也可以说是儒学的总纲领天命"。⑪

既然被编排成一部被多人视为首尾通贯的著作,又在历史的长河中被塑造

---

① 张鼐.宝日堂初集·卷26[M].刻本.[出版者不详],1629(崇祯二年):6.

② 薛瑄.薛瑄全集(第3册)[M].太原:三晋出版社,2015:950.

③ 钱穆.中国学术思想史论丛(二)[M].北京:生活·读书·新知三联书店,2009:82.

④ 陈赟.中庸的思想[M].杭州:浙江大学出版社,2017:4.

⑤ 方朝晖.《中庸》是关于中庸的吗?[J].孔子研究,2021(5):51-63.

⑥ 黎靖德.朱子语类·卷62[M].北京:中华书局,1986:1480.

⑦ 胡炳文.四书通·中庸通[M].《通志堂经解》本.[出版者不详],1680:4.

⑧ 徐奋鹏.中庸古今道脉(一)·卷1[M].金陵郑氏书林奎璧堂刊本.[出版者不详],1618:5.

⑨ 李塨.恕谷中庸讲语[M]//陈山榜.李塨全集(第5册).石家庄:河北人民出版社,2017:1948.

⑩ 潘家邦.中庸笺注讲义别体[M].台北:文海出版社,1974:173.

⑪ 徐复观.中国人性论史·先秦篇[M].上海:上海三联书店,2001:102.

成经典,那么,以为"枝枝相对,叶叶相当""恁地整齐"的《中庸》不存在一个思想主旨,恐怕就有些说不过去。而上文已示,关于这个问题,仁智各见。异中有同的是,他们使用的皆为归纳法,即在《中庸》文本中归纳其思想核心。这种横向概括的做法固然是无可非议的,然而事实却证明,从同一文本出发,得出的结论是千差万别的。鉴于此,我们或许可以转换思考的方向,选择新的视角对之进行厘定。

首先,从思想发展的逻辑对其主题进行纵向定位。也就是说,先确定《中庸》的问题意识,亦即时代留给他需解决的主要问题,然后再结合对文本的思想提炼,去获得其主旨。反观思想史可见,包括《中庸》在内的子思著述,多见以"子言之""子曰""子云"等为起始的句子,这在某种程度上表明,子思考虑的主要问题乃接续于孔子。众所周知,孔子留给后儒的重大悬疑,是子贡指出的"不可得而闻"的"性与天道"①问题。基于此种认识,再结合其纲领性话语,就不难发现,《中庸》的确从孔子手里接过了这一悬而未决的问题。由此可以说,性与天道就是《中庸》讨论的主旨。事实上,这也是该时代的核心议题,加入这一探讨的至少还有思孟学派的另一著作,即郭店楚简《性自命出》。

其次,从他者的视域即非儒学者对其的理解看其主旨。北宋时期,佛教徒契嵩特别重视《中庸》。他说:"夫《中庸》者,乃圣人与性命之造端也;《道德》者,是圣人与性命之指深也;吾道者,其圣人与性命尽其圆极也。造端,圣人欲人知性命也;指深,圣人欲人诣性命也;圆极,圣人欲人究其性命。"②可见,在他认为,性命是《中庸》的核心义理,也是儒释道三教相通之处。

综合从以上两个视角得出的结论,加之在《中庸》里"性即是天命"(下文有论证),笔者认为,其思想主旨可以仅用"性论"来加以概括。实则,作为《中庸》纲领的首三句,均指向性论:"天命之谓性"使性得到了形上的贞定;"率性之谓道"和"修道之谓教"则是形上之性的形下呈现,呈现的路径为工夫修养。

三、本体、工夫——《中庸》思想主旨的展开

(一)本体的贞定

分析《中庸》纲领的含义,"之谓"和"谓之"的用法的区分至为关键。对此,

---

① 论语注疏·卷5[M].《十三注疏》本.阮元,校刻.北京:中华书局,2019:5379.
② 释契嵩.镡津文集校注·卷10[M].林仲湘,邱小毛,校注.成都:巴蜀书社,2014:195.

中日学界皆曾论及。饶有趣味的是,清代学者戴震(1724—1777)在其《孟子字义疏证》中,恰好以《中庸》的文句为例说明二者的差异:

> 古人言辞,"之谓""谓之"有异:凡曰"之谓",以上所称解下,如《中庸》"天命之谓性,率性之谓道,修道之谓教",此为性、道、教言之,若曰性也者天命之谓也,道也者率性之谓也,教也者修道之谓也。……凡曰"谓之"者,以下所称之名辨上之实,如《中庸》"自诚明谓之性,自明诚谓之教",此非为性教言之,以性教区别"自诚明""自明诚"二者耳。①

日本学者中井履轩亦云:"凡有此名目,而今实之者,曰'之谓'也,如天命之谓性是也;有此事,而今拟之名目者,曰'谓之'也,如'未发谓之中'是也。"②戴震和中井履轩是同时代的人,以当时中日交流的情况,履轩应该未见过戴震之说,而二人的观点却不谋而合。依照他们的厘析,"A 之谓 B"的句式,即是以 A 解释 B。因此,"天命之谓性"的语义重心在"性",这句话的意思为:"性即是天命。"如此,郑玄《礼记注·中庸》所谓"天命,谓天所命生人者也,是谓性命"及朱熹之"命,犹令也。性,即理也",③就属于哲学式诠释,而非《中庸》原义的探究;反倒是吕大临对首句之"性与天道一也"④的注解,更为准确地体贴到古人的心灵世界。接下来的问题是,"天命"到底是什么? 立足于对"天命之谓性"之"性即是天命"的理解,则牟宗三关于天命的第一种讲法,即"天命等于'天定如此'。这样,'天命之谓性'表示性是定然的、无条件的、先天的、固有的",就基本契合其原义,而他以为"这种说法显然不能尽'天命之谓性'一语的全蕴"尚且有一定道理,但"不合古人说此语的涵义"⑤的判定就有失武断。牟氏之所以做出此种论断,是因为他认为,《中庸》的"天命之谓性"代表着中国哲学中"从天命、天

① 戴震.孟子字义疏证[M].北京:中华书局,1982:22.
② 中井履轩.中庸逢原[M]//關儀一郎.日本名家四書註釋全書·學庸1.東京:鳳出版,1973:21.
③ 朱熹.四书章句集注[M].北京:中华书局,2012:17.
④ 吕大临.蓝田吕氏集[M].曹树明,点校.西安:西北大学出版社,2015:84.
⑤ 牟宗三.中国哲学的特质[M].上海:上海古籍出版社,1997:55.

道下贯而为性"①的老传统,与《易传》的相关思想同属"宇宙论的进路"。然而,"天命之谓性"是《中庸》的开篇,也就是说,他是作者展开理论探讨的逻辑前提。认识到这一点,再依据戴震、中井履轩的语言学成果对这句话做出的"性即是天命"的解读,就必须是诠释下文的出发点。如是,性既然本身等同于天命,就不存在天命下贯为性的状况。

不妨再看一下徐复观的阐发:

> "天命之谓性"的"天",不是泛泛地指在人头顶上的天,而系由向内沉潜淘汰所显现出的一种不为外界所转移、影响的内在的道德主宰。因此,这里的所谓"天命",只是解脱一切生理束缚,一直沉潜到底时所显出的不知其然而然的一颗不容自已之心。此时之心,因其解脱了一切生理的、后天的束缚,而只感觉其为一先天的存在,亦即系突破了后天各种樊篱的一种普遍的存在,《中庸》便以传统的"天"的名称称之。并且这不仅是一种存在,而且必然是片刻不停地发生作用的存在,《中庸》便以传统的"天命"的名称称之。此是由一个人"慎独"的"独"所转出来的,其境界极于"无声无臭",《中庸》即以此语为其全文的收束。②

此中,将"天命"等于"不容自已之心",未免有些过头,但以之为先天的普遍存在,且片刻不停地发生作用,则是很有见地的。从这个意义来说,《中庸》的"天命"或者说"性",就是哲学意义的"天命"或"性",此"天命"不是主谓结构的词汇,而是一个名词,职是之故,尽管不能排除其宗教性和宇宙论的因素,但其中居于主导的则是哲学义涵。以"天命"释"性",意谓性是圆满具足的。进言之,此种意义的"天命"或"性"就是本体,是"存有论的圆满(Ontological perfection)",是即存有即活动的至高无上的形上层面的存在。这种思维方式,与其说是宇宙论进路的,不如说是把道家"道在物中"的思维收摄于儒家。具体言之,《中庸》的"性"本体相当于道家的"道",只不过,道家的"道"寓于人与万物之中,而《中庸》的"性"则是呈现、流行或发用于人与万物之中,如此,天命之性即

---

① 牟宗三.中国哲学的特质[M].上海:上海古籍出版社,1997:52.

② 徐复观.中国思想史论集[M].北京:九州出版社,2014:89.

为体,发用于人物之中的性则为用。当然,《中庸》的思想底色仍是儒家的。"性即是天命"表示,性已成为与天命处于同等地位的超越标准,这一标准是人之所以为人、物之所以为物的本质规定,既为本质规定,就不可"须臾离"。进一步说,性是一个完美的超越的准绳,人与物皆在其衡量之中,从而必须保持戒慎恐惧的警醒,并慎独于隐微之处,一旦走作,便需及时调整,即"修道"。

回顾中国思想史可见,以"中"为标准,由来有自,《尚书·大禹谟》"允执厥中",《尚书·酒诰》"作稽中德",《周礼·地官·大司徒》"以五礼防民伪,而教之中",《易经》无妄卦的象辞"刚中而应,大亨以正,天之道也",《左传》文公元年"举正于中,民则不惑",上博简五《季康子问于孔子》"执民之中,施教于百姓"等话语里的"中"字,皆含此义;《左传》成公十三年所引刘康公的"民受天地之中以生,所谓命也",更是将"中"与"命"关联,这句话在后来"即转而为《中庸》首句'天命之谓性'"。① 甚者还以中为本,建构了儒学的道统谱系:"前圣后圣,入道各有自得之地,在尧、舜、禹谓之'执中';在伊尹谓之'一德';在孔子谓之'忠恕';在子思谓之'中庸';在孟子谓之'仁义',皆所以发明不传之蕴。"②《中庸》的理论突破在于,把"中"视为"性",并将之提升到本体的高度。

可是,"天命之性"和"中庸"有何关系?毕竟书名为《中庸》,古人又有以开篇首两字为标题的习惯。这要从"中"字的含义谈起。"中",最早见于甲骨文,作"![甲骨文字]"。一般认为,此乃指事字,像一个飘动的指示风向的旗子,意为"中央""中间""正中"等。上古宗教里,"中"则被引申为"人与天地相通的管道——宇宙轴的意义","'中'既是宇宙轴,便是连接天人之际的一条轴线"。③《说文解字》对"中"字所谓"内也。从口。丨,上下通"的解释,其实就来源于此。《中庸》之"中",亦取此义。"中"连接天人,"性"也连接天人,在《中庸》,两者是一而非二。在这个意义上,吕大临"中即性也"的《中庸》释读,诚为的论,而程颐批评吕氏之说"此语极未安"进而提出的"中也者,所以状性之体段",④实已落入第二义。既然"中"就是"性","天命之谓性"就与中和、中庸具有实质的相关性。其间的关系,就如朱熹的分析,作为"天下之大本"的"未发之中",即"天命之谓

① 牟宗三.中国哲学的特质[M].上海:上海古籍出版社,1997:25.
② 吕祖谦.增修东莱书说·卷10[M].《通志堂经解》本.[出版者不详],1680:1.
③ 杨儒宾.原儒:从帝尧到孔子[M].北京:三联书店,2023:305.
④ 程颢,程颐.二程集[M].北京:中华书局,2004:606.

性"的"性",此"中"此"性"处于形上的超越层面,而中庸则处于形下的现实层面:"'中庸'之'中',本是无过无不及之中,大旨在时中上。若推其中,则自喜怒哀乐未发之中,而为'时中'之'中'"。① 至此可知,作为《中庸》起始句的"天命之谓性",实属开篇点题。

(二)工夫的修养

无论从理论的角度来看还是从实践的角度来看,如果"天命"或"性"只停留于形上层面,悬空地挂着,而不落实于形下存在或个体生命的话,则其出现的意义就是有限的。也许正是出于这种考虑,儒家才致力于天道性命的贯通,《中庸》就有此种倾向,以"率性之谓道,修道之谓教"承接"天命之谓性"就清楚地表明了其思想意图。"率性之谓道"是"因性之自然而不容私"(游酢语)的自上的存养、把持工夫,"修道之谓教"则是自下而上的提升工夫。所谓"教",指"道德的实践",②切不可理解为"教化"。《姚旅露书》认为"修道之谓教"和"自明诚谓之教"的"教"皆应作"敬",因二句下文的戒惧、慎独、致曲"皆言敬",致误之因大概是"宋人讳敬改文,传行既久,渐忘其本"。③ 该说于理尚通,然于版本却无据,故有改字为训之嫌。

同为工夫修养的手段,率性与修道是并列而非递进的关系,目的皆在达到存有论的圆满,即与天命之性的合一、与本体的合一,此种合一乃工夫所致的境界。前文已示,《中庸》之性会呈现、流行、发用于人、物之中;而他称这种呈现、流行、发用于人物之中的性或天命为天道。这与他称率性为道,是一致的。换言之,《中庸》展现的不是天命的"下贯"而为性,而是天命之性与人、物的本一,或走作、放逸之后通过道德的修养实践而达到的复合,故"其率处修处皆性也"。④ 如此看来,性于《中庸》而言,既是起点,又是终点。

1.“率性”——在性上做存养工夫

客观地说,朱熹《中庸章句》定本继承传统注解,以"率性"之"率"为"循",其实是将"率性之谓道"拉低了一个层次,尽管朱氏别有"'率'是呼唤字。……

---

① 黎靖德.朱子语类·卷62[M].北京:中华书局,1986:1480.
② 牟宗三.牟宗三先生讲演录(一)[M].新北:东方人文基金会,2019:6.
③ 翟灏.四书考异·条考二·中庸[M].无不宜斋雕本.[出版者不详],1769:1.
④ 张鼐.宝日堂初集·卷26[M].刻本.[出版者不详],1629(崇祯二年):6.

不是用力字"①的洞见。"循"的词性是动词,意味着有所遵循,然有所遵循就把性抛向了对立面,使之成为对象性的存在。实则,率性属于自然见成的实践工夫,只可意会,难以言诠;若强加解释,则可以说,"率"的词性是介词,意为"由""自""从",由性而行,则性之本体与由之而行的主体是合一的。如果以《中庸》解《中庸》,则第二十章的"诚者,不勉而中,不思而得,从容中道"庶几当之。也正是在这个意义上,我们才以呈现、流行或发用等来限定天命或性。查诸文献可知,朱熹此注的第二稿为"言率夫性命之自然,是则所谓道也"。②该稿修订于淳熙元年(1174 年),曾寄给张栻、吕祖谦征求意见;不加主语,亦不对"率"字作注,且点出"自然"之义,真可谓处处优于定本。遗憾的是,这一过程稿被修改工作淹没。朱熹对第二稿的再修订,乃是由于看到了张栻"是则是自然,然如此立语,学者看得便快了。请更详之"③的批语。张氏所言固然不虚,只是,注文并非越详细越好,有时简省的文字反而更能传义。

依戴震、履轩之见,"率性之谓道"当意为"道即是率性"。历史上亦有如此主张者,饶鲁注"大哉圣人之道"时即说"道即率性之谓"。④ 将"率性之谓道"与"喜怒哀乐之未发谓之中"相参看,可以更为准确地把握其含义。对于这个"中",程颐强调,不能"求",只可"存养"或"涵养":"于喜怒哀乐未发之前,更怎生求? 只平日涵养便是。"⑤我们完全可以把程颐关于"中"的这一看法,用于移解"率性之谓道"。也就是说,"率性"即是将性"涵养"于中,不需亦不能有丝毫人力,完全任凭性或天命自然流行、自然呈现、自然发用。基于此种认识,杨复说:"'率'字无工夫,只是从本性流出耳。从本性流出,自然有脉络条理之可见,故曰道。"⑥质言之,此性是真实的超越存在,绝非理论假设,他通过流行、呈现或发用的方式,内在于人物之中而成为道。当然,性、道亦有不同:性本是超越于动静之上的形上存在,率性之道则是性的动态呈现。由此观之,黄榦之"性

① 黎靖德.朱子语类·卷62[M].北京:中华书局,1986:1491.
② 朱熹.朱子全书·第 26 册[M].上海:上海古籍出版社,2002:713.
③ 张栻.张栻集(下册)[M].长沙:岳麓书社,2017:773.
④ 倪士毅.四书辑释[M].明初刻本:75.
⑤ 程颢,程颐.二程集[M].北京:中华书局,2004:201.
⑥ 徐奋鹏.中庸古今道脉(一)·卷 1[M].金陵郑氏书林奎璧堂刊本.[出版者不详],1618:12.

为体,道为用"①,蔡清之"道者,性之动处也",②皆可谓善解。

性之全般呈露于人物之中的情状("性之德"),《中庸》称作"诚"。也就是说,诚非如徐复观所言,"是仁的全体呈现",③而是性的全体呈现。《中庸》第二十五章曰:"诚者非自成己而已也,所以成物也。成己,仁也;成物,知也,性之德也,合外内之道也,故时措之宜也。"可见,诚指向成己和成物两个维度,而"成己仁也"提示,单单"成己"就已经是"仁",因此,若以诚为仁的全体呈现,就会把成物之知剔除在外。这样看来,《四书章句集注》中华书局整理本"成物,知也"下的标点为句号,④就不十分妥当。此处应为逗号,因为"合外内"的"性之德",正是指上文所说的成己之仁与成物之知的"合"。这里的"外内",也宜特别关注。先秦两汉的著述中,"内外"一词出现的频率很多,如《国语·晋语》曰:"内外无亲,其谁云救之。"《左传》襄公三十一年曰:"君臣上下、父子兄弟、内外大小皆有威仪也。"《墨子·经说下》曰:"爱利不相内外。"《庄子·逍遥游》曰:"定乎内外之分。"《荀子·天论》曰:"礼义不修,内外无别。"《韩非子·亡征》曰:"内外乖者,可亡也。"汉代的《大戴礼记》亦云:"君子内外养之也。"《春秋繁露·楚庄王第一》曰:"此其别内外、差贤不肖而等尊卑也。"等等。同一时期,"外内"的使用也很普遍,如《易传·系辞下》曰:"其出入以度,外内使知惧。"《周礼·天官冢宰》曰:"凡外内命夫命妇出入,则为之辟。"《管子·幼官》曰:"七举而外内为用。"《韩非子·三守》:"使外内之事,非己不得行。"等等。但对应于儒家之"合","外内"与"内外"的内涵实有不同:"内外"偏事实义,仅在描述内与外的合一的情境;"外内"则偏德性义,意在凸显"外"之"物"非第二序位,而是与"内"之"仁"具有同等重要的地位,甚至具有优位权。于此可知,《中庸》刻意使用"外内"而不采纳"内外",寓有深意。

关于"性"与"诚"的紧密关系,司马光后学范祖禹的阐释很有道理,故引之如下,以备参考:

---

① 黄榦.勉斋先生黄文肃公文集[M]//儒藏·精华编第240册.北京:北京大学出版社,2018:340.

② 蔡清.四书蒙引·卷3[M].刻本.[出版者不详],1527(嘉靖六年):19.

③ 徐复观.中国人性论史·先秦篇[M].上海:上海三联书店,2001:132.

④ 朱熹.四书章句集注[M].北京:中华书局,2012:34.

夫诚者,圣人之性也;诚之者,贤人之性也。圣人,生而知之者,故其性自内而出,自内而出者,得之天而不恃乎人;贤人,学而知之者也,故其性自外而入,自外而入者,得之人而后至于天,故曰"诚者天之道,诚之者人之道也"。又曰"自诚明谓之性,自明诚谓之教",诚者所以成性也,明者所以求诚也。"诚者,不勉而中,不思而得,从容中道"者,圣人之性也;"诚之者,择善而固执之"者,贤人之明也。目之视乎色,耳之听乎声,鼻之别乎臭,口之识乎味,此四者有诸内而无待于外,圣人之性犹此也;誉之则劝,非之则沮,顺之则喜,逆之则怒,此四者动乎外而应之于内,贤人之性犹此也。圣人先得于诚而有明者也,贤人先得于明而后至诚者也。夫中庸,所以使贤者学为圣人也。故欲诚者,莫若明;欲明者,莫若知。①

《中庸》认为,"不勉而中,不思而得,从容中道"的"率性"者,即"诚者",即"圣人",他们属于天道层,修养的方式为"自诚明";此外,尚有"自明诚"的道德实践。"自诚明",则"诚即明",非先诚而后明;"自明诚",却不等于"明即诚",实为先明而后诚。然而,诚与明却是相辅相成的:"诚则明矣,明则诚矣"(第二十一章)。朱熹则不仅将二者区分开来,而且把此说与首章相较,认为其间存在"转一转说"与"举体统说"之异:"'自诚明,谓之性',此'性'字便是'性之'也。'自明诚,谓之教',此'教'字是学之也。此二字却是转一转说,与首章'天命之谓性,修道之谓教'二字义不同","'自诚明',性之也;'自明诚',充之也,转一转说。'天命之谓性'以下,举体统说"。②

除"自诚明谓之性"外,《中庸》对"率性之谓道"理念的展开,还通过对"至诚"的描述:

唯天下至诚,为能尽其性;能尽其性,则能尽人之性;能尽人之性,则能尽物之性;能尽物之性,则可以赞天地之化育;可以赞天地之化育,则可以与天地参矣。(第二十二章)

至诚之道,可以前知。……善,必先知之;不善,必先知之。故至

---

① 范祖禹.范太史集·卷35[M].清钞本.[出版者不详]:6.
② 黎靖德.朱子语类·卷64[M].北京:中华书局,1986:1566.

诚如神。(第二十四章)

"至诚",依字面解为"诚之至处",大概不会引发质疑,然而,到底指人还是指道,却有分歧。如管志道认为"天下至诚,即不思不勉,从容中道之圣人也,以其满诚者之量,故曰至",①顾宪成则说"至诚不言人而言道,何也?盖言人,则至诚之道非圣人不能当;言道,即匹夫匹妇当其一私不着时,便是至诚"。②比较而言,顾氏的诠释更为深刻,从《中庸》里另有"至圣"(第三十一章)这一称呼人格的词,也可反证"至诚"就是道。之所以称作"至诚",则是因为第二十二章乃紧承第二十一章"自诚明,谓之性"的存养工夫而来:"承上'性'来,故亦称'至诚'。"③

尽管在品格上,"至诚"是统贯知行、亦知亦行的,但若行、知的视角分别去观察,却可看出"至诚"的不同功效。首先,从行的角度看,"至诚"能"尽性";不但能尽其性,而且能尽人之性、尽物之性,最终则可以达到赞天地之化育、与天地参的效果。之所以能够同时尽得人、物之性,乃是因为它们本就都是天命之性的形下呈现。忽略文字的差异,这与首章之意是相同的:"尽性"相当于"致中和","赞天地之化育""与天地参"相当于"天地位焉,万物育焉"。可是,《中庸》已有"率性"之说,此处为何又提出"尽性"一词呢?针对这个问题,管志道曾有深入的分析:"率者,率性体之真;尽者,尽气质之变也。故率以直遂为义,而尽以曲成为义。""率者,从天性之中和处率之;尽者,从人物性之不中和处尽之也。"④不过,管氏认为,"尽性"属于致曲,低于"率性"一层;然反观《中庸》文本,紧接"唯天下至诚为能尽其性"的下一章,分明有"其次致曲"之说;"其次"一词揭示,"尽性"不能理解为"致曲"或"曲成"。也就是说,"尽性"不像管志道所言,在层次上低于"率性",而是与之地位相当。然而,二者之间的区别仍是存

① 管志道.重订中庸章句注释·卷下[M].明万历三十四年刊本.[出版者不详],1606:4 – 5.

② 徐奋鹏.中庸古今道脉(二)·卷6[M].金陵郑氏书林奎壁堂刊本.[出版者不详],1618:20.

③ 葛寅亮.四书湖南讲:中庸诂[M].内阁文库本.[出版者不详],明刊:19.

④ 管志道.中庸测义[M].明万历三十四年刊本.[出版者不详],1606:37 – 38.

在的。拔除"率者从天性之中和处率之,尽者从人物性之不中和处尽之"中的"中和处"与"不中和处"的限定,则管氏之说大体成立。进言之,"率性"乃自体处发出,由体而及用,"尽性"则自用处发出,由用而及体,两种工夫皆笼罩于体用一如的思维中,且均不可着力,亦均无私意。

其次,从知的角度看,"至诚"能够"前知",国家的兴亡,善与不善,皆在其"先知"之列。这似乎隐含了感应与感通的意味,乃是特殊的精神知觉状态,超出了一般意义上的感觉和心知"①,因而不是现代意义的知识论所能涵盖的。究其本质,这种神妙莫测的至诚之道,乃知几之学、慎独之功,意在体察天命或性,即至诚所前知的兴与亡、善与不善等,本身就是性或天命的流行、呈现或发用。在这个意义上,"前知"亦是"率性"。

合而言之,"尽性"与"前知"尽管角度不一,但目标一致:"尽性"以诚者之仁呈现天命或性,"前知"以诚者之知呈现天命或性。为了展示至诚之"尽性"与"前知"的恒久性,《中庸》宣称"至诚无息",而此恒常、普遍、具有跨时空之超越意义的"尽性"与"前知",实质都是在性上作存养工夫,亦即"率性"的展开。

2."修道"——在事上做提升工夫

既然性体直接发用、流行于人物之中,又何需"修道"之"教"?关于这个问题,前贤多有合理的阐发,如二程说"此则专在人事,以失其本性,故修而求复之,则入于学。若元不失,则何修之有?"②袁甫曰"道本不待修也,惟人之生,欲动物蔽,离其天则,故必有穷理尽性至命之圣人为之开导而品节焉,俾之由中庸之道以复性命之正,故曰教"。③ 明儒徐岩泉亦云"道而曰修,谓道之行处,有过不及,须补偏救弊,使之皆协于中也"。④不难发现,这些解释都把修道为人道层面的工夫,亦即,在事上的提升工夫。这个定位大致不错。从《中庸》文本看,

---

① 郑开.试论《中庸》的"诚"[M]//张伟.中道:中大哲学评论.第1辑,心性与中道,北京:商务印书馆,2022:124.

② 程颢,程颐.二程集[M].北京:中华书局,2004:30.

③ 袁甫.蒙斋中庸讲义·卷1[M]//影印文渊阁《四库全书》(第199册).台北:商务印书馆,1982:559.

④ 徐奋鹏.中庸古今道脉(二)·卷5[M].金陵郑氏书林奎璧堂刊本.[出版者不详]:10.

"修道"的必要性在于,理想状态要求"道也者不可须臾离也"(第一章),而实际情况却往往不如人意,道有不行的时候、亦有不明的时候,表现为知愚、贤不肖的或过或不及(第四、五章)。从中和的视角说,"中"(即"性")发用于外,有"中节"和"不中节"两种结果;发而中节的"达道"是没有问题的,它是于"大本"(即天命之性)"无所乖戾"的"和",①即天命之性的完美呈现;但"如喜怒不中节,便行不得了"②,就需"修道"。

颇令人意外,徐复观认为"道也者,不可须臾离也"系紧承"率性之谓道"而来,其理论依据是"人皆有其性,即人皆有其道。道乃内在于人的生命之中,故不可须臾离。不可离,所以必见于日常生活之中,故成为中庸之道"。③ 尽管徐氏的解说有理有据,却没有顾及戴震、履轩二人揭示的"之谓"的特殊含义,亦未紧扣《中庸》的文本。"率性之谓道"与"道也者不可须臾离也"之间还有一句"修道之谓教"。依照戴震、履轩的研究,其义应为"教即是修道"。则何谓"修道"呢? 从上下文的语脉看,修道即"修'率性'",而"修"有修饰、修补等义,可引申为"使完善"。质言之,"修道之谓教"乃自"率性之谓道"下落一层的工夫,其目的是"由修道之教而至于率性之地"。④ 实则,此"修道"不但与"率性"不同,而且异于"尽性"。"尽性"是所率的性之本体的充分彰显,"修道"则是所率之性走作或放逸后的修补完善工夫。

需特别关注的是,王阳明以"诚者事""圣人分上事"与"诚之者事""贤人分上事"分属"率性"与"修道":"率性是诚者事,所谓'自诚明,谓之性'也;修道是诚之者事,所谓'自明诚,谓之教'也。圣人率性而行,即是道。圣人以下,未能率性于道,未免有过不及,故须修道。"⑤其弟子黄直误以"圣人分上事""贤人分上事"为阳明《修道说》的观点。然遍检该文,只有"诚者""诚之者"之分,未见"圣人分上事""贤人分上事"之辨,实则,后者系阳明对其弟子马子莘所说。针对黄直的问题,阳明也解释道:"众人亦率性也,但率性在圣人分上较多,故'率

---

① 朱熹.四书章句集注[M].北京:中华书局,2012:18.
② 黎靖德.朱子语类·卷62[M].北京:中华书局,1986:1516.
③ 徐复观.中国人性论史·先秦篇[M].上海:上海三联书店,2001:108.
④ 孙应鳌.孙应鳌文集[M].贵阳:贵州教育出版社,1996:180.
⑤ 传习录[M].吴震,解读.北京:国家图书馆出版社,2018:187.

性之谓道'属圣人事。圣人亦修道也,但修道在贤人分上多,故'修道之谓教'属贤人事。"①此处的观点,与阳明在良知问题上的主张是一致的:"这良知人人皆有,圣人只是保全无些障蔽,……只是生的分数多"。②然而,以量化的标准进行归类,显然存在理论上的漏洞。既然圣人、贤人皆能率性,亦皆能修道,则以此两类人格分别指向二者,就至少是不严谨的。也正是鉴于此,我们才以在性上做工夫与在事上做工夫,来区分"率性"与"修道"。

《中庸》的工夫论词汇,错综复杂,"率性""尽性""慎独""中庸""戒慎恐惧""不睹不闻""达道""达德"等皆可归于此类。然若细究,其间的层次也不难体贴出来。单就在事上做提升的修道工夫而言,"慎独"可谓工夫用力的总方向,"中庸"则是工夫修养秉持的基本原则,"五达道"乃现实生活中的人伦规范、工夫的具体展开,"三达德"系人伦规范的内在德性支撑。

(1)慎独

对于《中庸》的"慎独",前贤多有误解,如郑玄注之为"慎其闲居之所为",孔颖达的注解与郑注一脉相承:"虽曰独居,能谨慎守道也。"③而这显然是以《大学》"君子必慎其独也。小人闲居为不善,无所不至,见君子而后厌然"之意诠解《中庸》。

了解"慎独"的确切含义,需从首句开始梳理。《中庸》曰:"天命之谓性,率性之谓道,修道之谓教。道也者,不可须臾离也,可离非道也。是故君子戒慎乎其所不睹,恐惧乎其所不闻。莫见乎隐,莫显乎微,故君子慎其独也。""是故"这一连词,揭示了其上下文之间的因果关系,表明君子"戒慎""恐惧"的原因是"道也者不可须臾离也,可离非道也"。何谓"道"?道即是率性;而性即天命。顺此推之,则君子"所"戒慎恐惧的"不睹""不闻",并不是什么都看不见也听不到;"所"意味着有对象,但当对象是"不睹""不闻"时,则此对象即为无对象的对象,亦即隐微之性或天命,因此,"不睹""不闻"之意当同与《中庸》第十六章的"视之而弗见,听之而弗闻",目的在于从反向彰显"性"或"天命"的隐微品

① 传习录[M].吴震,解读.北京:国家图书馆出版社,2018:398.
② 传习录[M].吴震,解读.北京:国家图书馆出版社,2018:384.
③ 礼记注疏·卷52[M].郑玄注,孔颖达,疏.南昌府学重刊宋本《十三经注疏》本.[出版者不详],1816:3.

格。然而,既是不睹不闻,又何来"莫见乎隐,莫显乎微"? 明儒杨见宇所云"不睹不闻,其体至微;莫见莫显,其用至宏"①,可谓得之。进言之,独就是不睹不闻的性或天命;独有二义,一为隐微义,二为无对义。慎独则意为谨慎地对待处于隐微层面的性或天命。由此可以说,慎独即是修养工夫用力的终极方向,而"慎其闲居之所为"的释读则将"独"从本体世界拉向了现象世界。

(2)中庸

无论宋代的王柏分《中庸》为中庸与诚明两部分的主张正确与否,中庸为该书前半部分所反复论及,则是事实。正如朱熹所指出的,中庸的话题从首章即已开始。首章的"喜怒哀乐之未发"属于"在中",为体;其后章节中的"中庸"属于"时中",为用;"然本其所以有此随时之中,缘是有那未发之中"。② 在这个意义上,第二章"君子之中庸也,君子而时中",即紧承首章而来。对于"君子而时中",朱熹旧注为"随时为中",③见到张栻"'为'字未安"④的意见后,遂改为定本的"随时以处中",并有"盖中无定体,随时而在,是乃平常之理也"⑤的阐发。其实,两种注解都能说得通,只是取义不同:"为中"偏工夫义、过程义,"处中"偏境界义、存在义。而若与朱熹的"在中"与"时中"之分相照应,反倒是旧注"随时为中"更为贴切,因定本之"随时以处中"和"随时而在"更接近"在中"之义。君子时中的状态是怎样的呢? 第十四章说:"君子素其位而行,不愿乎其外。素富贵行乎富贵,素贫贱行乎贫贱,素夷狄行乎夷狄,素患难行乎患难,君子无入而不自得焉。在上位不陵下,在下位不援上,正己而不求于人则无怨。上不怨天,下不尤人。故君子居易以俟命,小人行险以徼幸。"此正如徐奋鹏所言,"随上下天人,而皆自得,则君子时中之境也"。⑥

《中庸》第三章引《论语》的内容,然有文字之别:"子曰:中庸其至矣乎! 民

---

① 徐奋鹏.中庸古今道脉(一)·卷3[M].金陵郑氏书林奎壁堂刊本.[出版者不详],1618:8.

② 黎靖德.朱子语类·卷62[M].北京:中华书局,1986:1480.

③ 朱熹.朱熹集(三)·卷31[M].成都:四川教育出版社,1996:1324.

④ 张栻.张栻集(下册)[M].长沙:岳麓书社,2017:774.

⑤ 朱熹.四书章句集注[M].北京:中华书局,2012:19.

⑥ 徐奋鹏.中庸古今道脉(一)·卷4[M].金陵郑氏书林奎壁堂刊本.[出版者不详],1618:39.

鲜能久矣"。《论语》中的这句,少一"能"字。而此"能"字,却最可凸显中庸是工夫修养的基本原则。清代语言学家王筠通过上下文脉考查其意义:"至于'能'字,在《论语》有无皆可,《中庸》则不可无。盖'鲜能知味'领大知,'不能期月守'领颜渊之仁,'中庸不可能'领子路之勇,而以'唯圣者能之'收住。处处皆有'能'字,岂可开场无'能'字? 此非筋骨字,乃线索字也。"①遗憾的是,他未分析"能"字之有无造成的思想差异。在义理上,《论语·雍也》无"能"字,且在"中庸"下比《中庸》一书多出"之为德也"四字,皆揭示孔子系以中庸为内在的德性;而《中庸》中"能"字的添加,则把中庸对象化,使之转变为外在的原则、工具、手段。首先,从"能"字的用法来看,作动词时,意为"能够、会做",这就需要"所"的对象;其次,从《中庸》对"德"与"能"的不同描述,亦可体察到这一点:关于鬼神之德,"视之而弗见,听之而弗闻,体物而不可遗"(第十六章);而"丘未能"的则是父子、君臣、兄弟、朋友等具体的人伦关系(第十三章)。于此可知,《中庸》之"能"不仅是"线索字",而且更是"筋骨字"。

中庸的基本原则,要求"不过"亦不"不及"。但这于普通人而言,确乎不易。第九章说:"天下国家可均也,爵禄可辞也,白刃可蹈也,中庸不可能也。"如平治天下国家之能、拒绝高官厚禄之廉、脚踏白刃之勇等,都能做到,然中庸却不易达至。而这并非由于中庸玄远难能,其实他至简至易,只是"稍增一分便太过,稍减一分便不及,难得恰好",②"非义精仁熟,而无一毫人欲之私者,不能及也"。③ 此属于理论的说明。在《中庸》看来,即使孔子也不能长期坚守中庸:"择乎中庸而不能期月守也。"(第七章)惟有大知如舜、大仁若颜回的人,才可以做到"执其两端,用其中于民"(第六章),"择乎中庸,得一善,则拳拳服膺而弗失之矣"(第八章)。这就又从事实的角度,揭露了中庸的"民鲜能久矣"(第三章)和"唯圣者能之"(第十一章)。然而,尽管不易践履,却不能放弃对中庸

① 王筠. 中庸说略[M].《四书说略》本. [出版者不详],清道光至咸丰间刊:4.
② 徐奋鹏. 中庸古今道脉(一)·卷3[M]. 金陵郑氏书林奎璧堂刊本. [出版者不详],1618:30.
③ 朱熹. 四书章句集注[M]. 北京:中华书局,2012:21.

的追求,因为臻至"高明"的"至诚"之性①,必经之路就是中庸:"极高明而道中庸"(第二十七章)。

(3)五达道

作为工夫修养之基本原则的中庸,只有贯穿于日常生活,才有实际的着落,《中庸》把这种落实于人伦日用中的中庸叫做"五达道":"君臣也,父子也,夫妇也,昆弟也,朋友之交也:五者天下之达道也。"(第二十章)实则,朱熹所谓"道之在天下,其实原于天命之性,而行于君臣父子兄弟夫妇朋友之间",即是对《中庸》思想的凝练,尽管他又在道统观念下失于宽泛地说"其文则出于圣人之手,而存于《易》《书》《诗》《礼》《乐》《春秋》、孔孟氏之籍"。② "五达道"中的"昆弟",以及与之密切相关的"兄弟",在《诗经》《左传》《论语》《庄子》等先秦典籍都频频出现;然而,虽然二者有含义重合之处,如《尔雅·释亲》即说"昆,兄也",但其间的差异也是存在的。"昆弟"指"对兄和弟,也包括近房和远房的兄弟的称呼";③而《论语·颜渊》所谓"四海之内,皆兄弟也",以及陶渊明《杂诗》中"落地为兄弟,何必骨肉亲"的诗句,却都显示,"兄弟"的含义有时更为宽泛,可以指血缘关系之外的男性朋友。

"五达道",与其他相关概念,被后世通称为"五伦"。但"五伦"一词见于经籍,却迟至宋代。就笔者目力所及,该词的提出者是南宋的陈经:"君臣、父子、夫妇、长幼、朋友,人所常行,谓之五典,舜能敬五典之美,而五伦无不顺从。"④潘光旦认为,朱熹提出"五伦"之名,而他的根据却是朱熹所说"人之大伦,其别有五"。⑤ 然而,这是不规范的。如果这就可以作为依据的话,那么《孟子·滕文公上》所谓"人之有道也,饱食、暖衣、逸居而无教,则近于禽兽。圣人有忧之,使契为司徒,教以人伦:父子有亲,君臣有义,夫妇有别,长幼有叙,朋友有信",也完全符合该要求。

---

① 关于"高明"与"至诚"之间的关系,从"故至诚无息,不息则久,……博厚则高明"可见一斑。

② 朱熹.朱子全书·第24册[M].上海:上海古籍出版社,2002:3734.

③ 刘超班.中华亲属辞典[M].武汉:武汉出版社,1991:101.

④ 陈经.尚书详解·卷2[M].清武英殿聚珍版书本.[出版者不详]:2-3.

⑤ 潘光旦.说"五伦"的由来[J].社会科学,1948,4(2):118-134.

五伦观念,远在《中庸》之前,就有端倪。《尚书》"说到'五典'与'五教'各三次,'五品'与'五常'各一次"。① 据孔颖达对《尚书》"慎徽五典,五典克从"的疏释,"五典"指五种家庭伦理:"父义、母慈、兄友、弟恭、子孝。"② "五教""五品""五常"等,与之异名同谓。就实际内容而言,《尚书》只涉及了五伦中的父子、兄弟二伦。《易经·家人卦》彖辞曰:"父父子子、兄兄弟弟、夫夫妇妇而家道正;正家而天下定矣。"虽增加夫妇一伦,然亦止于家庭关系。《论语·颜渊》则是将伦常关系扩展至国家层面的发端:"君君,臣臣,父父,子子。"可是只有君臣、父子二伦。楚简《六德》篇增至三伦:"生民〔斯必有夫妇、父子、君臣,此〕六位也。有率人者,有从人者,有使人者,有事人〔者,有〕教者,有学者,此〔六职〕也。既有夫六位也,以任此六职也。六职既分,以裕六德。""何谓六德? 圣、智也,仁、义也,忠、信也。""父圣子仁,夫智妇信,君义臣忠。"《尊德义》第 1 号简进一步概括道:"尊德义,明乎民伦,可以为君。"与楚简相较,《中庸》多出昆弟、朋友二伦,五伦观念的雏形已见,却少了对各伦所应遵循的原则的系统规定③,可谓优劣参半。在这个意义上可以说,《孟子·滕文公上》的五伦观念乃是对楚简与《中庸》的相关思想的继承与改造,标志着五伦观念的最终成型。

《中庸》其他章也有关于五伦的说法,如第十三章"君子之道四,丘未能一焉:所求乎子以事父,未能也;所求乎臣以事君,未能也;所求乎弟以事兄,未能也;所求乎朋友先施之,未能也";又,第十五章"君子之道,辟如行远必自迩,辟如登高必自卑。《诗》曰:'妻子好合,如鼓瑟琴;兄弟既翕,和乐且耽,宜尔室家,乐而妻孥。'子曰:'父母其顺矣乎!'",但均未超出第二十章的思想观念。当然,统观全文亦可见,《中庸》在这方面有其突出的进展。其"五达道"不只是一般的伦理规范,更是道德实践(即"修道"之"教")在人伦层面的展开,也就是"五达道"亦是复归天命之性的工夫修养。进言之,虽属于现实层面,但"五达

---

① 潘光旦.说"五伦"的由来[J].社会科学,1948,4(2):110.

② 孔安国.尚书注疏·卷3[M].孔颖达,疏.南昌府学重刊宋本《十三经注疏》本.[出版者不详],1816:2.

③ 《中庸》仅提到朋友间的信和亲人间的顺:"获乎上有道:不信乎朋友,不获乎上矣。信乎朋友有道:不顺乎亲,不信乎朋友矣。"

道"于《中庸》而言,是其整个性论的重要组成部分。

(4)三达德

尽管"五达道"的工夫在性质上属于外在的,但有内在的道德意识的支撑,此即"三达德"。毫无疑问,三达德源自《论语·子罕篇》的"智者不惑,仁者不忧,勇者不惧"。其实,《中庸》第六章、第八章和第十章,就是以舜、颜渊和子路为例,说明知、仁、勇三德乃入道之门。第二十章则是此种观念的系统展开:

> 修身以道,修道以仁。仁者人也,亲亲为大;义者宜也,尊贤为大。亲亲之杀,尊贤之等,礼所生也。……天下之达道五,所以行之者三:曰君臣也,父子也,夫妇也,昆弟也,朋友之交也:五者天下之达道也。知、仁、勇三者,天下之达德也,所以行之者一也。……知斯三者,则知所以修身。

掐头去尾的引用,绝非断章取义,而是为了凸现《中庸》修身论的特征。管志道认为此处的"所以行之者一也"的"一"字为衍文①,其实是正确的判断。去掉"一"字,则三达德是五达道的"所以行之者也",意思就通畅得多。从引文看,该书关于"修身"的论述已形成一个诠释圆圈:修身——道——仁(包括知和勇)——五达道——三达德——修身。"修身以道"的"道",即下文的五达道;如此,"修身以道"即是说,妥善地处理好五种日常的家庭和社会伦理关系,就是修身;而"修道以仁"之"修道"则揭示,这是关于"修道之谓教"亦即在事上做工夫的讨论。尽管"修道以仁"仅提一个"仁"字,实则知、勇亦含于其中:"仁便是三达德之一,智勇不过始终成就此仁而已。"②用于修道的仁,乃人之所以为人的标志,其特征是"亲亲为大",而"亲亲为大"涉及父子、夫妇、兄弟三伦。其实,这与《中庸》仅提"仁"一样,乃以点带面,提一"亲亲",而实涉五伦,此诚如朱熹所言,"达道者,天下古今所共由之路,即《书》所谓'五典',孟子所谓'父子有

---

① 管志道.重订中庸章句注释·卷上[M].明万历三十四年刊本.1606:48.

② 徐奋鹏.中庸古今道脉(二)·卷5[M].金陵郑氏书林奎壁堂刊本.[出版者不详],1618:8.

亲、君臣有义、夫妇有别、长幼有序、朋友有信'是也。知，所以知此也；仁，所以体此也；勇，所以强此也。……达道虽人所共由，然无是三德，则无以行之"。① 反过来说，修道有成的人亦需具备"与天合一的生命境域。而这种境域的实质内涵就是知仁勇三达德"。② 具备智仁勇三德的修道有成者，《中庸》称作"至圣"。第三十一章曰："唯天下至圣，为能聪明睿智，足以有临也；宽裕温柔，足以有容也；发强刚毅，足以有执也；齐庄中正，足以有敬也；文理密察，足以有别也。"此中，"聪明睿智""文理密察"即为知，"宽裕温柔"即为仁，"发强刚毅""齐庄中正"即为勇。《中庸》认为，做到这些，就能"溥博如天，渊泉如渊"，就能"配天"（第三十一章）。

　　熟悉第二十章的人都知道，《中庸》非就工夫言工夫，而是与《大学》，其工夫修养指向家、国、天下。"知斯三者，则知所以修身，知所以修身，则知所以治人；知所以治人，则知所以治天下国家矣"，与《大学》之"身修而后家齐，家齐而后国治，国治而后天下平"，简直如出一辙。正是有见于此，胡炳文等学者才说"此章当一部《大学》"。③ 此后的《孟子·离娄上》亦说："天下之本在国，国之本在家，家之本在身。"在某种程度上，这已成为儒学的基本思维框架。当然，修身最直接的效果是理想人格的达成。《中庸》中关于人格层次的术语很多，包括小人、不肖者、愚者、民、士、知者、贤者、君子、圣人、圣者、至圣等，前四者属于低层次的人格，中间三个属于理想人格中的层次较低者，后四者则是理想人格中的层次较高者。从前文可知，君子的行为准则是中庸，再进一步修养，即可至圣人。以"知所以修身，则知所以治人；知所以治人，则知所以治天下国家矣"的文句看，圣人是政治正当性的人格基础，而修身则是政治正当性的德性基础。

　　统观修道的工夫系统可见，第二十章恰可承担其工夫论总纲。关于此章，日本学者伊藤仁斋虽然肯定其"于学问之本末尽矣，实孔氏之遗言也"，但

---

　　① 朱熹.四书章句集注[M].北京:中华书局,2012:29.

　　② 袁长瑞.《中庸》一书思想的基本结构及其重要概念的解读[J].哲学与文化,1997(5):448.

　　③ 胡炳文.四书通·中庸通[M].通志堂经解本.[出版者不详],1680:43.

他却认为"此章本一篇之书,误入于《中庸》"。① 而经过如上论证,仁斋之说不攻自破,第二十章不仅不是他篇误入,而且在《中庸》中处于非常重要的地位。前文已明,"修道"意在通过道德修养重至率性之地,亦即复归天命之性的自然流行。这就意味着,由唐代李翱《复性书》掀起,宋明理学家广为采纳的复性说,本身就蕴含在《中庸》的义理中,而不是主要来自外来的佛教的启发,佛教的作用仅是外在的,不是根本的。或者说,由于佛教的外在刺激,重新激活了《中庸》的思维理路。因而,宋明理学复性模式的兴起,更多的是基于儒家自身的发展逻辑,而《中庸》得到宋儒的重视,根本原因也在于其思维理路与之相合。

① 伊藤仁斋.中庸發揮[M]//關儀一郎.日本名家四書註釋全書·學庸1.東京:鳳出版,1973:35,3.

附　　录

附录一：《中庸》注本目录

一、《经义考》之《中庸》注本

文献来源：《摛藻堂四库全书荟要·史部》卷一百五十一～卷一百五十五、卷一百六十二

校本：清光绪二十三年浙江书局刻本、乾隆四十二年刻本

《经义考》卷一百五十一《礼记》十四

汉《中庸说》，《汉志》二篇，佚。

戴氏（颙）《礼记中庸传》，《隋志》二卷，佚。

梁武帝《中庸讲疏》，《隋志》一卷，佚。

私记《制旨中庸义》，《隋志》五卷，佚。

李氏（翱）《中庸说》，未见。

胡氏（瑗）《中庸义》，《宋志》一卷，未见。

陈氏（襄）《中庸讲义》，一卷，存。

余氏（象）《中庸大义》，一卷，佚。

乔氏（执中）《中庸义》，《宋志》一卷，佚。

司马氏（光）《中庸广义》，一卷，未见（一斋书目有）。

张氏（方平）《中庸论》，三篇，存（载《乐全先生集》）。

姚氏（子张）《中庸说》，佚。

范式（祖禹）《中庸论》，一卷，存。

苏氏(轼)《中庸论》,三篇,存。

程子(颢)《中庸解》(《宋志》作"义"),《宋志》一卷,存。

吕氏(大临)《中庸解》,一卷,存(疑即《二程全书》中所载本)。

　　《中庸后解》,《宋志》一卷,佚。

晁氏(说之)《中庸传》,一卷,存。

游氏(酢)《中庸解义》,《宋志》一卷(《通考》一卷),未见(《一斋书目》有)。

杨氏(时)《中庸解》,《宋志》一卷,未见(《一斋书目》有)。

侯氏(仲良)《中庸说》,一卷,未见。

郭氏(忠孝)《中庸说》,《宋志》一卷,佚。

《经义考》卷一百五十二《礼记》十五

张氏(浚)《中庸解》,一卷,未见。

郭氏(雍)《中庸说》,《宋志》一卷,佚。

关氏(注)《中庸义》,一卷,佚。

张氏(九成)《中庸说》,《宋志》一卷(《杭州志》六卷),未见。

晁氏(公武)《中庸大传》,《宋志》一卷,未见。

郑氏(耕老)《中庸训解》,一卷,佚。

林氏(光朝)《中庸解》,一卷,未见。

徐氏(存)《中庸解》,佚。

谭氏(惟寅)《中庸义》,佚。

陈氏(渊)《中庸解义》,一卷,存(载《嘿堂集》)。

砥(嚣)《中庸集解》,二卷,存。

朱子(熹)《中庸辑略》,《宋志》二卷,存。

　　　　《中庸章句》,《宋志》一卷,存。

　　　　《中庸或问》,《宋志》二卷,存。

马氏(之纯)《中庸解》,一卷,佚。

薛氏(季宣)《中庸说》,一卷,佚。

倪氏(思)《中庸集义》,《宋志》一卷,佚。

熊氏(节)《中庸解》,三卷,未见(《一斋书目》有)。

项氏(安世)《中庸说》,《宋志》一卷,未见(《一斋书目》有)。

黄氏(幹)《中庸总论》《续说》,各一篇,存。

熊氏(以宁)《中庸续说》,一卷,佚。

林氏(夔孙)《中庸章句》,一卷,佚。

孙氏(调)《中庸发题》,一卷,佚。

蔡氏(渊)《中庸通旨》,一卷,未见。

刘氏(黻)《中庸就正录》,一卷,佚。

徐氏(寓)《中庸说》,一卷,存。

万氏(人杰)《中庸说》,一卷,佚。

《经义考》卷一百五十三《礼记》十六

黄氏(櫄)《中庸解》,一卷,佚。

潘氏(好古)《中庸说》,一卷,佚。

袁氏(甫)《中庸详说》,《宋志》二卷,佚。

王氏(万)《中庸说》,佚。

钱氏(文子)《中庸集传》,《宋志》一卷,佚。

邵氏(囦)《中庸解》,一卷,佚。

赵氏(善湘)《中庸约说》,一卷,佚。

郑氏(霖)《中庸讲义》,一卷,佚。

贾氏(蒙)《中庸集解》,佚。

陈氏(尧道)《中庸说《宋志》十三卷,佚。

吴氏(之巽)《中庸口义》,三卷,佚。

魏氏(天祐)《中庸说》,佚。

王氏(奕)《中庸本义》,一卷,佚。

陈氏(华祖)《中庸提纲》,佚。

江氏(泳)《中庸解》,一卷,佚。

陈氏(义宏)《中庸解》,一卷,佚。

方氏(逢辰)《中庸注》,一卷,佚。

黎氏(立武)《中庸指归》,一卷,存。

    《中庸分章》,一卷,存。

何氏(梦桂)《中庸致用》,一卷,佚。

郑氏(彦明)《中庸说》,一卷,佚。

何氏(基)《中庸发挥》,八卷,未见(《一斋书目》有)。

王氏(柏)《订古中庸》,二卷,未见。

赵氏(若焕)《中庸讲义》,一卷,佚。

释(契嵩)《中庸解》,五篇,存(载《镡津集》)。

赵氏(秉文)《中庸说》,一卷,存。

李氏(纯甫)《中庸集解》,一卷,佚。

李氏(思正)《中庸图说》,一卷,佚。

　　　　　　《中庸辑释》,一卷,佚。

刘氏(惟思)《中庸简明传》,一卷,佚。

夏侯氏(尚玄)《中庸管见》《聚疑》,佚。

陈氏(栎)《中庸口义》,一卷,未见。

齐氏(履谦)《中庸章句续解》,一卷,未见。

王氏(奎文)《中庸发明》,一卷,未见。

薛氏(玄)《中庸注》,佚。

程氏(逢午)《中庸讲义》,三卷,佚。

鲁氏(真)《中庸解》,一卷,未见。

许氏(谦)《中庸丛说》,一卷,未见。

黄氏(镇成)《中庸章旨》,二卷,未见。

陆氏(琪)《中庸发明要览》,二卷,未见。

练氏(鲁)《中庸说》,一卷,佚。

刘氏(清)《中庸章句详说》,一卷,未见。

《经义考》卷一百五十四《礼记》十七

吴氏(源)《中庸传》,一卷,佚。

吴氏(溶)《中庸传》,一卷,佚。

陈氏(雅言)《中庸类编》,一卷,未见。

刘氏(驷)《中庸说》,一卷,未见。

张氏(淟)《中庸句解》,二卷,未见。

刘氏(清)《中庸详说》,佚。

蒋氏(允汶)《中庸详说》,佚。

张氏(洪)《中庸讲义》,一卷,未见。

马氏(贵)《中庸讲义》,一卷,未见。

王氏(仁)《中庸九经衍义》,一卷,未见。

杨氏(守陈)《中庸私抄》,一卷,未见。

白氏(良辅)《中庸肤见》,一卷,未见。

罗氏(伦)《中庸解》,一卷,未见。

姚氏(文灏)《中庸本义》,一卷,未见。

黄氏(瓒)《中庸讲义》,一卷,未见。

许氏(天锡)《中庸析义》,一卷,未见。

许氏(诰)《中庸本义》,一卷,未见。

崔氏(铣)《中庸凡》,一卷,未见。

湛氏(若水)《中庸测》,一卷(又难语一卷),存。

方氏(献夫)《中庸原》,一卷,未见。

张氏(邦奇)《中庸传》,一卷,存。

倪氏(復)《中庸解》,一卷,未见。

夏氏(良胜)《中庸衍义》,十七卷,未见。

洪氏(䉢)《中庸通旨》,一卷,未见。

夏氏(尚朴)《中庸说》,一卷,未见。

施氏(儒)《中庸臆说》,未见。

黄氏(焯)《中庸读法》,一卷,佚。

王氏(渐逵)《中庸义略》,一卷,未见。

黄氏(绾)《中庸古今注》,一卷,未见。

《经义考》卷一百五十五《礼记》十八

应氏(廷育)《中庸本义》,一卷,未见。

杨氏(爵)《中庸解》,一卷,未见。

谢氏(东山)《中庸集说启蒙》,一卷,未见。

高氏(拱)《中庸直讲》,一卷,存。

万氏(思谦)《中庸述微》,一卷,未见。

许氏(孚远)《中庸述》,一卷,未见。

杨氏(时乔)《中庸古今四体文》,一卷,未见。

李氏(槃)《中庸臆说》,一卷,未见。

李氏(栻)《中庸庸言》,二卷,未见。

王氏(尊贤)《中庸衍义》,未见。

宗氏(玡)《中庸一助》,一卷,未见。

张氏(邦治)《中庸传》,一卷,未见。

朱氏(元弼)《中庸通注》,一卷,存。

吴氏(三极)《中庸测》,一卷,存。

管氏(志道)《中庸测义》,一卷,存。
　　　　　　《中庸订释》,二卷,存。

周氏(从龙)《中庸发覆编》,一卷,存。

瞿氏(九思)《中庸三书》,俱未见。

姚氏(舜牧)《中庸疑问》,二卷,存。

邹氏(德溥)《中庸宗释》,一卷,存。

吴氏(应宾)《中庸释论》,十二卷,存。

袁氏(黄)《中庸疏意》,二卷,存。

顾氏(起元)《中庸外传》,三卷,未见。

林氏(日正)《中庸古本》,一卷,未见。

樊氏(长卿)《中庸绎》《中庸举正》,俱未见。

杨氏(文)《中庸臆》,一卷,未见。

李氏(颖)《中庸参》,一卷,未见。

陈氏(仁锡)《中庸渊天绍易测》,六卷,未见。

洪氏(德常)《中庸要领》,一卷,未见。

汪氏(于汦)《中庸剩义》,一卷,未见。

周氏(梦华)《中庸传》,一卷,未见。

李氏(清)《中庸章句详说》,一卷,未见。

高氏(世泰)《中庸问答》,一卷,未见。

朱氏(应昇)《中庸诠注》,一卷,存。

程氏(智)《中庸旨说》,一卷,存。

郁氏(文初)《中庸郁溪记》,二卷,存。

程氏(时登)《中庸中和说》,一卷,佚。

瞿氏(九思)《中庸位育图说》,未见。

黄氏(佐)《中庸九经政要箴》,一卷,存。

《经义考》卷一百六十二《礼记》二十五

司马氏(光)等六家《中庸大学解义》，《宋志》一卷，未见。

蔡氏(元鼎)《中庸大学解》，佚。

陈氏(孔硕)《中庸大学讲义》，未见。

陈氏(淳)《中庸大学讲义》，一卷，未见。

魏氏(文翁)《中庸大学讲义》，二卷，佚。

蔡氏(渊)《中庸大学思问》，未见。

李氏(起渭)《中庸大学要语》，佚。

柴氏(元祐)《中庸大学说》，佚。

谢氏(兴甫)《中庸大学讲义》，《宋志》三卷，佚。

牟氏(少真)《中庸大学发蒙俗解》，佚。

熊氏(庆胄)《庸学绪言》，一卷，佚。

谢氏(升贤)《中庸大学解》，佚。

黄氏(必昌)《中庸大学讲稿》，佚。

方氏(逢辰)《中庸大学释传》，三卷，未见。

戴氏(景魏)《中庸大学要义》，佚。

王氏(幼孙)《中庸大学章句》，二卷，佚。

刘氏(黻)《中庸大学说》，二篇，存(载《蒙川集》)。

傅氏(子云)《中庸大学解》，未见。

何氏(梦桂)《中庸大学说》，二篇，存(载集中)。

郑氏(仪孙)《中庸大学章句》，一卷，佚。

郑氏(奕夫)《中庸大学章旨》，佚。

鲁川胡氏(名未详)《中庸大学说要》，佚。

潘氏(迪)《中庸大学述解》，佚。

叶氏(瑞)《中庸大学提要》，六卷，佚。

曾氏(贯)《庸学标注》，佚。

饶氏(鲁)《中庸大学纂述》，二卷；

　　　　《庸学十一图》，一卷，俱未见。

袁氏(明善)《大学中庸录》，未见。

倪氏(公晦)《学庸约说》，佚。

黄氏(文杰)《大学中庸双说》,佚。

秦氏(玉)《大学中庸标说》(一作"探说"),佚。

朱氏(升)《大学中庸旁注》,各一卷,未见。

范氏(祖干)《大学中庸发微》,未见。

曾氏(景修)《大学中庸详说》,未见。

张氏(鼏)《学庸句解》,二卷,未见。

李氏(希颜)《大学中庸心法》,二卷,未见。

詹氏(凤翔)《大学中庸章句》,未见。

熊氏(钊)《学庸私录》,二卷,未见。

黄氏(润玉)《庸学通旨》,二卷,未见。

叶氏(挺)《学庸庭训》,二卷,未见。

程氏(先民)《学庸敷言》,未见。

王氏(纶)《学庸要旨》,二卷,未见。

吴氏(世忠)《学庸通旨》,未见。

朱氏(谏)《学庸图说》,未见。

童氏(品)《学庸大义辨疑》《学庸精义》,俱未见。

孙氏(绪)《大学中庸放言》,二卷,未见。

朱氏(文简)《学庸图说》,未见。

施氏(儒)《学庸臆说》,未见。

金氏(贲亨)《学庸议》,二卷,未见。

林氏(士元)《学庸衍义》,未见。

章氏(衮)《学庸口义》,未见。

李氏(渭)《学庸答问》,一卷,佚。

马氏(森)《学庸口义》,三卷,未见。

徐氏(爌)《学庸初问》,二卷,存。

游氏(日章)《学庸释义》,未见。

万氏(表)《学庸志略》,未见。

吴氏(中立)《学庸大旨》,未见。

邹氏(元标)《邹子学庸商求》,二卷,未见。

王氏(豫)《学庸识大录》,二卷,未见。

邹氏(德溥)《学庸宗释》,未见。

邹氏(德泳)《学庸归旨》,未见。

董氏(应举)《学庸略》,二卷,存。

王氏(振熙)《学庸达解》,三卷,存。

李氏(鼎)《学庸大旨》,三篇,存。

叶氏(祺胤)《大学中庸臆说》,三卷,存。

王氏(养性)《学庸传宗参补》,一卷,未见。

沈氏(澣)《学庸蒙筏》,二卷,存。

程氏(珮)《学庸问辨》,佚。

陈氏(元纶)《学庸日笺》,二卷,存。

傅氏(瀋)《大学中庸俗讲》,二卷,未见。("瀋"清光绪二十三年浙江书局刻本、清乾隆四十二年刻本作"璿")

金氏(镜)《学庸绪言》,未见。

二、《千顷堂书目》之《中庸》注本

文献来源:黄虞稷《千顷堂书目》卷二,清抄本

校本:黄虞稷《千顷堂书目》卷二,民国二至六年乌程张氏刻适园丛书本

刘驷《中庸说》,一卷。

练鲁《中庸说》,一卷。

刘清《中庸详说章句》,一卷。

陈雅言《中庸类编》。

景星《中庸问政章说》,一册。

张洪《中庸解义》,一卷。

马贵《中庸讲义》。

孔谔《中庸补注》,一卷。

王仁《中庸九经衍义》。

白良辅《中庸肤见》。

罗伦《中庸解》。

夏良胜《中庸衍义》,十七卷。

崔铣《中庸凡》,一卷。

张邦奇《中庸传》,一卷。

湛若水《中庸测》,一卷。

姚文灏《中庸本义》。

倪复《中庸解》。

方献夫《中庸原》，一卷。

黄绾《中庸古今注》，一卷。

王渐逵《中庸义略》（有自序，一作《中庸释言》）（"有自序"，据民国本补）。

许天锡《中庸析义》。

洪鼐《中庸通旨》。

夏尚朴《中庸说》。

许诰《中庸本义》。

谢东山《中庸集说启蒙》，一卷。

王尊贤《中庸衍义》。

杨爵《中庸解》。

许孚远《中庸述》，一卷。

管志道《中庸测义》，一卷。

李栻《中庸庸言》，二卷。

万思谦《中庸述微》。

张瑶《中庸要义》，一卷。

李颖《中庸参》。

李鼎《中庸诂》，一卷。

李槃《中庸臆说》，一卷。

吴应宾《中庸释论》，十二卷。

顾起元《中庸外传》，三卷。

林日正《中庸古本》，一卷。

瞿九思《中庸位育图说》。

陈仁锡《中庸渊天绍易测》，六卷。（"六卷"，民国本作"一卷"）。

汪于汯《中庸剩义》，一卷。（"剩"，民国本作"胜"）

姜鸿绪《中庸抉微》。

李希颜《大学中庸心法》，二卷。（"二卷"，民国本作"一卷"）

张鼐《学庸句解》，二卷。

曾景修《大学中庸详说》。

范祖幹《大学中庸发微》。

熊钊《学庸私录》。

黄润玉《学庸通旨》，二卷。

叶棋《学庸庭训》。（"庭"，民国本作"廷"）

童品《学庸大义》。

吴世忠《学庸通旨》。

施儒《学庸臆说》。

王纶《学庸要旨》。

林士元《学庸衍义》。

章衮《学庸口义》。

朱谏《学庸图说》。

程先民《学庸敷言》。

金贲亨《学庸议》，二卷。

马森《学庸口义》，三卷。

游日章《学庸释义》。

万表《学庸志略》。

吴中立《学庸大旨》。

邹元标《邹子学庸商求》，二卷。

邹德溥《学庸宗释》。

邹德泳《学庸归旨》。

董应举《学庸略》，二卷。

姚应仁《学庸读》，五卷。

王豫《学庸识大录》，二卷。

王养性《学庸传宗参补》，一卷。

王奎文《中庸发明》，一卷。

李纯甫《中庸集解》。

赵秉文《中庸说》，一卷。（"一卷"，民国本作"二卷"）

程时登《中庸中和说》。

黎立武《中庸指归》一卷，《提纲》一卷。

齐履谦《中庸章句续解》，一卷。

许谦《中庸丛说》，一卷。

李思正《中庸图说》《中庸辑释》。

程逢午《中庸解义》,三卷。("解",民国本作"讲")

黄镇成《中庸章旨》,二卷。

赵若焕《中庸讲义》。

袁明善《大学中庸日录》。

秦玉《大学中庸标说》。

郑奕夫《中庸大学章旨》。

陆琪《中庸发明要览》,二卷。

附录二:《中庸集释》
凡例

一、郑玄、孔颖达、张横渠、吕大临、朱熹注,录自宋卫湜《礼记集说》宋嘉定本。孔疏的有些条卫湜本缺,依《礼记正义》本。朱熹注,与《四书章句集注》中华书局整理本参校。

二、现代译文,录自来可泓《大学直解·中庸直解》(复旦大学出版社,1998年版)。

天命之谓性,率性之谓道,修道之谓教。

郑玄:天命,谓天所命生人者也,是谓性命。率,循也。循性行之是谓道。修,治也。治而广之,人放效之,是曰教。

孔颖达:自此至"育焉"一节,明中庸之德必修道而行。

张横渠:由太虚有天之名,由气化有道之名,合虚与气有性之名,合性与知觉有心之名。

吕大临:此章先明性、道、教之所以名。性与天道一也。天道降而在人,故谓之性。性者,生生之所固有也;循是而言之,莫非道也。道之在人,有时与位之不同,必欲为法于后世,不可不修。

朱熹:命犹令也。性即理也。天以阴阳五行化生万物,气以成形,而理亦赋焉,犹命令也。于是人物之生,因各得其所赋之理,以为健顺五常之德,所谓性也。率,循也。道犹路也。人物各循其性之自然,则其日用事物之间,莫不各有当行之路,是则所谓道也。修,品节之也。性道虽同,而气禀或异,故不能无过不及之差,圣人因人物之所当行者而品节之,以为法于天下,则谓之教,若礼乐刑政之属是也。

今译:人们禀受天赋的理叫做性,遵循各自的本性行事叫做道,把道加以修明并用来制约和教育人们叫做教。

道也者,不可须臾离也,可离非道也。是故君子戒慎乎其所不睹,恐惧乎其

所不闻,莫见乎隐,莫显乎微,故君子慎其独也。

郑玄:道,犹道路也,出入动作由之,离则恶乎从也!君子虽视之无人,听之无声,犹戒慎恐惧自修正,是其不须臾离道也。慎独者,慎其闲居之所为。虽于隐微,若有觇听之者,是为显见,甚于众人之中为之。

孔颖达:人虽目不睹之处,犹且戒谨,况其恶事,睹见而肯犯乎!虽耳所不闻,犹须恐惧,况人闻之处,恐惧可知也!谨其独者,谨其独居,虽独居,能谨畏守道也。

吕大临:此章明道之要,不可不诚。道之在我,犹饮食居处之不可去,可去皆外物也。诚以为己,故不欺其心。人心至灵,一萌于思,善与不善莫不知之。他人虽明,有所不与也。故"慎其独"者,知为己而已。

道之为言,犹道路也。凡可行而无不达,皆可谓之道也。成象之谓乾,效法之谓坤。天立是理,地以效之,况于人乎?故人效法于天,不越顺性命之理而已。率性之谓道,则四端之在我者、人伦之在彼者,皆吾性命之理受乎天地之中,所以立人之道,"不可须臾离也"。绝类离伦,无意乎君臣父子者,过而离乎此者也;贼恩害义,不知有君臣父子者,不及而离乎此者也。虽过不及有差,而皆不可以行于世,故曰"可离非道也"。非道者,非天地之中而已,非天地之中而自谓有道,惑也。

朱熹:道者,日用事物当行之理,皆性之德而具于心,无物不有,无时不然,所以不可须臾离也。若其可离,则为外物而非道矣。是以君子之心常存敬畏,虽不见闻,亦不敢忽,所以存天理之本然,而不使离于须臾之顷也。隐,暗处也。微,细事也。独者,人所不知而己所独知之地也。言幽暗之中,细微之事,迹虽未形而几则已动,人虽不知而己独知之,则是天下之事无有著见明显而过于此者。是以君子既常戒惧,而于此尤加谨焉,所以遏人欲于将萌,而不使其滋长于隐微之中,以至离道之远也。

今译:道,是时刻不能离开的,如果可以离开,就不是道了。所以君子即使在大家看不到的地方也谨慎检点,不敢疏忽,在大家听不到的地方,也恐慌惧怕,不敢怠惰。

喜、怒、哀、乐之未发,谓之中,发而皆中节,谓之和。中也者,天下之大本也;和也者,天下之达道也。致中和,天地位焉,万物育焉。

郑玄:致,行之至也;位,犹正也;育,生也,长也。

孔颖达：喜怒哀乐缘事而生,未发之时,澹然虚静、心无所虑而当于理,故谓之中。喜怒哀乐虽复动,发皆中节限,犹如盐梅相得、性行谐和,故谓之和。情欲未发,是人性之初本,故曰"大本"。情欲虽发,而能和合,道理可通达流行,故曰"达道"。"致中和"言人君能致极中和,使阴阳不错,则天地得其正位;生成得理,故万物得其养育。

吕大临：此章明命中和,及言其效。情之未发,乃其本心,元无过与不及,所谓"物皆然,心为甚",所取准则以为中者,本心而已。由是而出,无有不合,故谓之"和"。非中不立,非和不行,所出所由,未尝离此大本根也。"达道",众所出入之道。极吾中以尽天地之中,极吾和以尽天地之和,天地以此立,化育亦以此行。

朱熹：喜怒哀乐,情也;其未发,则性也。无所偏倚,故谓之中;发皆中节,情之正也,无所乖戾,故谓之和。大本者,天命之性,天下之理皆由此出,道之体也;达道者,循性之谓,天下古今之所共由,道之用也。此言性情之德,以明道不可离之意。致,推而极之也。位者,安其所也。育者,遂其生也。自戒惧而约之,以至于至静之中,无少偏倚而其守不失,则极其中而天地位矣。自谨独而精之,以至于应物之处,无少差缪而无适不然,则极其和而万物育矣。盖天地万物本吾一体,吾之心正则天地之心亦正矣,吾之气顺则天地之气亦顺矣,故其效验至于如此。此学问之极功,圣人之能事,初非有待于外,而修道之教亦在其中矣。是其一体一用虽有动静之殊,然必其体立而后用有以行,则其实亦非有两事也。

今译：喜欢、愤怒、悲哀、快乐各种感情还没有向外表露的时候,是不偏不倚的,叫做中;向外表露的时候,没有太过和不及,都能合着自然的理叫做和。中,是天下人们的大根本;和,是天下人们共同要走的路。君子的省察功夫达到尽善尽美的中和境界,那么,天地由此而运行不息,万物由此而生生不已。

仲尼曰：君子中庸,小人反中庸。君子之中庸也,君子而时中。小人之中庸也,小人而无忌惮也。

郑玄：庸,常也,用中为常道也。反中庸者,所行非中庸,然亦自以为中庸也。

孔颖达：自此至"不行矣夫"一节,子思引仲尼之言,广明中庸之行。

张横渠："时中"之义甚大,须精义入神始得。观其会通,行其典礼,此方是真义理也。行其典礼而不达会通,则有非时中者矣。君子要多识前言往行以畜其德者,以其看前言往行,孰则自能见得时中。

吕大临:此章言中庸之用。"时中",当其可而已,犹冬饮汤、夏饮水之谓。"无忌惮",所以无取则也。不中不常,妄行而已。

朱熹:中庸者,不偏不倚、无过不及而平常之理,乃天命所当然、精微之极致也。惟君子为能体之,小人反是。君子之所以为中庸者,以其有君子之德,而又能随时以处中也;小人之所以反中庸者,以其有小人之心,而又无所忌惮也。盖中无定体,随时而在,是乃平常之理也。君子知其在我,故能戒谨不睹、恐惧不闻,而无时不中;小人不知有此,则肆欲妄行,而无所忌惮矣。

今译:仲尼说:"君子做事能够符合中庸的道理,小人的所作所为完全违背中庸的道理。为什么这样呢?君子对于中庸的理能时时省察,做到随时而异,适中不偏。小人对于中庸的理,任性妄为,肆无忌惮。"

子曰:中庸其至矣乎! 民鲜能久矣。

郑玄:鲜,罕也。言中庸为道至美,顾人罕能久行。

孔颖达:叹中庸之美,人寡能久行,其中庸之德至极美乎!

吕大临:人莫不能中庸,鲜能久而已。久则为贤人,不息则为圣人。

朱熹:过则失中,不及则未至,故惟中庸之德为至;然亦人所同得,初无难事,但世教衰,民不兴行,故鲜能之,今已久矣。

今译:孔子说:"中庸的道理该是最高最好的了! 可惜人们已经长久不能做到它了。"

子曰:道之不行也,我知之矣。知者过之,愚者不及也。道之不明也,我知之矣,贤者过之,不肖者不及也。人莫不饮食也,鲜能知味也。

郑玄:过与不及,使道不行,唯礼能为之中。

孔颖达:道之不行为易,故智者过之,愚者不及;道之不明为难,故贤者过之,不肖者不及。变知为贤,变愚为不肖,是贤胜于知,不肖胜于愚也。饮食,易也;知味,难也。师旷别薪,张华辨鲊,符朗食鸡,知栖半露,食鹅知其黑白,是谓"知味"。

吕大临:此章言失中之害。必知其所以然,然后道行;必可常行,然后道明。知之过,无征而不适用;不及,则卑陋不足为,是取不行之道也。行之过,不与众共;不及,则无以异于众,是不明之因也。行之不著,习矣不察,是皆饮食而不知味者。如此而望道之行,难矣夫!

朱熹:道者,天理之当然,中而已矣。知、愚、贤、不肖之过不及,则生禀之异,而失其中也。知者知之过,既以道为不足行;愚者不及知,又不知所以行,此道之所以常不行也。贤者行之过,既以道为不足知;不肖者不及行,又不求所以知,此道之所以常不明也。道不可离,人自不察,是以有过不及之弊。

今译:孔子说:"中庸的道理不能流行于世,我知道原因了,聪明的人常常超过中道,愚昧的人常常达不到中道;中庸的道理不能著明于世,我知道原因了,贤能的人常常超过中道,不贤的人常常达不到中道。譬如人没有不吃饭喝水的,由于习以为常,所以很少能辨别饮食的滋味了。"

子曰:道其不行矣夫!

郑玄:闵无明君教之。

孔颖达:夫子既伤道之不行,又哀闵伤之,云时无明君,其道不复行也。

朱熹:由不明,故不行。

今译:孔子说:"中庸的道理恐怕不能在世上实行啊!"

子曰:舜其大知也与! 舜好问而好察迩言,隐恶而扬善,执其两端,用其中于民,其斯以为舜乎!

郑玄:迩,近也。两端,过与不及也。用其中于民,贤与不肖皆能行之也。

孔颖达:此一经明舜能行中庸之行,先察近言而后至于中庸也。端谓头绪。执持愚知两端,用其中道于民,愚知俱能行之。

张横渠:今人所以不及古人之因,此非难悟。设此语者,盖欲学者存意之不忘,庶游心寝孰,有一日脱然如大寐之得醒耳。舜之心未尝去道,故好察迩言。昧者日用不知,口诵圣言而不知察,况迩言! 一释则弃,犹草芥之不足珍也。试更思此说。推舜与昧者之分、寐与醒之所以异,无忽鄙言之迩也。只是要博学,学愈博则义愈精微。舜好问好察迩言,皆所以尽精微也。

吕大临:舜之知所以为大者,乐取诸人以为善而已。"好问而好察迩言,隐恶而扬善",皆乐取诸人者也。"两端",过与不及也。"执其两端",乃所以用其时中,犹持权衡而称物轻重,皆得其平。故舜之所以为舜,取诸人,用诸民,皆以能执两端不失中也。

朱熹：舜之所以为大知者，以其不自用而取诸人也。迩言者，浅近之言，犹必察焉，则无遗善可知；然于其言之未善者则隐而不宣，其善者则播而不匿，其广大光明又如此，则人孰不乐告以善哉。两端，谓众论不同之极致。盖凡物皆有两端，如大小厚薄之类。于善之中，又执其两端而量度以取中，然后用之，则其择之审而行之至矣。然非在我之权度精切不差，何以与此？此知之所以无过不及，而道之所以行也。

今译：孔子说："舜大概算得上是大智的人了！他能虚心地向人请教，即使浅近的话也必认真体察。听到不合理的恶言便隐藏起来，听到合理的善言便加以宣扬。他能把握事物的两个极端，而用中道施与老百姓。由于舜能吸收天下人的智慧变成自己的智慧，所以舜就能成其为舜了。"

子曰：人皆曰予知，驱而纳诸罟擭陷阱之中，而莫之知辟也。人皆曰予知，择乎中庸而不能期月守也。

郑玄：予，我也。言凡人自谓有知，人使之入罟，不知辟也；自谓择乎中庸而为之，亦不能久行，言其实愚又无恒。

孔颖达：此一经明无知之人行中庸之事。①罟，网也；擭，谓柞椻也。陷阱，谓坑也，穿地为坎，竖锋刃于中以陷兽也。言禽兽被人所驱，纳于罟擭陷阱之中而不知违辟，似无知之人为嗜欲所驱，入罪祸之中而不知辟也。

朱熹：罟，网也；擭，机栏也；陷阱，坑坎也；皆所以掩取禽兽者也。择乎中庸，辨别众理，以求所谓中庸，即上章好问用中之事也。期月，匝一月也。言知祸而不知辟，以况能择而不能守，皆不得为知也。

今译：孔子说："人们都说：'我是明智的'，但是如果将他驱赶到祸机四伏的罗网、木笼或陷阱中去，而不知道如何躲避。人们都说：'我是明智的'，但是选择了中庸之道，却不能谨守一个月的时间。"

子曰：回之为人也，择乎中庸，得一善，则拳拳服膺而弗失之矣。

郑玄：拳拳，奉持之貌。

孔颖达：此一节明颜回能行中庸。膺，谓胸膺。言奉持善道，弗敢弃失。

张横渠：知德以大中为极，可谓知至矣。择中庸而固执之，乃至之之渐也。

---

① "行中庸之事"五字原脱，据《礼记正义》清《十三经注疏》嘉庆刊本补。

唯学然后能勉,能勉然后日进无疆,而不息可期矣。

吕大临:自"仁皆曰予知"以下,中庸之可守,人莫不知之,鲜能蹈之,恶在其为知也欤? 唯颜子之择中庸而能守之,此所以为颜子也。众人之不能期月守,闻见之知,非心知也。颜子服膺而弗失,心知而已,此所以与众人异。

朱熹:拳拳,奉持之貌。服,犹著也。膺,胸也。奉持而著之心胸之间,言能守也。颜子盖真知之,故能择能守如此。此行之所以无过不及,而道之所以明也。

今译:孔子说:"颜回做人处事,能审察选择中庸,如果领悟到中庸的一个道理,就牢记在心,不让它失去了。"

子曰:天下国家可均也,爵禄可辞也,白刃可蹈也,中庸不可能也。

郑玄:言中庸为之难。

孔颖达:此节言中庸之难。天下,谓天子。国,谓诸侯。家,谓卿大夫。白刃虽利,尚可履蹈而行之。在上诸事,虽难犹可为之,唯中庸之道,不可能也。为知者过之,愚者不及,言中庸难为之难。[①]

吕大临:此章言中庸之难也。"均"之为言,平治也。《周官》冢宰"均邦国",平治之谓也。平治乎天下国家,知者之所能也;让千乘之国,辞万钟之禄,廉者之所能也;犯难致命,死而无悔,勇者之所能也。三者,世之所难也,然有志者率皆能之。中庸者,世之所谓易也,然非圣人,其孰能之? 唯其以为易,故以为不足学而不察,以为不足行而不守,此道之所以不行也。

朱熹:三者亦知仁勇之事,天下之至难也,然不必其合于中庸,故质之近似者皆能以力为之。若中庸,则虽不必如三者之难,然非义精仁熟而无一毫人欲之私者,不能及也。三者难而易,中庸易而难,此民之所以鲜能也。

今译:孔子说:"天下国家是可以平定治理的,爵位和俸禄是可以推辞的,利刃是可以踩踏的,但中庸是很难做到的。"

子路问强。子曰:南方之强与? 北方之强与? 抑而强与? 宽柔以教,不报无道,南方之强也,君子居之。衽金革,死而不厌,北方之强也,而强者居之。故君子和而不流,强哉矫! 中立而不倚,强哉矫! 国有道,不变塞焉,强哉矫! 国

---

① 自"白"下,四十七字,据《礼记正义》补。

无道,至死不变,强哉矫!

郑玄:强,勇者所好也。言三者所以为强者,异也。"抑而强与":"抑",辞也;"而"之言"女"也,谓中国也。南方以舒缓为强,"不报无道"谓犯而不校也。北方以刚猛为强。"衽"犹席也。"流"犹移也。"塞"犹实也。国有道,不变以趋时;国无道,不变以辟祸,有道、无道一也。矫,强貌。

孔颖达:此一节子路见孔子美颜回能择中庸,故问如己之强,亦兼有中庸否?南方,谓荆扬之南。其地多阳,阳气舒散,人情宽缓和柔,和柔为君子之道,故云君子居之。北方,沙漠之地。其地多阴,阴气坚急,故人性刚猛,恒好斗争,故以甲铠为席,寝宿于中,至死不厌,非君子所处,而强梁者居之。惟云南北、不云东西者,南北互举,与东西俗同也。矫者,壮大之形,故郑云:"强,貌也。"塞者,守直不变,德行充实也。

吕大临:此章言强之中也。南方之强,不及乎强者也。北方之强,过乎强者也。而强者,汝之所当强者也。南方,中国。北方,狄也。以北对南,故中国所以言南方也。南方虽不及强,然"犯而不校",未害为君子。北方则过于强,尚力用强,故止为强者而已,未及君子之中也。得君子之中,乃汝之所当强也。柔而立,宽而栗,故能"和而不流"。刚而寡欲,故能"中立而不倚"。"富贵不能淫",故"国有道,不变塞焉"。"贫贱不能移,威武不能屈",故"国无道,至死不变"。是皆以己之强,力矫其偏,以就中者也。夫矫之为言,犹揉木也。木之性能曲能直,将使成材而为器,故曲者、直者皆在所矫,故皆曰"强哉矫"。不羞污君,不辞小官,与乡人处,由由然不忍去,虽袒裼裸裎于我侧,尔焉能浼我哉?其和而不流者欤!非其君不事、非其民不使,与夫独立不惧、遁世无闷者,其中立而不倚者欤!塞,未达也。君子达不离道,故当天下有道,其身必达,不变未达之所守,所谓"不变塞焉"者也。

朱熹:子路好勇,故问强。宽柔以教,谓含容巽顺以诲人之不及也。不报无道,谓横逆之来,直受之而不报也。南方风气柔弱,故以含忍之力胜人为强,君子之道也。衽,席也。金,戈兵之属。革,甲胄之属。北方风气刚劲,故以果敢之力胜人为强,强者之事也。矫,强貌,《诗》曰"矫矫虎臣"是也。倚,偏著也。塞,未达也。国有道,不变未达之所守;国无道,不变平生之所守。此则所谓中庸之不可能者,非有以自胜其人欲之私,不能择而守也。君子之强,孰大于是?夫子以是告子路者,所以抑其血气之刚,而进之以德义之勇也。

今译:子路问孔子:"怎样才算是强呢?"孔子回答说:"你问的是南方的强

呢,还是北方的强呢? 或者是你自己的强呢? 用宽容柔顺的方法教化人,不报复对自己蛮横无理的人,这是南方的强。君子拿这种忠厚、容忍的道来指导自己的行动。用武器甲胄当卧席,即使战死也毫不惧怕,这是北方的强。北方的强者拿这种强力胜人的道来指导自己的行动。所以君子对大家和蔼可亲而又不失之于流俗,岂不可算是矫强吗? 中立而不偏倚,岂不可算是矫强吗? 处在国家政治清明的时候,不改变显达以前的操守,岂不可算是矫强吗? 处在国家政治黑暗的时候,至死不变平生的志愿,岂不可算是矫强吗?"

子曰:素隐行怪,后世有述焉,吾弗为之矣。君子遵道而行,半涂而废,吾弗能已矣。君子依乎中庸,遁世不见知而不悔,唯圣者能之。

郑玄:素,读如傃,乡也,言方乡辟害隐身,而行诡谲以作后世之名。身虽遁世而名欲彰也,弗为之矣,耻之也。废,犹罢止也。"弗能已矣":汲汲行道,不为时人之隐行。

孔颖达:自此至察乎天地一节,论夫子虽隐遁之世,亦行中庸。又明中庸之道起于匹夫匹妇,终则遍于天地。"素隐行怪,后世有述焉",谓身虽隐遁,而名欲彰也。

吕大临:此章论行之所以求乎中也。"素隐行怪",未当行而行之,行之过者也。"半涂而废",当行而不行,行之不及者也。"素",读如"傃乡"之"傃",犹"素其位"之"素"也。君子之学,方乡乎隐,则隐而未见,行而未成,"潜龙"所以"勿用"也,然其志嘐嘐然曰:"古之人! 古之人!"夷考其行而不掩,则怪者也。君子之学,方遵道而行,不勉则不中,不思则不得,进德修业,所以欲及时也。然莫之御而不为,力非不足而画焉,则自已者也。怪者,君子之所不为也。已者,君子之所不能也。不为其所过,不已其所不及,此所以"依乎中庸",自信而不悔也。依,与违对者也。依于仁则不违于仁,依乎中庸则不可须臾离也。圣人择天下之善,知天下之本不出乎中庸,反之于心而悦,行之于己而安,考之于理而不谬,合之先王而不违,措之天下国家而可行,则将自信而不疑,独立而不惧,举世非之而不悔,非知道之至,乌能及是哉?

朱熹:索隐行怪,言深求隐僻之理,而过为诡异之行也。然以其足以欺世而盗名,故后世或有称述之者。此知之过而不择乎善,行之过而不用其中,不当强而强者也,圣人岂为之哉! 遵道而行,则能择乎善矣;半涂而废,则力之不足也。此其知虽足以及之,而行有不逮,当强而不强者也。已,止也。圣人于此非勉焉而不敢废,盖至诚无息,自有所不能止也。不为索隐行怪,则依乎中庸而已。不能半涂而废,是以遁世不见知而不悔也。此中庸之成德,知之尽、仁之至、不赖勇而裕如者,正吾夫子之事而犹不自居也,故曰"惟圣者能之"而已。

今译:孔子说:"现在有一种人,喜欢追求隐僻不正的道理,好做奇异怪诞的事情。由于能欺世盗名,所以后代还有赞许这种言行的人。我是不做这种事的。君子遵照中庸的大道行事,有人却做到半途竟然废止,我是绝不肯在半途停止的。君子依照中庸的道理去做,假使终身不被世人所了解,也绝不懊悔,只有圣人才能够这样做。"

君子之道费而隐。夫妇之愚,可以与知焉,及其至也,虽圣人亦有所不知焉;夫妇之不肖,可以能行焉,及其至也,虽圣人亦有所不能焉。天地之大也,人犹有所憾。故君子语大,天下莫能载焉;语小,天下莫能破焉。《诗》云:"鸢飞戾天,鱼跃于渊。"言其上下察也。君子之道,造端乎夫妇;及其至也,察乎天地。

郑玄:"与",读如"赞者皆与"之"与"。"憾",恨也。天地至大,无不覆载,人尚有所恨,况于圣人,能尽备之乎?"语",犹说也。所说大事,谓先王之道;所说小事,谓若愚不肖夫妇之知行也。"察",犹著也。言圣人之德至于天则"鸢飞戾天",至于地则"鱼跃于渊",是其著明于天地也。

孔颖达:"赞者皆与",《冠礼》文。天地如冬寒夏暑,人犹有怨。"莫能载"者,天下之人无能胜载之者;"莫能破"者,言似秋毫不可分破也。圣人之德上至于天,则"鸢飞戾天",是翱翔得所;下至于地,则"鱼跃于渊",是游泳得所。言圣人之德,上下明察。此《大雅·旱麓》美文王之诗。今文"鸢飞"喻恶人远去,"鱼跃"喻善人得所。此引断章,与《诗》义殊。君子行道,初始造立端绪,起于匹夫匹妇所知所行,及其至极之时,明察于上下天地也。

张横渠:"君子之道费而隐":费,日用;隐,不知也。匹夫匹妇可以与知与行,是人所常用,故曰费;及其至也,虽圣人有所不知不能,是隐也。圣人若夷、惠之徒,亦未知君子之道;若知君子之道,亦不入于偏。君子之道达诸天,故圣人有所不能;夫妇之知淆诸物,故圣人有所不与。

吕大临:此章言常道之终始。"费",用之广也;"隐",微密也。费则常道,隐则至道。唯能尽常道,乃所以为至道。天地之大,亦有所不能,故人犹有憾,况圣人乎?天地之大,犹有憾,语大者也。有憾于天地,则大于天地矣,此所以"天下莫能载"。愚不肖之夫妇所常行,语小者也。愚不肖所常行,虽圣人亦有不可废,此所谓"天下莫能破"。上至乎天地所不能,下至于愚不肖之所能,则至道备矣。自夫妇之能,至察乎天地,则常道尽矣。

朱熹:此第十二章,子思之言,盖以申明首章"道不可离"之意也。其下八章,杂引孔子之言以明之。费,用之广也。隐,体之微也。君子之道,近自夫妇居室之间,远而至于圣人天地之所不能尽,其大无外,其小无内,可谓费矣。然其理之所以然,则隐而莫之见也。盖可知可能者,道中之一事;及其至,而圣人不知不能,则举全体而言,圣人固有所不能尽也。人所憾于天地,如覆载生成之偏,及寒暑灾祥之不得其正者。鸢,鸱类。戾,至也。察,著也。子思引此诗以明化育流行,上下昭著,莫非此理之用,所谓费也。然其所以然者,则非见闻所及,所谓隐也。

今译:君子中庸的道理,其效用广大无涯,无穷无尽,其本体却极其微小,无处不有。夫妇中即使愚笨的人,一般也可以知道中庸的一些浅近的道理。但推究中庸之道到达精微深奥处,即使圣人也有不知道的地方。夫妇中即使不贤的人,一般也可以实行中庸的一些浅近的道理,但推究中庸之道到达精微深奥处,即使圣人也有做不到的地方。天地是如此的广大,但人们对天地还有不满意的地方。所以君子对于中庸的道理,说到它的大处,天下不能载得起它;说到它的小处,天下不能看破它。《诗经·大雅·旱麓篇》说:"老鹰冲翅飞翔到天的最高处,鱼儿跳跃到水的最深处。"这句诗主要说明中庸之道上达于高天,下及于深渊,显明昭著,弥漫充塞,无处不在,无所不包。君子中庸得道理,是从夫妇之间得浅近道理开始的,但推究到精微深奥处,就能明察天地上下一切事物了。

子曰:道不远人,人之为道而远人,不可以为道。《诗》云:"伐柯伐柯,其则不远。"执柯以伐柯,睨而视之,犹以为远。故君子以人治人,改而止。忠恕违道不远,施诸己而不愿,亦勿施于人。君子之道四,丘未能一焉:所求乎子以事父,未能也;所求乎臣以事君,未能也;所求乎弟以事兄,未能也;所求乎朋友先施之,未能也。庸德之行,庸言之谨,有所不足不敢不勉,有余不敢尽,言顾行,行顾言,君子胡不慥慥尔!

郑玄:则,法也。言持柯伐木,将以为柯近,以柯为尺寸之法也。人有过,君子以人道治之,其人改则止赦之,不责以人所不能也。违,犹去也。圣人而曰我未能一焉,明人当勉之无已。庸,犹常也。德常行也,言常谨也。慥慥乎,笃实言行相应之貌。

孔颖达：自此至"徼幸"一节，明中庸之道去人不远，但行于己则能及物。所引诗，《豳风·伐柯》之篇。柯，斧柄也。《周礼》云："柯长三尺，博三寸。"柯柄长短，其法不远，人犹以为远，明为道不可以远也。"所求乎子"以下四者，言欲求之于他人，必先行之于己，欲求乎子以孝道事己，须以孝道事父母。夫子，圣人，犹曰我未能，凡人当勉之无已。又譬如己为诸侯，欲求于人以忠事己，己当先忠于天子；欲求朋友以恩惠施己，则己当先施恩惠也。

张横渠：所求乎君子之道四，是实未能。道何尝有尽？圣人，人也，人则有限，是诚不能尽道也。圣人之心，则直欲尽道，事则安能得尽？如博施济众，尧舜实病诸。尧舜之心，其施直欲至于无穷，方为博施，然安得若是？修己以安百姓，是亦尧舜实病之，欲得人人如此，然安得人人如此？

吕大临：此章言治己治人之常道也。"苟非其人，道不虚行"。"人能弘道，非道弘人"。故道虽本于天，行之者在人而已。妙道精义，常存乎君臣、父子、夫妇、朋友之间，不离乎交际、酬酢、应对之末，皆人心之所同然，未有不出于天者也。若绝乎人伦，外乎世务，穷其所不可知，议其所不可及，则有天人之分、内外之别，非所谓大而无外，一以贯之，安在其为道也与？柯，斧之柄也而求柯于木，其尺度之则，固不远矣。然柯犹在外，"睨而视之"，始得其则。若夫治己治人之道，于己取之，不必睨视之劳，而自得于此矣；故圣子推是心也，其治众人也，以众人之道而已：以众人之所及知，责其所知以众人之所能行责其所行，改而后止，不厚望也。其爱人也，以忠恕而已。忠者，诚有是心而不自欺。恕者，推待己之心以及人者也。忠恕不可谓之道，而道非忠恕不行，此所以言"违道不远"，孔子谓"吾一以贯之"者也。其治己也，以求乎人者及于吾身。事父、事君、事兄、先施之朋友，皆众人之所能尽，人伦之至，通乎神明，光于四海。有性焉，君子不谓之命，则虽圣人亦自谓未能，此舜所以尽事亲之道，必至"瞽瞍底豫"者也。故君子责己、责人、爱人有三术焉：以责人之心责己则尽道，所谓"君子之道四，丘未能一焉"者也；以爱己之心爱人则尽仁，所谓"施诸己而不愿，亦勿施于人"者也；以众人望人则易从，所谓"以人治人，改而止"者也。庸者，常道也。事父孝、事君忠、事兄弟、交朋友信，庸德也，必行而已。有问有答，有唱有和，不越乎此者，庸言也，无易而已。不足而不勉，则德有止而不进；有余而尽之，则道难继而不行。无是行也，不敢苟言以自欺，故"言顾行"；有是言也，不敢不行而自弃，故"行顾言"。言行相顾，知造乎诚实以自信，此君子所以"慥慥"，造乎诚实之谓也。

朱熹:睨,邪视也。言人执柯伐木以为柯者,彼柯长短之法,在此柯耳;然犹有彼此之别,故伐者视之犹以为远也。若以人治人,则所以为人之道,各在当人之身,初无彼此之别。故君子之治人也,即以其人之道还治其人之身,其人能改即止不治。盖责之以其所能知能行,非欲其远人以为道也,张子所谓“以众人望人,则易从”是也。尽己之心为忠,推己及人为恕。“违道不远”言自此至彼,相去不远,非背而去之之谓也。道即其不远人者是也。施诸己而不愿,亦勿施于人,忠恕之事也。以己之心度人之心,未尝不同,则道之不远于人者可见。故己之所不欲,则勿以施之于人,亦不远人以为道之事,张子所谓“以爱己之心爱人,则尽仁”是也。子、臣、弟、友,四字绝句。求,犹责也。道不远人,凡己之所以责人者,皆道之所当然也,故反之以自责而自修焉。庸,平常也。行者,践其实。谨者,择其可。德不足而勉,则行益力;言有余而切,则谨益至。谨之至则言顾行矣,行之力则行顾言矣。慥慥,笃实貌。言君子之言行如此,岂不慥慥乎!赞美之也。凡此,皆不远人以为道之事,张子所谓“以责人之心责己,则尽道”是也。道不远人者,夫妇所能;丘未能一者,圣人所不能,皆费也。而其所以然者,则至隐存焉。

今译:孔子说:“道存在于人们之间,并不远离大家。但有人修道却故作高深,使中庸之道日益与大家远离,那就不可以称做修中庸之道了。《诗经·豳风·伐柯》篇说:‘有一个人拿着斧头去砍树干来做斧柄,照那旧斧柄做新斧柄的方法就在眼前。’但是拿着旧斧柄去砍树干做新斧柄,由于没有用旧斧柄的尺寸,所以斜着眼睛看去,觉得两者相差甚远。这个比喻说明,君子治人的方法,就是用人的良知良能,去启发人的思想,以其人之道还治其人之身,如果提高认识,痛改前非,就停止进行。能够做到忠和恕,那就离中庸之道不远了。如果加在自己身上是自己所不愿意接受的东西,由此推想到别人,也就不能强加在别人身上。君子的道理有四条,我孔丘一条也不能做到:第一,我要求做儿子的应该尽孝道,但反求我自己侍奉父母却不能尽孝道。第二,我要求做臣子的应该尽忠心,但反求我自己奉事君主却没有尽忠心。第三,我要求做弟弟的应该恭敬,但反求我自己服侍兄长却没有做到恭敬。第四,我要求做朋友的应该要有信实,但反求我自己却没有能先对朋友做到信实不欺。平常的道德,要着力实行,平常的语言,要谨慎地说。所言所行或有不足之处,不敢不尽力奋勉,所言所行或尚有余力,也不敢说尽做绝,要留有余地。口里讲的话,要顾到身体所行的事;身体所行的事,要顾到口里讲的话。如果言行一致,岂不可称是忠厚笃实的君子吗!"

君子素其位而行,不愿乎其外。素富贵行乎富贵,素贫贱行乎贫贱,素夷狄行乎夷狄,素患难行乎患难:君子无入而不自得焉。在上位不陵下,在下位不援上,正己而不求于人则无怨:上不怨天,下不尤人。故君子居易以俟命,小人行险以侥幸。子曰:"射有似乎君子:失诸正鹄,反求诸其身。"

郑玄:援,谓牵持之也。无怨,人无怨之者也。易,犹平安也。俟命,听天任命也。险,谓倾危之道。反求于其身,不以怨人。画布曰正。栖皮曰鹄。

孔颖达:素,乡也。乡其所居之位,而行所行之事,不愿行在位外之事。乡富贵之中,行道于富贵,谓不骄、不淫也;乡贫贱之中,行道于贫贱,谓不谄、不慑也;行乎夷狄,谓夷狄虽陋,亦随其俗守道不改;行乎患难,谓临危不倾,守死不变。无入而不自得者,言君子所入之处,皆守善道。在上位不陵下,此素富贵行富贵也。在下位不援上,此素贫贱行贫贱也。身处贫贱则安之,宜令自乐,不得援牵富贵者。"正己而不求于人,则无怨",此素夷狄行夷狄也。若入夷狄,当自正己而行,不求于彼人,则彼人无怨己者。"上不怨天,下不尤人",此素患难行患难也。"尤",过责也。"易",平安也。言君子以道自处,常居平安之中,以听待天命也。小人以恶自居,常行险难倾危之事,以徼求荣达之道也。"正",谓宾射之侯;"鹄"谓大射之侯。

张横渠:责己者当知,无天下国家皆非之理,故学至于不尤人,学之至也。

吕大临:达则兼善天下,得志则泽加于民,素富贵行乎富贵者也,不骄、不淫不足以道之也。穷则独善其身,不得志则修身见于世,"素贫贱行乎贫贱"者也,不谄不慑不足以道之也。"言忠信,行笃敬,虽蛮貊之邦行矣","素夷狄行乎夷狄"者也。文王内文明而外柔顺,以蒙大难,箕子内难而能正其志,"素患难行乎患难"者也。爱人不亲反其仁,治人不治反其智,此在上位所以不陵下也。彼以其富,我以吾仁;彼以其爵,我以吾义,吾何慑乎哉?此在下位所以不援上也。陵下不从则罪其下,援上不得则非其上,是所谓"尤人"者也。庸德之行,庸言之谨,"居易"者也。国有道,不变塞焉;国无道,至死不变,心逸日休。行其所无事,如子从父命,无所往而不受,"俟命"者也。若夫行险以徼一旦之幸,得之则贪为己力,不得则不能反躬,是所谓"怨天"者也。故君子正己而不求于人,如射而已,射之不中,由吾巧之不至也。故失诸正鹄者,未有不反求诸身,则德之不进,岂吾忧哉?

朱熹：此第十四章。子思之言也。凡章首无"子曰"字者，放此。素，犹见在也。言君子但因见在所居之位，而为其所当为，无慕乎其外之心也。"素富贵"以下，言素其位而行；"在上位"以下，言不愿乎其外也。居易，素位而行也；易，平地也。俟命，不愿乎其外也。徼，求也。幸，谓所不当得而得者。画布曰正，栖皮曰鹄，皆侯之中、射之的也。子思引此孔子之言，以结上文之意。

今译：君子安心于现在的地位，做本分的事，不存分外之想。向来身处富贵的地位，就行富贵的道理；向来身处贫贱的地位，就行贫贱的道理；向来身处夷狄的地位，就行夷狄的道理；向来身处患难的地位，就行患难的道理。君子没有一处不悠然自得、自乐而安于其位的。君子身处上位的时候，不作威作福，欺凌下面的人；身处下位的时候，不钻营攀附，乞求上面人的奥援。只求端正自身而不乞求于人，那么心中泰然而无怨恨，上不怨恨苍天，下不责怪别人。所以君子安分守己，等待天命的安排，而小人专做冒险的事情，想侥幸得到不应得的好处。孔子说："射箭的事情，好像同君子修道一样。箭没有射到箭靶的中心，应该反责自己用心不专，立身不正，不能怨恨别人。"

君子之道，辟如行远必自迩，辟如登高必自卑。《诗》曰："妻子好合，如鼓瑟琴。兄弟既翕，和乐且耽。宜尔室家，乐尔妻帑。"子曰："父母其顺矣乎！"

郑玄：自，从也。迩，近也。行之以近者、卑者，始，以渐致之高、远。瑟琴，声相应和。翕，和也。耽，亦乐也。古者谓子孙曰"帑"。此诗言和室家之道自近者始。

孔颖达：自"射有似乎君子"至此"其顺矣乎"为一节，复明行道在身之事，以射譬之。所引《诗·小雅·常棣》之篇，美文王之诗。

吕大临：不得乎亲，不可以为人；不顺乎亲，不可以为子。故君子之道莫大乎孝，孝之本莫大乎顺父母。故仁人孝子欲顺亲，必先乎妻子不失其好，兄弟不失其和，室家宜之，妻帑乐之，致家道成，然后可以养父母之志而无违也。"行远""登高"者，谓孝莫大于顺其亲者也。"自迩""自卑"者，谓本乎妻子兄弟者也。故身不行道，不行于妻子。文王"刑于寡妻，至于兄弟"，则治家之道必自妻子始。

朱熹：父母其顺矣乎。则顺父母自妻子始，登高自卑之辟也。次第十五章。辟譬同。夫子诵此诗而赞之曰：人能和于妻子、宜于兄弟，如此，则父母其安乐之矣。子思引诗及此语，以明行远自迩、登高自卑之意。

今译：君子修道由浅入深，譬如到远方去，一定先从近处启程；譬如登到高处去，一定先从低处起步。《诗经·小雅·棠棣篇》说："和妻子儿女感情融洽，好像弹琴鼓瑟一样节奏和美。与兄弟友爱和合，浸沉在快乐之中。全家非常和睦，妻子儿女都非常欢乐。"孔子说："一家人如此欢乐，做父母的就自然舒心了。"

子曰：鬼神之为德，其盛矣乎！视之而弗见，听之而弗闻，体物而不可遗，使天下之人齐明盛服，以承祭祀，洋洋乎如在其上，如在其左右。《诗》曰："神之格思，不可度思，矧可射思！"夫微之显，诚之不可揜如此夫！

郑玄："齐明"：明，犹洁也。洋洋，人想思其傍僾之貌。格，来也。矧，况也。射，厌也。思，声之助。言神之来，形象不可亿度而知，事之尽敬而已，况可厌倦乎！"微之显，诚之不可掩"，言神无形而著，不言而诚。

孔颖达：此一节明鬼神之道无形而能显著诚信。中庸之道与鬼神之道相似，亦从微至著、不言而自诚也。"齐明盛服"，齐戒明洁、盛饰衣服，以承祭祀也。鬼神之情状，人想像之，如在人之上，如在人之左右。所引《诗·大雅·抑》之篇，言神之来至，以其无形不可度知，常须恭敬，况于祭祀，可厌倦乎？"微之显"者，鬼神之状微昧不明，而精灵与人为吉凶，是从微之显也。"诚之不可掩"者，鬼神诚信不可掩蔽，善者必降以福，恶者必降以祸。"如此夫"者，此诗人所云，何可厌倦？此鬼神，即《易·系辞》"知鬼神之情状，与天地相似"，以能生万物也。彼注云："木火之神生物，金水之鬼终物。"彼以春夏对秋冬，故以春夏生物、秋冬终物，其实鬼神皆能生物、终物也，故此云"体物而不可遗"。此虽说阴阳鬼神，人之鬼神亦附阴阳之鬼神，故此云"齐明盛服，以承祭祀"，是兼人之鬼神也。

张横渠：鬼神者，二气之良能也。凡可状皆有也，凡有皆象也，凡象皆气也。气之性本虚而神，则神与性乃气所固有，此鬼神所以体物而不可遗也。

吕大临：此章论诚之本。唯诚所以能中庸。神以知来，知以藏往；往者屈也，来者伸也；所屈者不亡，所伸者无息。虽无形声可求，而物物皆体，弗闻弗见，可谓微矣。然体物不遗，此之谓显。不亡不息，可谓诚矣。因感必见，此之谓"不可掩"。

朱熹：此第十六章。张子以二气言，则鬼者阴之灵也，神者阳之灵也。以一气言，则至而伸者为神，反而归者为鬼，其实一物而已。为德，犹言性情功效。

鬼神无形与声,然物之终始,莫非阴阳合散之所为,是其为物之体而物之所不能遗也。其言体物,犹《易》所谓干事。齐之为言齐也,所以齐不齐而致其齐也。洋洋,流动充满之意。能使人畏敬奉承,而发见昭著如此,乃其体物而不可遗之验也。孔子曰:"其气发扬于上,为昭明焄蒿凄怆。此百物之精也,神之著也。"正谓此尔。诚者,真实无妄之谓。阴阳合散,无非实者,故其发见之不可掩如此。此前三章,以其费之小者而言;此后三章,以其费之大者而言。此一章,兼费隐、包小大而言。不见、不闻,隐也;体物如在,则亦费矣。

今译:孔子说:"鬼神行德,可说是极盛的了。鬼神的德,看它没有形迹,听它没有声音,但世间万物没有一物不是鬼神所化育,所以体察天下万物是不能遗弃鬼神的。鬼神使天下的人悚然敬畏,他们虔诚斋戒,洗净身体,穿着隆重而华丽的祭服来奉承祭祀。祭祀的时候,这些鬼神的灵气流动充满,盛大地好像在上面,又好像在左右。《诗经·大雅·抑篇》说:'鬼神来享受祭祀牲醴,在上,在下是不可揣度的,十分诚敬还恐怕有疏忽,怎么可以厌倦呢?'鬼神既看不见又听不到,十分隐微,而善赐福、恶降祸却很明显。鬼神赐福降祸的诚信不可遮掩,竟是如此啊!"

子曰:舜其大孝也与!德为圣人,尊为天子,富有四海之内,宗庙享之,子孙保之。故大德必得其位,必得其禄,必得其名,必得其寿。故天之生物,必因其材而笃焉。故栽者培之,倾者覆之。《诗》曰:"嘉乐君子,宪宪令德!宜民宜人,受禄于天;保佑命之,自天申之!"故大德者必受命。

郑玄:保,安也。名,令闻也。材,谓其质性也。笃,厚也。言善者天厚其福,恶者天厚其毒,皆由其本而为之。栽,犹殖也。培,益也。覆,败也。宪宪,兴盛之貌。保,亦安也;佑,助也。

孔颖达:此一节明中庸之德。故能富有天下,受天之命也。舜禅与禹,何言子孙保之?谓子孙承保祭祀,周时陈国是舜之后也。天之生物,随物质性而厚之。善者厚其福,舜禹是也;恶者厚其毒,桀纣是也。己德自能丰殖,天则因而培益之;无德自取倾危,天则因而覆败之。所引《诗·大雅·嘉乐》之篇,美成王之诗。嘉,善也,言成王宪宪然有令善之德。宜民,谓宜养万民;宜人,谓宜官人。故天乃保安佑助,命为天子,又申重福之。《记》者引证"大德必受命"之义。《诗》本文"宪宪"为"显显"。

张横渠:德不胜气,性命于气;德胜其气,性命于德。穷理尽性,则性命于天。命天德。气之不可变者,独死生修夭而已。故论死生则曰"有命",以言其气也;语富贵则曰"在天",以言其理也。此大德所以必受命。

吕大临:中庸之行,孝弟而已。如舜之德位皆极,流泽之远,始可[谓]尽孝。① 故禄、位、名、寿之皆得,非大德其孰能致之?

朱熹:此第十七章。子孙,谓虞思、陈胡公之属。舜年百有十岁。材,质也。笃,厚也。栽,植也。气至而滋息为培,气反而游散则覆。假,当依此作嘉。宪,当依《诗》作显。申,重也。受命者,受天命为天子也。此章由庸行之常,推之以极其至,见道之用广也;而其所以然者,则为体微矣。后二章亦此意。

今译:孔子说:"虞舜可算是大孝的人了。从德行看,成为圣人;从地位看,尊为天子;从财富看,掌握全国的财富。不仅如此,上而享受宗庙的祭祀,下而子孙继承他的事业。所以具有大德(大孝)的人,一定会得到天子的职位,一定会得到丰厚的俸禄,一定会得到美好的名声,一定会得到健康和长寿。所以上天化育生物,必因他的本质而加厚,假使这物体根本坚固,可以栽培,天就加意培养他。假使这物体根本动摇,不免倾覆,天就将它倾覆了。《诗经·大雅·假乐篇》说:'嘉美喜乐的君子,有这样显著的美德,既适合于在下位的民,又适合于在上位的人,所以能从上天接受福禄,保佑他们代代做天子,这是出自上天的意志啊!'因此,有大德的人,一定受命于天。"

子曰:无忧者,其惟文王乎!以王季为父,以武王为子,父作之,子述之。武王缵大王、王季、文王之绪,一戎衣而有天下,身不失天下之显名,尊为天子,富有四海之内,宗庙享之,子孙保之。武王末受命,周公成文、武之德,追王大王、王季,上祀先公以天子之礼。斯礼也,达乎诸侯、大夫及士、庶人。父为大夫,子为士,葬以大夫,祭以士;父为士,子为大夫,葬以士,祭以大夫;期之丧达乎大夫,三年之丧达乎天子,父母之丧无贵贱一也。

郑玄:圣人以立法度为大事,子能述成之,则何忧乎? 尧舜之父子,则有凶顽;禹汤之父子,则寡令闻。父子相成,唯有文王也。缵,继也。绪,业也。戎,兵也。衣读如殷,声之误也。壹戎殷者,壹用兵伐殷也。末,犹老也。"追王大王、王季"者,以王迹起焉。先公,组绀以上至后稷也。斯礼达于诸侯大夫士庶人者,谓葬从死者之爵,祭用生者之禄。言大夫葬以大夫、士葬以士,则追王者

---

① "谓"字,原脱,据《中庸辑略》补。

改葬之矣。期之丧达于大夫者,谓旁亲所降在大功者,其正统之期,天子诸侯犹不降也。大夫所降,天子诸侯绝之不为服,所不臣乃服之也。承葬、祭说期、三年之丧者,明子事父以孝,不用其尊卑变。

孔颖达:此一节明夫子论文王、武王圣德相承。王有天下,上能追尊大王、王季,因明天子以下及士、庶人葬祭之礼。王季能制作礼乐,文王奉而行之,武王又能述,成文王之道,故无忧也。郑注:"组绀,大王之父,一名诸盩"。《周本纪》云:"亚圉卒,子大公叔颖立。大公卒,子古公亶父立。"又《世本》云:"亚圉云生大公组绀诸盩。"则叔颖、组绀、诸盩是一人也。大王、王季,身为诸侯,葬从死者之爵,则大王、王季,祇得为诸侯葬礼,不得言追王,从天子法。故郑知追王之时,更改葬,用天子礼。案《大传》云"武王追王大王亶父、王季历",此云"周公追王",不同者,武王既伐纣,追王布告天下,周公追而改葬,故不同也。父既为大夫,祭以士礼,贬其先人,而云尊之者,欲明以己之禄祀其先人也。"期之丧达乎大夫"者,欲见大夫之尊,犹有期丧,谓旁亲所降在大功者,得为期丧,还著大功之服,故云"达乎大夫"。若天子诸侯旁期之丧,则不为服也。"三年之丧达乎天子"者,谓正统在三年之丧,父母及适子并妻也;"达乎天子"者,谓天子皆服之。不云"父母"而云"三年"者,包适子也。天子为后服期、以三年包之者,以后卒必待三年然后娶,所以达子之志,故通在三年之中。是以昭十五年《左传》云:"穆后崩","大子寿卒"。叔向云:"王一岁而有三年之丧二焉。"是包后为三年也,直云达乎天子不云诸侯者,诸侯旁亲尊同则不降,故《丧服·大功章》云"诸侯为姑姊妹嫁于国君者"是也。《丧服》云:"始封之君,不臣诸父昆弟;封君之子,不臣诸父而臣昆弟。"但不臣者,皆以本服服也。案熊氏曰:"此对天子诸侯,故云'期之丧达乎大夫';其实,大夫为大功之丧得降小功,小功之丧得降缌麻。"是大功、小功,皆达乎大夫也。

吕大临:追王之礼,古所无有,其出于周公乎?大王避狄去邠,之岐山之下而居,从之者如归市,则王业始基之矣。王季成大王之业,至文王受命作周,故武王壹戎衣而有天下,缵大王、王季、文王之绪而已。故追王大王、王季、文王者,明王业之所基也。《武成》曰:"大王肇基王迹,王季其勤王家。我文考文王,克成厥勋,诞膺天命,以抚方夏,大邦畏其力,小邦怀其德。惟九年,大统未集,予小子其承厥志。"此追王之意欤!追王之礼,文王之志也,武王承之。武王之业也,周公成之。武王末年,始受天命,于是礼也,盖有所未暇,此周公所以兼言"成文武之德"也。推是心也,故上祀先公亦以天子之礼,而下达乎诸侯、大夫及士、庶人。盖先公组绀以上，追王所不及。如达其意于大王、王季，岂无是意哉？故"上祀先公以天子之礼"，所以达追王之意于其上也。葬从死者，祭从生者，则自诸侯达乎大夫、士、庶人，亦岂无是意哉？故"父为大夫，子为士，葬以大夫，祭以士。父为士，子为大夫，葬以士，祭以大夫"。葬之从死者之爵，祭之用生者之禄，上下一也，所以达追王之意于其下也。"期之丧达乎大夫"者，期之丧有二：有正统之期，为祖父母是也；有旁亲之期，为世父母、叔父母、众子、昆弟、昆弟之子是也。正统之期，虽天子诸侯莫敢降；旁亲之期，天子诸侯绝服，而大夫降，所谓尊不同，故或绝或降也。大夫虽降，犹服大功，不如天子诸侯之绝服，故曰"期之丧达乎大夫"也。如旁亲之期，亦为大夫，则大夫亦不降，所谓尊同，则服其亲之服也。诸侯虽绝服旁亲，尊同亦不降。所不臣者犹服之，如始封之君，不臣诸父昆弟，封君之子，不臣诸父而臣昆弟是也。"三年之丧达乎天子"者，三年之丧，为父为母，适孙为祖，为长子，为妻而已，天子达乎庶人一也。父在为母及妻，虽服期，然本为三年之丧，但为父为夫而屈者也。故与齐衰期之余丧异者有三：服而加杖，一也；十一月而练，十三月而祥，十五月而禫，二也；夫必三年而后娶，三也。父母之丧，则齐疏之服，饘粥之食，自天子达于庶人。盖子之事亲，所以自致其诚，不可以尊卑变也。

朱熹：此第十八章。自"无忧者文王乎"至"子述之"，言文王之事。《书》言："王季其勤王家。"盖其所作，亦积功累仁之事也。自"武王缵大王、王季、文王之绪"至"子孙保之"，言武王之事。大王，王季之父也。《书》云："大王肇基王迹。"《诗》云："至于大王，实始剪商。"绪，业也。戎衣，甲胄之属。壹戎衣，《武成》文，言一著戎衣以伐纣也。自"武王末受命"至"无贵贱一也"，言周公之事。追王，盖推文武之意，以及乎王迹之所起也。上祀先公以天子之礼，又推大王、王季之意以及于无穷也。制为礼法，以及天下，使葬用死者之爵、祭用生者之禄。丧服自期以下，诸侯绝，大夫降，而父母之丧，上下同之，推己以及人也。

今译：孔子说："古代帝王中境遇最好，无忧无虑的，恐怕只有周文王了。贤德的王季是他的父亲，圣哲的武王是他的儿子。父亲开创基业，儿子继承王业，还有什么可忧愁呢？武王继承太王、王季、文王开创的基业，穿上战袍，征讨纣王，竟能夺取天下，由于武王诛戮的是独夫纣王，所以没有失去忠孝的好名声，而成为尊贵的天子，掌握天下的财富，享受宗庙的祭祀，子孙永保周朝的王业。武王接受天命做天子的时候，年纪已经老了。周公继承和发展文王、武王的大德，近则追封古公亶父、季历为王，远则尊组绀以上至后稷为先公，用天子之礼来祭祀他们。这种礼制,通达到诸侯、大夫以及士和庶人,都可以用来表达孝思。譬如父亲是大夫,儿子是士,父亲死时葬用大夫礼,祭祀用士礼。如果父亲是士,儿子是大夫,父亲死时葬用士礼,祭祀用大夫礼。周公又制定丧服的礼制,一年的丧服,从庶人达到大夫为止。三年的丧服,从庶人达到天子。父母的丧服,没有贵贱的分别,都是一样的。"

子曰:武王、周公,其达孝矣乎!夫孝者,善继人之志,善述人之事者也。春秋修其祖庙,陈其宗器,设其裳衣,荐其时食。宗庙之礼,所以序昭穆也;序爵,所以辨贵贱也;序事,所以辨贤也;旅酬下为上,所以逮贱也;燕毛,所以序齿也。践其位,行其礼,奏其乐,敬其所尊,爱其所亲,事死如事生,事亡如事存,孝之至也。郊社之礼,所以事上帝也;宗庙之礼,所以祀乎其先也;明乎郊社之礼、禘尝之义,治国其如示之掌乎。

郑玄:修,谓埽粪也。宗器,祭器也。裳衣,先祖遗衣服,设之当以授尸也。时食,四时祭也。序,次也。爵,谓公、卿、大夫、士。事,谓荐羞也。辨贤者,以其事别所能也,若司徒"羞牛"、宗伯"共鸡牲"矣。《文王世子》曰:"宗庙之中以爵为位,崇德也。"宗人授事以官,尊贤也。"旅酬下为上"者,谓若《特牲馈食》之礼,宾,弟子、兄弟之子各举觯于其长也。逮贱者,宗庙之中以有事为荣也。燕,谓既祭而燕,以发色为坐,祭时尊尊也,至燕亲亲也。齿,亦年也。"践其位":践,犹升也。先者,其先祖也。社,祭地神,不言后土,省文也。"示",读如"寘诸河干"之"寘"。寘,置也。物而在掌中,易为知力者也。序爵、辨贤、尊尊、亲亲,治国之要。

孔颖达:此论武王、周公上成先祖,修其宗庙,行郊社之礼,所以能治国如置物掌中也。善继志者,若文王有志伐纣,武王能继承之,《尚书·武成》曰"予小子,其承厥志"是也;善述事者,言文王有文德为王基,周公制礼以赞述之,《洛诰》云"考朕昭子刑,乃单文祖德"是也。昭与昭齿,穆与穆齿,是"序昭穆"也。公、卿、大夫,各以其爵位齿列而助祭祀,是"辨贵贱"也。旅,众也。逮,及也。祭末饮酒之时,使一人举觯之后;至旅酬之时,使卑者二人各举觯于其长者。卑下者先饮,是下者为上;贱者在先,是恩意先及于贱者也。燕时以毛发为次序,是序年齿也。"践其位,行其礼"者,孝子升其先祖之位,行祭祀之礼也。

吕大临:此章言达孝所以为中庸。武王、周公所以称达孝者,能成文王事亲之孝而已。故"修其祖庙,陈其宗器,设其裳衣,荐其时食"者,善继文王事亲之志也。序爵、序事、旅酬、燕毛者,善述文王事亲之事也。践文王之位,行文王之礼,奏文王之乐,敬文王之所尊,爱文王之所亲,其所以事文王者如生如存,故继志述事,上达乎祖,此之谓"达孝"者欤! 祖庙者,先王先公之庙祧也。宗器者,国之玉镇大宝器,天府所掌者也。若有大祭,则出而陈之以华国,如《书》所谓"赤刀大训、弘璧琬琰、大玉夷玉、天球河图"之类是也。裳衣者,守祧所掌,先王先公之遗衣服,祭祀则各以其服授尸是也。时食者,四时之物,如笾豆之荐、四时之和气是也。"宗庙之礼,所以序昭穆",别人伦也,亲亲之义也。父为昭,子为穆,父亲也,亲者迩,则不可不别也;祖为昭,孙亦为昭,祖为穆,孙亦为穆,祖尊也,尊者远,则不嫌于无别也。故孙可以为王父尸,子不可以为父尸,此昭穆之别于尸者也。丧礼:卒哭而祔,男祔于皇祖考,女祔于皇祖妣,妇祔于皇祖姑。《丧服小记》:"士大夫不得祔于诸侯,祔于诸祖父之为士大夫者,亡则中一以上而祔,祔必以其昭穆。"此昭穆之别于祔者也。有事于大庙,子姓兄弟,亦以昭穆别之,群昭群穆,不失其伦。凡赐爵,昭与昭齿,穆与穆齿,此昭穆之别于宗者也。序爵者,序诸侯诸臣与祭者之贵贱也,贵贵之义也。《诗》曰:"相维辟公,天子穆穆。"此诸侯之助祭者也;["于穆清庙,肃雍显相。济济多士,秉文之德。"此诸臣之助祭者也。]①序事者,别贤与能而授之事也,尊贤之义也。孰可以为宗而诏相,孰可以为祝而祝嘏,孰可以赞祼献,孰可以执笾豆,至于执爵沃盥,莫不辨其贤能之大小而序之也。"旅酬下为上"者,使贱者亦得申其敬也,下下之义也。若《特牲馈食礼》"宾弟子兄弟子,各举觯于其长",以行旅酬[于宗庙之中,以有事为荣]也。②燕毛者,既祭而燕,则尚齿也,长长之义也。毛,发色也,以发色别长少而为之序也。祭则贵贵,贵贵则尚爵;燕则亲亲,亲亲则尚齿,其义一也。天下之大经,亲亲、长长、贵贵、尊贤而已。人君之至恩,下下而已。一祭之间,大经以正,至恩以宣,天下之事尽矣。郊社之礼所以事上帝,宗庙之礼所以祀乎其先。③事上帝者,所以立天下之大本,道之所由出也。祀乎其先,所以正天下之大经,仁义之所由始也。故坛庙之别,牲币之殊,升降祼献之节,俎豆奇耦之数,酒醴厚薄之齐,燎瘗腥胹,小大多寡,莫不有义。一馂之均,则四簋黍见其修于庙中;一盼肉之均,则羔豚而祭,百官皆足。非特是也,知鬼神为可敬,则

----

① 方括号内文字据《中庸辑略》补。
② 方括号内文字据《中庸辑略》补。
③ "祀"原作"事",据《四库》本、《通志堂》本、《清麓》本、《中庸辑略》及上下文义改。

鬼神无不在,洋洋乎如在其左右;虽隐微之间,恐惧戒慎而不敢欺,则所以养其诚心至矣。盖以不如是,则不足以立身,身且不立,乌能治国家哉？故曰"明乎郊社之礼、禘尝之义,治国其如示诸掌乎",此之谓也。

朱熹:此第十九章。达,通也。承上章而言武王、周公之孝,乃天下之人通谓之孝,犹孟子之言达尊也。上章言武王缵大王、王季、文王之绪以有天下,而周公成文、武之德以追崇其先祖,此继志、述事之大者也。下文又以其所制祭祀之礼通于上下者言之。祖庙:天子七,诸侯五,大夫三,适士二,官师一。宗器,先世所藏之重器,若周之赤刀、大训、天球、河图之属也。裳衣,先祖之遗衣服,祭则设之以授尸也。时食,四时之食,各有其物,如春行羔、豚、膳、膏、香之类是也。昭,如字。解见《王制》宗庙之次:左为昭,右为穆,而子孙亦以为序。有事于大庙,则子姓、兄弟、群昭、群穆咸在而不失其伦焉。爵,公、侯、卿、大夫也。事,宗祝有司之职事也。旅,众也。酬,导饮也。旅酬之礼,宾弟子、兄弟之子各举觯于其长而众相酬。盖宗庙之中以有事为荣,故逮及贱者,使亦得以申其敬也。燕毛,祭毕而燕,则以毛发之色别长幼、为坐次也。齿,年数也。践,犹履也。其,指先王也。所尊所亲,先王之祖考、子孙、臣庶也。始死,谓之死;既葬,则曰反而亡焉,皆指先王也。此结上文两节,皆继志、述事之意也。郊,祀天。社,祭地。不言后土者,省文也。禘,天子宗庙之大祭,追祭大祖之所自出于太庙,而以太祖配之也。尝,秋祭也。四时皆祭,举其一耳。礼必有义,对举之,互文也。示,与视同。视诸掌,言易见也。此与《论语》文意大同小异,记有详略耳。

今译:孔子说:"武王、周公,大概是最孝顺的啊！孝,就是要善于继承前人的志向,善于发展前人的事业。每当春秋祭祀时节,修葺、洒扫祖庙,把祖宗所藏的重器陈列出来,把祖宗遗留下来的衣服摆设出来,奉献应时的食品供祖宗享用。宗庙祭祀的礼仪,是用来区分先后顺序的;排列等级,是用来区别贵贱地位的;排列职事,是用来分辨才能的;晚辈们都举杯为自己的长辈敬酒,是用来使低贱的人因行旅酬之礼而感到光荣;饮酒时按照头发的颜色排座位,这是用来区分长幼次序的。升起先祖的牌位,奉行祭祀的礼节,奏起祭祀的音乐,敬先王所尊的祖宗,爱先王所亲的子孙臣民。先王已死,奉事他好像活着的一样,先王虽亡,奉事他好像存在的一样,这可说是尽孝到极点了。祀天的郊礼和祭地的社礼,是用来奉侍皇天和后土的,报答他们生成的恩惠。宗庙的礼,是用来奉祀祖先的,报答他们的功德。明白郊社祭祀上帝和后土的礼,宗庙祀祖宗的义,那么治理国家好像放在自己手掌上的东西那样容易掌握了。"

哀公问政。子曰:文武之政,布在方策。其人存则其政举,其人亡则其政息。人道敏政,地道敏树。夫政也者,蒲卢也,故为政在人。取人以身,修身以道,修道以仁。仁者,人也,亲亲为大;义者,宜也,尊贤为大。亲亲之杀,尊贤之等,礼所生也。在下位不获乎上,民不可得而治矣。故君子不可以不修身,思修身不可以不事亲,思事亲不可以不知人,思知人不可以不知天。

郑玄:方,版也。策,简也。息,灭也。敏,勉也。树,谓殖草木。人之无政,若地无草木也。蒲卢,蜾蠃,谓土蜂也。《诗》曰:"螟蛉有子,蜾蠃负之。"螟蛉,桑虫也。蒲卢取桑虫之子,去而变化之,以成为己子。政之于百姓,若蒲卢之于桑虫然。"为政在人",在于得贤人也。"取人以身",言明君乃能得人也。"在下位不获乎上,民不可得而治矣",此属在下,脱误在此。

孔颖达:自此至"成功一也"一节,明孔子答哀公问政之道在于取人、修身,并明达道有五,行之者三。言文王、武王为政之道,皆布在于方牍简策。

吕大临:所谓"文武之政"者,以此道施之于为政而已。有文、武之心然后能行文、武之政,无文、武之心则徒法不能以自行也,故曰"其人存则其政举,其人亡则其政息"。敏,速也。得于性之所宜,则其成也速。木之所以植,土性之所宜也;政之所以行,人性之所宜也。庸者,人道也。政不离于人道,则民之从之也敏;植木于地,则木之生也敏,故曰"人道敏政,地道敏树"。政者,所以变化其不为人者,使之为人而已。如蒲卢化其非己者,使之如己而已。为政之要,主乎治人而已,故曰"为政在人"。人道不远,取诸其身而已,故曰"取人以身"。亲其亲,长其长,而天下平,取诸身也;施诸己而不愿,亦勿施于人,取诸身也。道者,人伦之谓也。非明此人伦,不足以反其身而万物之备也,故曰"修身以道"。非有恻怛之诚心,尽至公之全体,不足以修人伦而极其至也,故曰"修道以仁"。夫人立乎天地之中,其道与天地并立而为三者也。其所以异者,天以阴阳,地以柔刚,人以仁义而已。所谓道者,合天地人而言之。所谓仁者,合天地之中所谓人者而言之,非梏乎有我之私也,故非有恻怛之诚心,尽至公之全体,不可谓之仁也。"亲亲而仁民,仁民而爱物",爱虽无间而有等差,则亲亲大矣。所大者,行仁之本也,故曰"仁者人也,亲亲为大"。行仁之道,时措之宜,则有义也。天下所宜为者,莫非义也,而尊贤大矣。知尊贤之为大而先之,是亦义也,故曰"义者宜也,尊贤为大"。亲亲之中,父子首足也,夫妻判合也,昆弟四体也,其情不能无杀也。尊贤之中,有师也,有友也,有事我者也,其待之不能无等也。因是等杀之别,节文所由生,礼之谓也,故曰"亲亲之杀,尊贤之等,礼所生也"。君子修身,庸行而已。事亲者,庸行之本也。不察乎人伦,则不足以尽事亲之道,故人伦者,天下之大经、人心之所同然者也。人心之所同然,则百世以俟圣人而不惑矣,知人者也;人心之所同然者,天地之经也,顺天地之经而不违,则质诸鬼神而无疑矣,知天者也。

朱熹:自此至"虽柔必强"是第二十章。此第二十章第一节。哀公,鲁君,名蒋。有是君、有是臣,则有是政矣。敏,速也。蒲卢,沈括以为蒲苇是也。以人立政,犹以地种树,其成速矣;而蒲苇又易生之物,其成尤速也。言人存政举,其易如此。"故为政在人,取人以身,修身以道,修道以仁",此承上文"人道敏政"而言也。"为政在人",《家语》作"为政在于得人",语意尤备。人,谓贤臣;身,指君身;道者,天下之达道;仁者,天地生物之心,而人得以生者,所谓元者善之长也。言人君为政在于得人,而取人之则又在修身,能修其身则有君有臣,而政无不举矣。"仁者,人也":人,指人身而言;具此生理,自然便有恻怛慈爱之意,深体味之可见。宜者,分别事理,各有所宜也。礼则节文斯二者而已。为政在人,取人以身,故不可以不修身;修身以道,修道以仁,故思修身不可以不事亲;欲尽亲亲之仁,必由尊贤之义,故又当知人;亲亲之杀、尊贤之等,皆天理也,故又当知天。

今译:鲁哀公向孔子问政治。孔子回答说:"文王、武王所推行的政治,都记录陈列在木版和竹简上,现在仍明明白白可以稽考。圣君贤臣存在着,那么政治就顺利推行,圣君贤臣没有了,那么政治就会停息。用君臣协德的人道推行政治就会立即见效,正像树木种在地上就会迅速成长一样。文王、武王时的政治,由于圣君贤臣相配合,立即产生治国平天下的效果,好像蒲苇生长一样迅速。所以国君要想处理好国家政务,关键在于人才。而要获得人才在于修身,修身就要用中庸之道,而修中庸之道必须用仁。仁就是爱人,博爱众生。其中亲爱自己的父母是仁中最大的要事。有仁必有义,义能分别事理,各尽所宜,其中尊重贤人是义中最大的要事。爱亲人有程度之分,有主有次;尊贤人有等级之分,有厚有薄。这些都是从礼仪中产生出来的。在下位的人臣,如果不先得到君主的信任,就不能得民心,就不能治理人民。所以君子不可以不着意修身。要想修身,就不能不奉侍父母、亲人。要想奉侍父母、亲人,就不能不了解人;要想了解人,不能不了解天。因为理是从天而出,知天才能知人。

天下之达道五,所以行之者三:曰君臣也、父子也、夫妇也、昆弟也、朋友之交也,五者天下之达道也;知、仁、勇三者,天下之达德也,所以行之者一也。或生而知之,或学而知之,或困而知之,及其知之一也。或安而行之,或利而行之,或勉强而行之,及其成功一也。子曰:好学近乎知,力行近乎仁,知耻近乎勇;知斯三者,则知所以修身;知所以修身,则知所以治人;知所以治人,则知所以治天下国家矣。

郑玄:达者,常行,百王所不变也。困而知之,谓临事有不足乃始学而知之。利,谓贪荣名也。勉强,耻不若人。"知斯三者,则知所以修身",谓修身以此三者为基。

孔颖达:言百王用此三德,以行五道,其义一也,古今不变也。自"好学"而下,夫子更为哀公广说修身治天下之道。"好学近乎知",复说前文"学而知之"。"力行近乎仁",复说前文"利而行之"。"知耻近乎勇",复说前文"困而知之""勉强而行之"也。

张横渠:天下之达道五,其生民之大经乎?经正则道前定,事豫立不疑其所行,利用安身之意莫先焉?知仁勇,天下之达德,虽本之有差,及其所以知之、成之则一也。盖谓仁者以生知、以安行此五者;知者以学知、以利行此五者;勇者以困知、以勉强行此五者。

吕大临:天下古今之所共谓之达。所谓达道者,天下古今之所共行。所谓达德者,天下古今之所共有。虽有共行之道,必知之、体之、勉之,然后可行;虽知之、体之、勉之,不一于诚,则有时而息。求之有三,知之则一。行之有三,成功则一。所入之涂则不能不异,所至之域则不可不同,故君子论其所至,则生知与困知、安行与勉行,未有异也。既未有异,是乃所以为中庸。若乃企生知安行之资为不可几及,轻困学勉行为不能有成,此道之所以不明不行,中庸之所以难久也。愚者自是而不求,自私者徇人欲而忘反,懦者甘为人下而不辞,有是三者,欲身之修,未之有也。故好学非知,然足以破愚;力行非仁,然足以忘私;知耻非勇,然足以起懦。知是三者,未有不能修身者也。天下之理,一而已,小以成小,大以成大,无异事也。举斯心以加诸彼,远而推之四海而准,久而推之万世而准。故一身修而知所以治人,知所以治人而所以治天下国家皆出乎此也。此者何?中庸而已。

朱熹:此第二十章第二节。达道者,天下古今所共由之路,即《书》所谓"五典",《孟子》所谓"父子有亲,君臣有义,夫妇有别,长幼有序,朋友有信"是也。

知,所以知此也;仁,所以体此也;勇,所以强此也;谓之达德者,天下古今所同得之理也。一则诚而已矣。达道虽人所共由,然无是三德,则无以行之;达德虽人所同得,然一有不诚,则人欲间之,而德非其德矣。知之者之所知,行之者之所行,谓达道也。以其分而言,则所以知者知也,所以行者仁也,所以至于知之成功而一者勇也;以其等而言,则生知安行者知也,学知利行者仁也,困知勉行者勇也。盖人性虽无不善,而气禀有不同者,故闻道有蚤莫、行道有难易,然能自强不息,则其至一也。"子曰:好学近乎知,力行近乎仁,知耻近乎勇":"子曰"二字,衍文。此言未及乎达德,而求以入德之事。通上文三知为知、三行为仁,则此三近者,勇之次也。斯三者,指三近而言。人者,对己之称;天下国家,则尽乎人矣。言此以结上文修身之意、起下文九经之端也。

今译:天下古今共同必经的路有五条,用来实践这五条路的方法有三种。就是说,君臣、父子、夫妻、昆弟以及朋友之间的交往。处理好这五种关系,就是天下古今所共同必经的路。知、仁、勇三者,就是天下古今实行达道的达德。但是实行起来只落实在一个诚字上。用达德去行达道,从"知"的情况看,有的人天性聪明,生来就明白这达道,有的人通过用心学习,才明白这达道,有的人遇到困难,然后通过学习,才了解这达道。这三种人明白达道虽有难易先后的不同,但他们了解以后明白的程度完全是一样的。从"行"的情况看,有的人从容安适实行达道,有的人贪求利益实行达道,有的人力量不足勉强实行达道。这三种人行道虽有难易不同,等到成功的时候却是一样的。"孔子说:"好学不倦就接近于明智了,勉力行善就接近于仁义了,懂得耻辱就接近于刚勇了。"知道好学、力行、知耻三件事,那么就知道怎样修身的道理了。既知道怎样修身,就知道怎样治人的道理了。既知道怎样治人,就知道怎样治天下国家的道理了。

凡为天下国家有九经,曰:修身也、尊贤也、亲亲也、敬大臣也、体群臣也、子庶民也、来百工也、柔远人也、怀诸侯也。修身则道立,尊贤则不惑,亲亲则诸父昆弟不怨,敬大臣则不眩,体群臣则士之报礼重,子庶民则百姓劝,来百工则财用足,柔远人则四方归之,怀诸侯则天下畏之。齐明盛服,非礼不动,所以修身也。去谗远色,贱货而贵德,所以劝贤也。尊其位,重其禄,同其好恶,所以劝亲亲也。官盛任使,所以劝大臣也。忠信重禄,所以劝士也。时使薄敛,所以劝百姓也。日省月试,既禀称事,所以劝百工也。送往迎来,嘉善而矜不能,所以柔远人也。继绝世,举废国,治乱持危,朝聘以时,厚往而薄来,所以怀诸侯也。凡

为天下国家有九经,所以行之者一也。

郑玄：体,犹接纳也。子,犹爱也。远人,蕃国之诸侯也。不惑,所谋良也。不眩,所任明也。同其好恶,不特有所好恶于同姓,虽恩不同,义必同也。尊重其禄位,所以贵之,不必授以官守,天官不可私也。官盛任使,大臣皆有属官所任使,不亲小事也。忠信重禄,有忠信者重其禄也。时使,使之以时。日省月试,考校其成功也。既,读为饩;饩廪,稍食也。《稾人职》曰："乘其事,考其弓弩,以下上其食。"一,谓当豫也。

孔颖达：此孔子为哀公说治天下国家有九重,及复说九经功用,并行九经之法。齐,谓整齐;明,谓严明;盛服,谓正其衣冠。尊其位,谓授以大位。重其禄,谓多其禄,崇重而已,不任以职事。好,谓庆赏;恶,谓诛罚。同姓有亲疏,恩亲虽不同,义必须等,故不特有所好恶,是劝亲亲也。日省,言每日省视百工功程;月试,每月试其所作之事也。既廪称事,功多则廪厚,功少则廪薄,《周礼》"月终均其稍食"是也。注引《稾人》,证"既廪称事"。乘,谓计算其所为之事。"考其弓弩":善恶多少。"以下上其食":下谓贬退,上谓增益也。"治乱持危":有乱则治讨之,危弱则扶持之。厚往,谓诸侯还国,王者以其财贿厚重往报之;薄来,谓诸侯贡献使轻薄而来;如此则诸侯归服。

吕大临：经者,百世所不变也。九经之用,皆本于德怀,无一物不在所抚,而刑有不与焉。修身,九经之本;必亲师友,然后修身之道进,故次之以尊贤;道之所进,莫先于家,故次之以亲亲;由亲亲以及朝廷,故敬大臣,体群臣;由朝廷以及其国,故子庶民,来百工;由其国以及天下,故柔远人,怀诸侯。此九经之序。视群臣犹吾四体,视庶民犹吾子,此视臣视民之别。"自天子至于庶人,一是皆以修身为本"。我之于道也,知崇则无不知,知有诸己矣;礼卑则无不敬,能有诸己矣。故貌足畏也,色足惮也,言足信也。颠沛、造次,一于礼而不违,则富贵所不能淫,贫贱所不能移,威武所不能屈,所谓强立而不反者也,故曰"修身则道立",又曰"齐明盛服,非礼不动,所以修身也"。礼义由贤者出,知贤为可尊,则学日进而知益明,然谗、色、货之害皆足以夺夫正,唯知之审、信之笃、迎之致,敬以有礼,则患贤者不至,未之有也,故曰"尊贤则不惑",又曰"去谗远色,贱货而贵德,所以劝贤也"。尊之欲其贵,爱之欲其富,所好则与同其乐,所恶则与同其忧,此诸父昆弟所以相劝而亲,故曰"亲亲则诸父昆弟不怨",又曰"尊其位,重其禄,同其好恶,所以劝亲亲也"。大臣不可不敬,是民之表也,非其人,黜之可也。任之则信之,信之则敬之。故谏行言听,膏泽下于民,既任之矣,又使小臣间之,谏必不行,言必不听,而怨乎不以,内适足以自眩,外不足以图治矣。托之以大任,则小事有所不必亲,必使慎简乃僚,惟所任使,则大臣劝于事君矣,故曰"敬大臣则不眩",又曰"官盛任使,所以劝大臣也"。君视臣如手足,则臣视君如腹心,所报可知矣。待之以忠信,养之以重禄,此士所以愿立乎其朝矣,故曰"体群臣,则士之报礼重",又曰"忠信重禄所以劝士也"。爱之如子,则凡可以安之者,无不为也。使之所以佚之,取之所以治之,虽劳而不怨,此农所以愿耕于其野矣,故曰"子庶民,则百姓劝",又曰"时使薄敛,所以劝百姓也"。不通功易事,以羡补不足,则男不得专事于农,女不得专事于桑,且将为陶冶,为梓匠,为釜甑以食,为宫室以居,为耒耜钱镈以耕耨,欲其谷不可胜食,材木不可胜用,得乎?故曰:百工之事,国家之所不可无也,虽曰"末技",所以佐其本业者,得以尽力,此财用所以足也。所以来之者,亦能辨其苦良而制其食,则工知劝矣。如槁人春献素,秋献成,书其等以饩工,乘其事,试其弓弩,以下上其食而诛赏,此所谓"日省月试,既廪称事"者也。然则"来百工"而不来商贾者,盖百工之所须,皆商贾之所致也,百工来则商贾自通,有不必道也。远人惟可以柔道御之,远者不柔则迩者不可能,故圣人贵乎柔远,"送往迎来,嘉善而矜不能",皆以柔远也。柔远能迩,此四方所以归也。继绝世者,无后者为之立后也。举废国者,已灭者复之也。治乱者,以道正之也。持危者,以力助之也。朝聘以时,所以继好也。厚往而薄来,燕赐多而纳贡寡也。凡此,皆所以怀诸侯也。怀其德,则畏其力矣。九经虽曰治天下之常道,无诚以行之,则道为虚矣。虽终日从事而功不立也,人不信也,此不诚所以无物也,故曰"凡为天下国家有九经,所以行之者一也"。一即诚也。

朱熹:此第二十章第三节。经,常也。体,谓设以身处其地而察其心也。子,如父母之爱其子也。柔远人,所谓无忘宾旅者也。此列九经之目也。"修身则道立"以下,言九经之效也。道立,谓道成于己而可为民表,所谓皇建其有极是也。不惑,谓不疑于理。不眩,谓不迷于事。敬大臣则信任专,而小臣不得以间之,故临事而不眩也。来百工则通工易事,农末相资,故财用足。柔远人则天下之旅皆悦,而愿出于其涂,故四方归。怀诸侯则德之所施者博,而威之所制者广矣,故曰天下畏之。"齐明盛服"以下,言九经之事也。官盛任使,谓官属众盛,足任使令也,盖大臣不当亲细事,故所以优之者如此。忠信重禄,谓待之诚而养之厚,盖以身体之而知其所赖乎上者如此也。往则为之授节以送之,来则丰其委积以迎之。朝,谓诸侯见于天子;聘,谓诸侯使大夫来献。《王制》:"比年一小聘,三年一大聘,五年一朝。"厚往薄来,谓燕赐厚而纳贡薄。一者,诚也;一有不诚,则是九者皆为虚文矣,此九经之实也。

今译:凡国君治理天下国家有九条经常不变的定理。这就是说:第一要修身,第二要尊重贤能,第三要亲九族亲属,第四要敬重在朝辅政的大臣,第五要体恤在朝的文武百官,第六要慈爱广大老百姓,第七要招徕市肆的各种工匠,第八要优待、怀柔远方的来客,第九要抚服分封的诸侯。能修身,便能确立中道。能尊贤,做事就不至于迷惑。能亲睦九族,父母、叔伯、兄弟都能和睦相处而无怨望。能敬重大臣,就能遇事不慌张,不受小人蛊惑。能体恤群臣,受恩惠的士臣都会重重地报效我。能像对儿子一样爱护老百姓,受我恩惠的老百姓就会服从我而努力生产,不致反抗。能招徕各种工匠,就会百货充足,财源茂盛。能安抚远方的蕃国和商旅宾客,就能使天下的人都来归顺。能抚服诸侯,就能四海一家,天下畏服。洁净心境,服饰整齐,不合于礼的事,不敢妄动,这样用来修身。驱逐谗邪的小人,疏远眣丽的女色,轻贱财货,珍贵道德,用来劝勉贤人。尊崇他们的地位,增厚他们的俸禄,用同一好恶标准以示大公,用来劝勉亲人。多置小官供给大臣指挥,使大臣不亲细务,集中精力考虑国家大事,用来慰抚大臣。待他们有忠信,养他们有重禄,用来慰勉士人。征役有定时,税收有定制,轻徭薄赋,用来关怀老百姓。每日考其勤惰,每月察其成就,结合做事的勤惰,颁发肉米的多少,用来奖励和惩罚百工。护送他们去,欢迎他们来,奖励有才能的人,同情和容纳才能不足的人,用来安抚远方蕃国和商旅宾客。有绝代的诸侯,取旁支的人继续宗嗣,有灭亡的国家,帮助他们兴复起来,整饬腐败乱政,尽力支持弱小,五年一朝,一年一小聘,三年一大聘,按时进行,诸侯回国,从厚赠送,诸侯来朝,薄收贡赋,用来安抚诸侯,使天下畏服。总之,治理天下国家有上面所讲的九条定理,但实行的方法归结起来只有一个'诚'字。"

凡事豫则立,不豫则废。言前定则不跲,事前定则不困,行前定则不疚,道前定则不穷。

郑玄:跲,踬也。疚,病也。人不能病之。

孔颖达:此一节明九经之法,唯在豫前谋之。将欲发言,能豫前思定,然后出口,则言得流行,不有踬蹶困乏也;欲为事时,豫先思定,则临事不困。行而豫思定,则不病;道而豫谋定,则道无穷。

张横渠:事豫则立,必有教以先之;尽教之善,必精义以研之;精义入神,然后立斯立、动斯和矣。博学于文者,只要得习坎心亨。盖人经历险阻艰难,然后其心亨通。博文者皆是小德应物,不学则无由致之,故《中庸》之欲前定,将以应物也。

吕大临:豫,素定也。素定者,先事而劳,事至而佚,既佚则且无所事其忧;不素定者,先事而佚,事至而忧,而亦无所及于事。寇将至则为干橹,水将至则为隄防,其为不亡者,幸也。故素定者,事皆有成,言有成说,事有成业,行有成德,道有成理,用而不括,动而有功。所谓"精义入神以致用",则精义者,豫之谓也;"能定然后能应",能定者,豫之谓也;"拟之而后言,议之而后动,拟议以成其变化",则拟议者,豫之谓也。致用也,能应也,成变化也,此所以无跲、困、疚、穷之患也。言有成说,则使于四方,不忧乎不能专对也。事有成业,则"千乘之国,摄乎大国之间,加之以师旅,因之以饥馑",不忧乎不能治也。行有成德,则富贵不忧乎能淫,贫贱不忧乎能移,威武不忧乎能屈也。道有成理,则征诸庶民,考诸三王,质诸鬼神,百世以俟圣人,不忧其不合也。

朱熹:此第二十章第四节。凡事,指达道、达德、九经之属。豫,素定也。跲,踬也。疚,病也。此承上文,言凡事皆欲先立乎诚,如下文所推是也。所谓前定,何也?曰:先立乎诚也。先立乎诚,则言有物而不踬矣,事有实而不困矣,行有常而不疚矣,道有本而不穷矣。诸说惟游氏诚定之云得其要,张子以"精义入神"为言,是则所谓"明善"者也。

今译:凡事预先作好准备就能成功,不预先作准备,就会失败。譬如发言,事先想定,就不会说不下去;譬如做事,事先计划好,就不会发生困惑;譬如行动,事先筹措好,就不会做不下去而抱愧;譬如要实行中庸之道,必须事先用功奋勉,然后实行,道就无穷无尽了。

在下位不获乎上,民不可得而治矣;获乎上有道:不信乎朋友,不获乎上矣;信乎朋友有道:不顺乎亲,不信乎朋友矣;顺乎亲有道:反诸身不诚,不顺乎亲矣;诚身有道:不明乎善,不诚乎身矣。

郑玄:获,得也。"不获乎上",言臣不得于君则不得居位治民也。"不明乎善,不诚乎身",言知善之为善,乃能行诚。

孔颖达:此明为臣为人皆须诚信于身,然后可也。

吕大临:不得乎亲,不可以为人;不顺乎亲,不可以为子,则人之所以信于朋友者,岂声音笑貌为哉?内诚尽乎父母,内行乎家人,则朋友者不期信而信之矣,故曰"不顺乎亲,不信乎朋友矣"。获乎上者,有善而见信,有功而见知,所施于民者,莫非善也;不获乎上者,德进而见忌,功高而见疑,身且不保,尚何民之可治哉? 故曰"不获乎上,民不可得而治矣"。

朱熹:此第二十章第五节。此又以在下位者,推言素定之意。反诸身不诚,谓反求诸身,而所存所发未能真实而无妄也。不明乎善,谓未能察于人心天命之本然,而真知至善之所在也。夫在下位而不获乎上,则无以安其位而行其志,故民不可治;然欲获乎上,又不可以谀说取容也,其道在信乎友而已。盖不信乎友,则志行不孚而名誉不闻,故上不见知;然欲信乎友,又不可以便佞苟合也,其道在悦乎亲而已。盖不悦乎亲,则所厚者薄而无所不薄,故友不见信;然欲顺乎亲,又不可以阿意曲从也,其道在诚乎身而已。盖反身不诚,则外有事亲之理而内无爱敬之实,故亲不见悦;然则欲诚乎身,又不可以袭取强为也,其道在明乎善而已。盖不能格物致知,以真知至善之所在,则好善必不能如好好色,恶恶必不能如恶恶臭,虽欲勉焉以诚其身,而身不可得而诚矣,此必然之理也。故夫子言此,而其下文即以天道、人道、择善固执者继之。盖择善所以明善,固执所以诚身。择之明,则《大学》所谓物格而知至也;执之固,则《大学》所谓意诚而心正、身修也。知至,则反诸身者将无一毫之不实;意诚、心正而身修,则顺亲、信友、获上、治民将无所施而不利,而达道、达德、九经,凡事亦一以贯之而无遗矣。

此章之说虽多,然亦无大得失,唯杨氏反身之说为未安耳。盖反身而诚者,物格知至而反之于身,则所明之善无不实有,如前所谓"如恶恶臭""如好好色",而其所行自无内外隐微之殊耳;若知有未至,则反之而不诚者多矣,安得直谓但能反求诸身,则不待求之于外而万物之理皆备于我而无不诚哉? 况格物之功,正在即事即物而各求其理,今乃反欲离去事物而专务求之于身,尤非《大学》之本意矣。

今译:在下位的人臣,如果得不到君王的信任,就不能得民心,也就不能治理人民。要想得到君王的信任是有方法的,应预先得到朋友的信任。如果不能得到朋友的信任,就声誉不立,不能得到君王的信任了。要想得到朋友的信任也是有方法的,应预先得到父母的欢心。如果不能得到父母的欢心,就不能得到朋友的信任了。要想得到父母的欢心也是有方法的,应反求自身的诚实,如果不能诚身,外有事父母之表,内无爱父母之实,就不能得到父母的欢心。要想诚实自身也是有方法的,应预先明白至善。如果不能明善,善恶不分,就不能诚身了。所以用达德、行达道、行九经，推行文武事业的人一定要先诚身。

诚者，天之道也；诚之者，人之道也。诚者，不勉而中，不思而得，从容中道，圣人也；诚之者，择善而固执之者也。博学之，审问之，慎思之，明辨之，笃行之。有弗学，学之弗能，弗措也；有弗问，问之弗知，弗措也；有弗思，思之弗得，弗措也；有弗辨，辨之弗明，弗措也；有弗行，行之弗笃，弗措也。人一能之，己百之；人十能之，己千之。果能此道矣，虽愚必明，虽柔必强。

郑玄：言"诚者"，天性也；"诚之者"，学而诚之者也。因诚身说有大至诚。"果能此道矣，虽愚必明，虽柔必强"，劝人学诚其身也。果，犹决也。

孔颖达：此经明至诚之道。自"博学之"以下，申明诚之者择善而固执之事。郑注"大至诚"，则经云"诚者，天之道"，圣人是矣。"有弗学，学之弗能弗措也"，谓身有事不能常学习，须勤力学之。措，置也。言学不至于能则不置，必待能之乃已也。以下诸事皆然。

吕大临：诚者，理之实然，致一而不易者也。天下万古，人心物理，皆所同然，有一无二，虽前圣后圣，若合符节，是乃所谓诚。诚，即天道也。天道自然，无勉无思，其中其得，自然而已。圣人诚一于天，天即圣人，圣人即天，由仁义行，何思勉之有？故从容中道而不迫。诚之者，以人求天者也。思诚而复之，故明有未究，于善必择，诚有未至，所执必固。善不择，道不精，执不固，德将去。学、问、思、辨，所以求之也；行，所以至之也。求之至，非人一己百，人十己千，不足以化气质。

朱熹：此第二十章第六节。承上文"诚身"而言。诚者，真实无妄之谓，天理之本然也；诚之者，未能真实无妄而欲其真实无妄之谓，人事之当然也。圣人之德，浑然天理，真实无妄，不待思勉而从容中道，则亦天之道也；未至于圣，则不能无人欲之私，而其为德不能皆实。故未能不思而得，则必择善，然后可以明善；未能不勉而中，则必固执，然后可以诚身；此则所谓人之道也。不思而得，生知也；不勉而中，安行也。择善，学知以下之事；固执，利行以下之事也。学、问、思、辨，所以择善而为知，学而知也；笃行，所以固执而为仁，利而行也；此诚之之目也。"有弗学"而下，言君子之学不为则已，为则必要其成，故常百倍其功，此困而知、勉而行者也，勇之事也。明者，择善之功；强者，固执之效。此言引孔子之言，以继大舜、文、武、周公之绪，明其所传之一致，举而措之，亦犹是耳。盖包费隐、兼小大，以终十二章之意。章内语诚始详，而所谓诚者，实此篇之枢纽也。

又案《孔子家语》亦载此章,而其文尤详:"成功一也"之下,有"公曰:子之言美矣,至矣! 寡人实固不足以成之也。"故其下复以"子曰"起答辞。今无此问词,而犹有"子曰"二字。盖子思删其繁文以附于篇,而所删有不尽者,今当为衍文也。"博学之"以下,《家语》无之,意彼有阙文,抑此或子思所补也与?

今译:诚,是上天本然的道理,诚之,是用功择善,明善的人的道理。诚的人是不用勉力下功夫而符合于中,不用思虑而有所得,从容达到中道,这样的人就是圣人。求诚的人,择众理而明善,固执坚守,用力追求,以达到诚的目的。求诚的功夫,须经过五个层次。广博地学习,审慎地询问,慎重地思索,明晰地辨析,笃实地履行。有一种学问,没有学过,就尽力去学,不到融会贯通,不肯停止学习。有一件事情,没有去问过,就虚心询问,不到疑虑尽释,不肯停止审问。有一件事情,没有去思考过,就凝神静思,不到彻底明白,不肯停止思索。有一件事情,没有去辨析过,就悉心辨析,不到毫厘不爽,不肯停止辨析。有一件事情,没有去实行过,不到践履笃实,不肯停止实践。有人用一倍功夫就能掌握,我用百倍的功夫同样可以掌握;有人用十倍的功夫就能掌握,我用千倍的功夫同样可以掌握。如果有这样的毅力追求中庸之道,那么即使愚昧的人,必能变成聪明的人;即使柔弱的人,必能变成刚强的人。

自诚明,谓之性;自明诚,谓之教。诚则明矣,明则诚矣。

郑玄:自,由也。由至诚而有明德,是圣人之性者也;由明德而至诚,是贤人学以成之也。有至诚则必有明德,有明德则必有至诚。

孔颖达:此一经显天性至诚,或学而能,两者虽异,功用则相通。

张横渠:自诚明者,先尽性以至于穷理也,谓先自性理会来,以至于理;自明诚者,先穷理以至于尽性也,谓先从学问理会,以推达于天性也。

吕大临:自诚明,性之者也;自明诚,反之者也。性之者,自成德而言,圣人之所性也;反之者,自志学而言,圣人之教也。"谓之性"者,生之所固有以得之;"谓之教"者,由学以复之。成德者至于实然不易之地,理义皆由此出也,天下之理如目睹耳闻,不虑而知,不言而喻,此之谓"诚则明"。志学者致知以穷天下之理,则天下之理皆得,卒亦至于实然不易之地,至简至易,行其所无事,此之谓"明则诚"。

朱熹:此第二十一章。子思承上章夫子天道、人道之意而立言也。自此以下十二章,皆子思之言,以反复推明此章之意。程子诸说,皆学者所传录。其以内外道行为诚明,似不亲切;唯"先明诸心"一条,以知语明、以行语诚为得其训,乃《颜子好学论》中语,而夫子之手笔也,亦可以见彼记录者之不能无失矣。张子盖以性、教分为学之两涂,而不以论圣贤之品第,故有由诚至明语。程子之辨,虽已得之,然未究其立言本意之所以失也;其曰"诚即明"也,恐亦不能无误。吕氏性、教二字得之,而于"诚"字以"至简至易,行其所无事"为说,则似为得其本旨也;且于"性""教"皆以"至于实然不易之地"为言,则"至于"云者,非所以言性之之事,而"不易"云者,亦非所以申实然之说也。然其过于游、杨,则远矣。

今译:由至诚而后有明德,是圣人的自然天性,所以叫做性。由明德而后有至诚,是贤人经过学习而达到至诚,所以叫做教。有了诚就无不明,有了明就可以算作诚了。

唯天下至诚,为能尽其性;能尽其性,则能尽人之性;能尽人之性,则能尽物之性;能尽物之性,则可以赞天地之化育;可以赞天地之化育,则可以与天地参矣。

郑玄:赞,助也。育,生也。

孔颖达:此明天性至诚,圣人之道也。

张横渠:二程解"穷理尽性以至于命":"只穷理便是至于命",亦是失于太快,此义尽有次序:须是穷理,便能尽得己之性;即尽得己之性,则推类又尽人之性;既尽得人之性,须是并万物之性一齐尽得,如此然后至于天道也。其间煞有事,岂有当下理会了?学者须是穷理为先,如此则方有学。今言"知命"与"至于命",尽有近远,岂可以"知"便谓之"至"也?性者万物之一源,非有我之得私也。唯大人为能尽其道,是故立必俱立,知必周知,爱必兼爱,成不独成。彼自蔽塞而不知顺吾理者,则亦末如之何矣。大其心则能体天下之物,物有未体则心为有外。世人之心,止于见闻之狭;圣人之尽性,不以见闻梏其心,其视天下无一物非我,孟子谓"尽心则知性知天",以此。天大无外,故有外之心不足以合天心。

幽赞天地之道,非圣人而能哉?诗人谓"后稷之穑,有相之道",赞化育之一端与!

吕大临:至于实理之极,则吾生之所固有者,不越乎是。吾生所有既一于理,则理之所有皆吾性也。人受天地之中,其生也具有天地之德,柔强昏明之质虽异,其心之所然者皆同。特蔽有浅深,故别而为昏明;禀有多寡,故分而为强柔。至于理之所同然,虽圣愚有所不异。尽己之性,则天下之性皆然,故能尽人之性。蔽有浅深,故为昏明;蔽有开塞,故为人物。禀有多寡,故为强柔;禀有偏正,故为人物。故物之性与人异者几希,唯塞而不开,故知不若人之明;偏而不正,故才不若人之美。然人有近物之性者,物有近人之性者,亦系乎此。于人之性,开塞偏正无所不尽,则物之性未有不能尽也。人也、物也,莫不尽其性,则天地之化几矣。故行其所无事,顺以养之而已,是所谓“赞天地之化育”者也。如尧命羲和,钦若昊天,至于民之析因夷隩,鸟兽之孳尾希革毛毨氄毛,无不与知,则所赞可知矣。天地之化育,犹有所不及,必人赞之而后备,则天地非人不立,故人与天地并立为三才,此之谓与天地参。

朱熹:此第二十二章,言天道也。天下至诚,谓圣人之德之实,天下莫能加也。尽其性者,德无不实,故无人欲之私,而天命之在我者,察之由之,巨细精粗,无毫发之不尽也。人物之性,亦我之性,但以所赋形气不同而有异耳。能尽之者,谓知之无不明而处之无不当也。赞,犹助也。与天地参,谓与天地并立为三也。此自诚而明者之事也。

今译:只有天下至诚的圣人,能够极尽天赋的本性。既然能够极尽天赋的本性,就能够兴养立教极尽众人的本性。既然能够极尽众人的本性,就能够樽节爱养极尽万物的本性。既然能够极尽万物的本性,就可以赞助天地生成万物。既然可以赞助天地生成万物,那么至诚的功用可以同天地并列成三了。

其次致曲。曲能有诚,诚则形,形则著,著则明,明则动,动则变,变则化。唯天下至诚为能化。

郑玄:“其次”,谓“自明诚”者也。致,至也。曲,犹小小之事也。形,谓人见其功也。著,形之大者也。明,著之显者也。动,动人心也。变,改恶为善也。变之久,则“化”而性善也。

孔颖达:此一经明贤人习学而致至诚。

张横渠:致曲不贰,则德有定体;体象诚定,则文节著见;一曲致文,则余善兼照;明能兼照,则必将徙义;诚能徙义,则德自通变;能通其变,则圆神无滞。

吕大临:至诚者与天地参,则无间矣。致曲者,人之禀受存焉,未能与天地相似者也。人具有天地之德,自当致乎中和,然禀受之殊,虽圣贤不能免乎偏曲。清者偏于清,和者偏于和,皆以所偏为之道,不自知其偏。如致力于所偏,用心不贰,亦能即所偏而成德,故致力于所偏则致曲者也,用心不二则曲能有诚者也。能即所偏而成德，如伯夷致清，为圣人之清；柳下惠致和，为圣人之和，此诚则形者也。德有定体，则遂其所就，文节著明，故曰形则著。一曲之德，致文成章，则无以加矣；无以加，则必能知类通达，余善兼照，曲之果为曲也，故曰著则明。几者，动之微也。知至而不能至之，则不可与几矣，故知至则舍其曲而趋其至，未有不动而徙义者也，故曰明则动。君子豹变，其文蔚也；大人虎变，其文炳也。有心乎动，动而不息，虽文有小大之差，然未有不变者也，故曰动则变。变者，复之初。复于故，则一于理，圆神无滞，不知其所以然，与至诚者同之，故曰"变则化，惟天下至诚为能化"。

朱熹： 此第二十三章，言人道也。"其次"，通大贤以下凡诚有未至者而言也。致，推致也；曲，一偏也。形者，积中而发外。著则又加显矣。明则又有光辉发越之盛也。动者，诚能动物。变者，物从而变。化则有不知其所以然者。盖人之性无不同，而气则有异；故唯圣人能举其性之全体而尽之；其次，则必自其善端发见之偏而悉推致之，以各造其极也。曲无不致，则德无不实，而形、著、动、变之功自不能已；积而至于能化，则其至诚之妙亦不异于圣人矣。

今译： 次于至诚的人，就尽力推致一个方面的功夫而达到诚。果能一件件推致，没有遗漏，就能得到全体的诚了。有了诚，就能积中发外，形于四体。形于四体，就能日新月异，容止显著。容止显著，就能光辉四照，灿烂光明。灿烂光明，就能动好善之心。动好善之心，就能改过自新，改变气质。改变气质，就能日积月累，相化于善。要做到化，很不容易，只有天下至诚的圣人，才能够达到这个化的境界。

至诚之道，可以前知。国家将兴，必有祯祥；国家将亡，必有妖孽；见乎蓍龟，动乎四体，祸福将至，善必先知之，不善必先知之。故至诚如神。

郑玄： 可以前知者，言天不欺至诚者也。前，亦先也。四体，谓龟之四足，春占后左，夏占前左，秋占前右，冬占后右。

孔颖达： 此言身有至诚，可以豫知前事。祯祥，吉之萌兆。本有今异曰祯，国本有雀、今赤雀来是也；本无今有曰祥，国本无凤、今有凤来是也。言家国之将兴，必嘉善庆祥。妖孽，谓凶恶之萌兆。妖，伤也；伤甚曰孽。《左传》云："地反物为妖。"《说文》云："衣服、歌谣、草木之怪为妖，禽兽、虫蝗之怪为孽。"见乎蓍龟，卦兆动于龟之四体也。善，谓祥；不善，谓祸。至诚之道，豫知前事，如神之微妙，故云"至诚如神"。

吕大临：诚一于理，无所间杂，则天地人物，古今后世，融彻洞达，一体而已。兴亡之兆，犹心之有思虑，如有萌焉，无不前知。盖有方所，则有彼此先后之别；既无方所，彼则我也，先即后也，未尝分别隔碍，自然达乎神明，非特前知而已。

朱熹：此第二十四章，言天道也。祯祥者，福之兆；妖孽者，祸之萌。蓍，所以筮；龟，所以卜。四体，谓动作威仪之间，如执玉高卑，其容俯仰之类。凡此，皆理之先见者也。然唯诚之至极，而无一毫私伪留于心目之间者，乃能有以察其几焉。神，谓鬼神。

今译：只有至诚的道，可以用来知道未来的事。当国家将要兴盛的时候，一定有吉祥的预兆；当国家将要灭亡的时候，一定有妖孽出现。远取诸物，吉凶发现在蓍龟占卜之中，近取诸身，得失在四体上发生。祸福将要降临的时候，善，必定能够事先知道；不善，也必定能够事先知道。所以至诚的人能预先见到祸福的征兆，灵验如神。

诚者自成也，而道自道也。诚者物之终始，不诚无物。是故君子诚之为贵。诚者非自成己而已也，所以成物也。成己，仁也；成物，知也。性之德也，合外内之道也，故时措之宜也。

郑玄：物，万物也，亦事也。以至诚成己，则仁道立；以至诚成物，则知弥博。此五性之所以为德也，外内所须而合也。外内，犹上下。时措，言得其时而用也。

孔颖达：人有至诚，则能与万物为终始；若无至诚，则不能成其物。诚者非但自成己身，又能成就外物；若能成就己身，则仁道与立；若能成就外物，则知力广远。合外内之道者，无问内外，皆须至诚。"时措之宜"：措犹用也，得其时而用，无往不宜也。

吕大临：诚不为己则诚为外物，道不自道则其道虚行。既曰诚矣，苟不自成就，如何致力？既曰道矣，非己所自行，谁与行乎？实有是理，乃有是物。有所从来，有以致之，物之始也；有所从亡，有以丧之，物之终也。皆无是理，虽有物象接于耳目，耳目犹不可信，谓之非物可也。天大无外，造化发育皆在其间，自无内外。人有是形而为形所汩，故有内外生焉；惟生内外之别，故与天地不相似。若性命之德，自合乎内外，故具仁与智，无己无物，诚一以贯之，合天德而施化育，故能时措之宜也。

朱熹:此第二十五章,言人道也。言诚者事之所以自成,[①]而道者人之所当自行也。诚以心言,本也;道以理言,用也。天下之物,皆实理之所为;故必得是理,然后有是物;所得之理既尽,则是物亦尽而无有矣。故人之心一有不实,则虽有所为,亦如无有,此诚之所以为物之终始,而不诚之所以无物也。下文所谓自成者,盖如此,故君子贵之。诚虽所以成己,然在我者无伪,[②]则自然及物矣。内外虽殊,然皆性之德,而唯诚者能之。所以见于行事者,以时措之而各得其宜也。然必先成己,乃能成物,此道之所以必自道也。

今译:诚,就是天命的性,是实心自成的;而道,就是率性的理,是应当自己去实行的。诚,天赋的本然之理,贯穿在万物的始终,没有诚,就没有万物了。所以君子把诚奉为最宝贵的东西。至诚的人,并非自己取得成就就算完事,还要及于万物,行于他人。成己的人,毫无私意,这是仁;成物的人,随物施教,这是知。天性的仁德,体用一致,符合外内一致的规律,所以随时施行,没有不适宜的了。

故至诚无息,不息则久,久则征,征则悠远,悠远则博厚,博厚则高明。博厚所以载物也,高明所以覆物也,悠久所以成物也。博厚配地,高明配天,悠久无疆。如此者,不见而章,不动而变,无为而成。天地之道可壹言而尽也:其为物不贰,则其生物不测。天地之道博也,厚也,高也,明也,悠也,久也。今夫天,斯昭昭之多,及其无穷也,日月星辰系焉,万物覆焉。今夫地,一撮土之多,及其广厚,载华岳而不重,振河海而不泄,万物载焉。今夫山,一卷石之多,及其广大,草木生之,禽兽居之,宝藏兴焉。今夫水,一勺之多,及其不测,鼋鼍蛟龙鱼鳖生焉,货财殖焉。《诗》曰:"惟天之命,於穆不已。"盖曰:天之所以为天也。"於乎不显,文王之德之纯。"盖曰:文王之所以为文也。纯亦不已。

郑玄:征,犹效验也。此言至诚之道,[③]著于四方,其高厚日以广大也。征,或为"彻",可一言而尽,要在至诚也。为物不贰,言至诚无贰,乃能生万物也。昭昭,犹耿耿,小明也。天之高明,本生昭昭;地之博厚,本由撮土;山之广大,本起卷石;水之不测,本从一勺,皆合少成多、积小至大。为至诚者,亦如此乎!

---

① "事",《四书章句集注》中华本作"物"。

② "然在我者无伪",《四书章句集注》中华本作"然既有以自成"。

③ "道",《礼记正义》作"德"。

振,犹收也。卷,犹区也。引《诗》者,言天所以为天、文王所以为文,皆由行之无已、为之不止,如天地山川之云也。

孔颖达:前欲明积渐先悠久,后能博厚高明;下言既能博厚高明,又须行之长久,谓至诚之德也。天之与地,清浊二气所分,非是以小至大。今以天地体大,假言由小而来,以譬至诚,非实论也。所引《诗》者,《周颂·维天之命》文也。"盖曰"以下,是孔子之言。

吕大临:实理不贰,则其体无杂;其体不杂,则其行无间。故至诚无息,非使之也,机自动耳,乃乾坤之所以阖辟,万物之所以生育,亘万古无穷者也。如使之则非实,非实则有时而息矣。久者,日新无敝之谓也;征,验也;悠远,长也。天地运行而不息,故四时变化而无敝;日月相从而不已,故晦朔生明而无敝,此之谓"不息则久"。四时变化而无敝,故有生生之验;晦朔生明而无敝,故有照临之验,此之谓"久则征"。生生也,照临也,苟日新而有征,则可以继继其长,至于无穷矣,此之谓"征则悠远"。悠远无穷者,其积必多:博者能积众狭,厚者能积众薄,此之谓"悠远则博厚"。有如是广博,则其势不得不高;有如是深厚,则其精不得不明,此之谓"博厚则高明"。博厚,则无物不能任也;高明,则无物不能冒也;悠久,则无时不能养也。所谓配地、配天、无疆者,以形而上者难明,故以形而下者明之也。配之为义,非比类之谓也。天道至著,常以示人,故万象纷错,终古不变,盖已成而明者也,故曰"不见而章"。一阖一辟,天机自然,无作无息,以生万变,盖神而化之者也,故曰"不动而变"。至诚不息,日新无穷,万物之成,积日之养而已,盖为物不贰者也,故曰"无为而成"。所以载物、覆物、成物者,其能也;所以章、所以变、所以成者,其功也。能非力之所任,功非用而后有,其势自然,不得不尔,是皆至诚不贰而已,此"天地之道"所以"一言而尽"也。天地所以生物不测者,至诚不贰者也;天地所以成者,积之无疆者也。如使天地为物而贰,则其行有息,其积有限,昭昭撮土之微,将下同乎众物,又焉有载物、覆物、成物之功哉?虽天之大,昭昭之多已;虽地之广,撮土之多而已。山之一卷,水之一勺,亦犹是矣。其所以高明博厚、神明不测者,积之之多而已。今夫人之有良心也,莫非受天地之中,是为可欲之善。不充之,则不能与天地相似而至乎大;大而不化,则不能不勉不思,与天地合德而至于圣。然所以至于圣者,充其良心,德性纯孰而后尔也。故曰:过此以往,未之或知也;穷神知化,德之盛也。如指人之良心,而责之与天地合德,犹指撮土而求其载华岳、振河海之力,指一勺而求其生蛟龙、殖货财之功,是亦不思之甚也。天之所以为天,不已其命而已;圣人之所以为圣,不已其德而已。其为天人德命则异,其所以不已则一,故圣人之道可以配天者,如此而已。

朱熹:此第二十六章,言天道也。至诚无息者,既无虚假,自无间断。久,常于中也。征,验于外也。"悠远""博厚""高明",此皆以其验于外者言之,郑氏所谓"至诚之德,著于四方"者是也。存诸中者既久,则验于外者益悠远而无穷矣。悠远,故其积也广博而厚;博厚,故其发也高大而光明。悠久,即悠远,兼内外而言之也。本以悠远致高厚,而高厚又悠久也。此言圣人与天地同用。配地、配天,言圣人与天地同体。见,犹示也。不见而章,以配地而言也;不动而变,以配天而言也;无为而成,以无疆而言也;天地之道,可一言而尽,不过曰诚而已。不贰,所以诚也;诚故不息,而生物之多,有莫知其所以然者。此以下,复以天地明至诚无息之功用也。"博也,厚也,高也,明也,悠也,久也",言天地之道,诚一不贰,故能各极其盛,而有下文生物之功。天之昭昭,此指其一处而言之。"及其无穷",犹十二章"及其至也"之意,盖举全体而言之。振,收也。卷,区也。此四条,皆以发明由其不贰不息以致盛大而能生物之意。然天地山川,实非由积累而后大,读者不以辞害意可也。"於乎不显":"於",叹辞。穆,深远也。不显,犹言岂不显也。纯,纯一不杂也。引此以明至诚无息之意。

今译:所以,追求至诚的盛德,永远没有止息啊!追求不息,就历时久长,历时久长,就有效验;有了效验,就能悠远无穷。悠远无穷,它的积德,就能广博而深厚;广博而深厚,发为事业,就能高大而光明。博大而深厚,就可以用来承载万物;高大而光明,就可以用来覆盖万物;悠长而久远,就可以用来使万物各按本性茁壮成长。博大而深厚,可以与承载万物的地相匹配;高大而光明,可以与覆盖万物的天相匹配;悠长而久远,可以与生成万物的天地一样无边无际了。如此说来,至诚功业,这样高大,从配地来说,它的彰著不是自己有意表露,而是自然昭明的。从配天来说,它的变化也不是自己有意鼓动,而是自然变化的。从无疆来说,它的无为并不是自己劳心去做,而是自然成功的。天地的道理,可以用一句话说尽,那就是一个诚字罢了。天和地的物体纯于一而不二,就是因为诚的缘故。能够诚,当然不息,并且能够生存万物,不可测度。天地的道,正由于纯一不二,所以能够各极其盛,达到广博、深厚、高大、光明、悠远、久长。现在拿天来说,就偏僻一隅讲,不过是明明朗朗的点点光明之多罢了;从全体而言,它是无穷无尽的,那太阳、月亮、星星都在它上面悬挂着,世界上的万物都被它覆盖着。现在拿地来看,就局部讲,不过是一撮土之多罢了;从全体而言,它是极其深广而博厚的,载着西岳华山也不感到沉重,河海在它上面奔腾流荡也不见渗漏,世界上的万物它都承载得起。现在拿山来说,就一处看,不过是一拳石的多罢了;从全体而言,推想到它的广大,所有草木都生在山上,珍禽异兽都住在山上,还蕴藏着宝贵的矿藏,开发出来,造福于人民。现在拿水来说,就一处讲,不过是一勺水之多罢了;从全体而言,推想到它的不可测度,鼋呀、鼍呀、蛟呀、龙呀、鱼呀、鳖呀,都生长在这片浩淼而汪洋的水里,为人们增殖财富。《诗经·周颂·维天之命篇》说:"只有苍天之理深远得很,经历万古不会停息。"这就是苍天之所以成为苍天的道理呀!《诗经·周颂·维天之命篇》又说:"呜呼,岂不显著吗? 文王的圣德多么纯粹啊!"这就是文王之所以成为文王的道理呀! 纯粹不二的至诚功夫,同天命一样,是不会停息的。

大哉圣人之道! 洋洋乎! 发育万物,峻极于天。优优大哉! 礼仪三百,威仪三千,待其人而后行。故曰:苟不至德,至道不凝焉。故君子尊德性而道问学,致广大而尽精微,极高明而道中庸。温故而知新,敦厚以崇礼。是故居上不骄,为下不倍,国有道其言足以兴,国无道其默足以容。《诗》曰:"既明且哲,以保其身。"其此之谓与!

郑玄:育,生也。峻,高大也。凝,犹成也。德性,谓性至诚者。道,犹由也。问学,学诚者也。广大,犹博厚也。"温",读如"燖温"之温,谓故学之孰矣后时习之谓之温。其言足以兴,谓兴起在位也。保,安也。

孔颖达:自"大哉"至"不凝焉",明圣人之道高大,苟非至德,其道不成。洋洋,谓道德充满之貌。优优,宽裕之貌。《周礼》有三百六十四官,言"三百",举成数耳。《仪礼》虽十七篇,其中事有三千。"尊德性"至"崇礼",明贤人学而至诚也。《左传》哀十二年:"子贡曰:盟可寻也,亦可寒也。"注云:"寻,温也。"又《有司彻》云:"乃燖尸俎。"是燖为温也。"居上不骄"而下,明贤人学至诚之道、中庸之行;若国有道,则竭尽知谋,其言足以兴成其国;若国无道,则韬光潜默,足以自容其身,免于祸害。所引《诗·大雅·烝民》之篇。

张横渠:天体物而不遗,犹仁体事而无不在也。"礼仪三百,威仪三千",无一物之非仁也。"昊天曰明,及尔出王;昊天曰旦,及尔游衍",无一物之不体也。

不尊德性,则问学从而不道;不致广大,则精微无所立其诚;不极高明,则择乎中庸失时措之宜矣。"尊德性而道问学,致广大而尽精微,极高明而道中庸",皆逐句为一义,上言重、下语轻。"尊德性"犹据于德,德性须尊之。道,行也;

问,问得者;学,行得者,犹学问也。尊德性须是将前言往行、所闻所知以参验,恐行有错;致广大须尽精微,不得卤莽;极高明,须道中庸之道。今且只将"尊德性而道问学"为心,日自求于问学有所背否?于德性有所懈否?此义亦是博文约礼、下学上达。以此警策一年,安得不长?每日须求多少为益?知所亡,改得多少不善?此德性上之益。读书求义理,编书须理会有所归著,勿徒写过,又多识前言往行,此问学上益也。勿使有俄顷闲度,似此三年,庶几有进。致广大,极高明,此则尽远大,所处则直是精约。温故而知新,多识前言往行以蓄德,绎旧业而知新益,思昔未至而今至之,缘旧所见闻而察来,皆其义也。

吕大临:礼仪、威仪,道也;所以行之者,德也。小德可以任小道,至德可以守至道,故道不虚行,必待人而后行。故必有人而行,然后可名之道也。

道之在我者,德性而已,不先贵乎此,则所谓问学者,不免乎口耳为人之事而矣;道之全体者,广大而已,不先充乎此,则所谓精微者,或偏或隘矣;道之上达者,高明而已,不先止乎此,则所谓中庸者,同污合俗矣。温故知新,将以进吾知也;敦厚崇礼,将以实吾行也。知崇礼卑,至于成性,则道义皆从此出矣。居上而骄,知上而不知下者也;为下而倍,知下而不知上者也;国有道,不知言之足兴,知藏而不知行者也;国无道,不知默之足容,知行而不知藏者也。是皆一偏之行,不蹈乎时中。惟明哲之人,知上知下,知行知藏,此所以卒保其身者也。

朱熹:此第二十七章,言人道也。"大哉圣人之道",包下文两节而言。"洋洋乎!发育万物,峻极于天",此言道之极于至大而无外也。"优优",充足有余之意。礼仪,经礼也;威仪,曲礼也,此言道之入于至小而无间也。"待其人而后行",总结上两节。"至德",谓其人。"至道",指上两节而言也。凝,聚也,成也。尊者,恭敬奉持之意。德性者,吾所受于天之正理。敦,加厚也。尊德性,所以存心而极乎道体之大也;道问学,所以致知而尽乎道体之细也;二者,修德、凝道之大端也。不以一毫私意自蔽,不以一毫私欲自累,涵泳乎其所已知,敦笃乎其所已能,此皆存心之属也。析理则不使有毫厘之差,处事则不使有过不及之缪,理义则日知其所未知,节文则日谨其所未谨,此皆致知之属也。盖非存心无以致知,而存心者又不可以不致知。故此五句,大小相资,首尾相应,圣贤所示入德之方,莫详于此,学者宜尽心焉。自"尊德性"至"敦厚",皆是德性上工夫;自"道问学"至"崇礼",皆是问学上工夫。德性曰尊者,把做一件物事崇尚他;问学曰道者,只是行将去。

今译:伟大啊,圣人的道理!像汪洋大海一样浩浩荡荡地流动着充满宇内,它产生和养育万物,高峻广大而通达于天。充足而有余啊! 礼的大纲有三百条,礼的细目有三千条,等待圣人、贤人来行这样的大道。所以说:假使没有大德的圣人,至诚的道绝不会凝聚在他心中。所以君子敬谨尊奉天赋的德性,勤学好问不敢懈怠。在宏观上,排除私意的蒙蔽,追求广大的德性;在微观上,审察道体的细微,尽力问学以掌握精微的理。达到极高的境界而实行中庸之道。温习已经学过的知识而追求未知的新道理。敦笃已能之事,积累未谨的礼。所以,君子身居上位而不骄傲,身居下位而不违礼背道。国家处于政治清明的治世,就宣扬德言,足以使国家兴盛;国家处于政治昏暗的乱世,就缄默不语,足以免祸而保全自身。《诗经·大雅·烝民篇》说:"既明达而能熟谙事机,又智慧而能洞察哲理,可以用来保全自身。"就是这个意思啊!

子曰:"愚而好自用,贱而好自专,生乎今之世,反古之道,如此者,灾及其身者也。"非天子,不议礼,不制度,不考文。今天下车同轨,书同文,行同伦。虽有其位,苟无其德,不敢作礼乐焉;虽有其德,苟无其位,亦不敢作礼乐焉。子曰:"吾说夏礼,杞不足征也;吾学殷礼,有宋存焉;吾学周礼,今用之,吾从周。"

郑玄:礼,谓人所服行也。度,国家宫室及车舆。文,书名也。此天下所共行,天子乃能一之也。"今天下",孔子谓其时。"虽有其位"以下,言作礼乐者,必圣人在天子之位也。"不足征":征,犹明也。吾能说夏礼,顾杞之君不足与明之也。"吾从周",行今之道。

孔颖达:自"愚而好自用"至"礼乐焉"以上,论圣人学诚,或语或默,以保其身。孔子因自明,以此之故,不敢专制礼乐也。"车同轨",复上"不制度";"书同文",复上"不考文"。自"吾说夏礼"以下,为上文言身无其位,不敢制作二代之礼,夏、殷不足可从,所以独从周礼之意。

吕大临:无德为愚,无位为贱。有位无德而作礼乐,所谓"愚而好自用";有德无位而作礼乐,所谓"贱而好自专";生周之世而从夏、殷之礼,所谓居今之世,反古之道。三者有一焉,取灾之道也。故"王天下有三重焉":议礼所以制行,故行必同伦;制度所以为法,故车必同轨;考文所以合俗,故书必同文。唯王天下者行之,诸侯有所不与也。故国无异政,家不殊俗,盖有以一之也。如此,则寡过矣。

朱熹:此第二十八章,承上章"为下不倍"而言,亦人道也。反,复也。孔子之言,子思引之。"非天子,不议礼"以下,子思之言。礼,亲疏贵贱相接之体也;

度,品制也。轨,辙迹之度。伦,次序之体。三者皆同,言天下一统也。末又引孔子之言。杞,夏之后。征,证也。宋,殷之后。三代之礼,孔子皆尝学之而能言其意;但夏礼既不可考证,殷礼虽存又非当世之法,唯周礼乃时王之制,今日所用。孔子既不得位,则从周而已。

今译:孔子说:"愚蠢而没有德性的人,喜欢自作聪明,自以为是;卑贱的人,喜欢僭越、专断;生在现在的世界上,反而推行古代的道理;这样的人,灾祸一定会降临到他的身上。不是有德位的天子,不敢议论亲疏贵贱相接的礼制,不敢制订宫室、车骑、服饰等制度,不敢考订文字的笔划形体。现在天下统一,车行的辙迹相同,文字也统一,行为符合伦理的规范。虽有天子的职位,假使没有圣人的德性,是不敢轻易去制礼作乐的。虽有圣人的德性,假使没有天子的职位,也是不敢轻易去制礼作乐的。"孔子说:"我喜欢夏朝的礼制,其后代代杞国的文献不足征考;我学习殷朝的礼制,还有殷朝的后代宋国存在,有文献可以征考。我学习周朝的礼制,现在天下人民都用周礼,我也遵从周礼。"

王天下有三重焉,其寡过矣乎!上焉者,虽善无征,无征不信,不信民弗从;下焉者,虽善不尊,不尊不信,不信民弗从。故君子之道本诸身,征诸庶民,考诸三王而不谬,建诸天地而不悖,质诸鬼神而无疑,百世以俟圣人而不惑。质诸鬼神而无疑,知天也;百世以俟圣人而不惑,知人也。是故君子动而世为天下道,行而世为天下法,言而世为天下则;远之则有望,近之则不厌。《诗》曰:"在彼无恶,在此无射,庶几夙夜,以永终誉。"君子未有不如此,而蚤有誉于天下者也。

郑玄:三重,三王之礼。上,谓君也,君虽善,善无明征,则其善不信也;下,谓臣也,臣虽善,善而不尊君,则其善亦不信也。知天、知人,谓知其道也。鬼神,从天地者也,《易》曰"故知鬼神之情状,与天地相似";圣人则之,百世同道。射,厌也。永,长也。

孔颖达:君子行道,须本于身。达诸天地,质诸鬼神,使为天下后世法。孔子微自明己之意也。案《檀弓》曰:"今丘也,殷人也。"两楹奠殡哭师之处,皆法于殷。今云从周者,言周礼法最备,鲁与诸侯皆用之。孔子身之所行,杂用殷礼也。"三重",谓夏、殷、周三王之礼,其事尊重,若能行之,寡少于过也。"君子之道本诸身",谓行道先从身起;"征诸庶民"者,征,验也,谓立身行善,使有征验于庶民也;"建诸天地":建,达也。不悖,谓与天地合。所引《诗·周颂·振鹭》之篇,言微子之德,在彼宋国,民无恶之,在此来朝,人无厌倦;故"庶几夙夜",以长永终竞美誉。君子之德亦如此,故引以结之。

吕大临:征,谓验于民。尊,谓稽于古。上焉者,谓上达之事,如性命道德之本,不验之于民之行事,则徒言而近于荒唐;下焉者,谓下达之事,如形名度数之末,随时变易,无所稽考,则臆见而出于穿凿。二者皆无以取信于民,是以民无所适从。故君子之道必无所不合而后已。有所不合,伪也,非诚也,故于身、于民、于古、于天地、于鬼神、于后,无所不合,是所谓诚也,非伪也,物我、古今、天人之所同然者。如是,则其动也、行也、言也,不为天下之法则者,未之有也。此天下所以有望不厌,而蚤有誉于天下者也。三重说见前章。

朱熹:此第二十九章,承上章"居上不骄"而言,亦人道也。上焉者,谓时王以前,如夏殷之礼,虽善而皆不可考;下焉者,谓圣人在下,如孔子,虽善于礼而不在尊位也。"故君子之道"以下,指王天下者而言,其道即议礼、制度、考文之事也。本诸身,有其德也。征诸庶民,验其所信从也。建,立也,立于此而参于彼。天地者,道也。鬼神者,造化之迹也。"百世以俟圣人而不惑",所谓"圣人复起,不易吾言"者也。知天、知人,知其理也。动,兼言行而言;道,兼法则而言。所谓"未有不如此"者,指"本诸身"以下六事而言。

今译:称王于天下,有议礼仪、订制度、考文字三件重要的事情摆在前面,用这三件事去教育人民,人们就很少有过失了。过去夏、商的礼仪制度虽然好,但年代久远,得不到验征,得不到验证就不能取信于民,不能取信于人,人民就不愿遵从。身为圣人而处在下位的人,他所主张的礼仪制度虽然好,但没有天子的尊贵地位,不尊贵就不能使人民相信,人民不相信,也就不愿遵从。所以君主统治天下的道理,先从自己本身修德凝道做起,以此为根本,在老百姓身上加以验征和取得信任。往上考察禹、汤、文武的因革损益而没有谬误,放到天地之间都符合天地自然的理而不相违背,问于鬼神幽深的理而没有疑惑。等到百代以后的圣人出来也不会有什么怀疑。问幽深的鬼神而没有疑惑,这是晓得天理的缘故。百代以后的圣人也没有疑惑,这是晓得人道的缘故。所以君王的语言行动能够使世世代代的人民遵行;施于政治,能够使世世代代的人民效法;发为号令,能够使世世代代的人民奉为准则。远方的人民景仰他的言行,近处的人民学习他的言行而不生厌倦之心。《诗经·周颂·振鹭篇》说:"夏、殷二王的后代,现在是我周朝的客人,他们在自己国家里没有人厌恶他,来朝廷助祭的时候,也没有一个人厌恶他。差不多朝朝夜夜,可以永远保全这个名誉了!"君王没有不这样,而能在天下很早享有盛名的呀。

仲尼祖述尧舜,宪章文武,上律天时,下袭水土。辟如天地之无不持载、无不覆帱,辟如四时之错行,如日月之代明。万物并育而不相害,道并行而不相悖,小德川流,大德敦化,此天地之所以为大也。

郑玄:律,述也。帱,亦覆也。

孔颖达:此一节,子思申明夫子之德与天地相似。祖,始也。宪,法也。章,明也。袭,因也。

张横渠:接物,皆是小德;统会处,便是大德,更须大体上求寻也。"大德敦化",仁智合一,厚且化也;"小德川流",渊泉时出之也。大德不踰闲,小德出入可也。

吕大临:此言仲尼辟夫天地之大也。其博厚足以任天下,其高明足以冒天下。其化循环而无穷,达消息之理也;其用照鉴而不已,达昼夜之道也。"尊贤容众,嘉善而矜不能","并育而不相害"之理也;贵贵尊贤,赏功罚罪,各当其理,"并行不相悖"之义也。"礼仪三百,威仪三千",此小德之所以川流。"洋洋乎发育万物,峻极于天",此大德所以敦化也。

朱熹:此第三十章,言天道也。祖述者,远宗其道;宪章者,近守其法;律天时者,法其自然之运;袭水土者,因其一定之理,皆兼内外、该本末而言也。"如天地""如四时""如日月",言圣人之德。错,犹迭也。悖,犹背也。天覆地载,万物并育于其间而不相害;四时日月,错行代明而不相悖。所以不害不悖者,小德之川流;所以并育并行者,大德之敦化。小德者,全体之分;大德者,万殊之本。川流者,如川之流,脉络分明而往不息也;敦化者,敦厚其化,根本盛大而出无穷也。此言天地之道,以见上文取辟之意。或问"小德大德之说"。曰:以天地言之,则高下散殊者,小德之川流;於穆不已者,大德之敦化。以圣人言之,则物各付物者,小德之川流;纯亦不已者,大德之敦化。以此推之,可见诸说之得失矣。曰:子所谓兼内外、该本末而言者,何也?曰:是不可以一事言也。姑以夫子已行之迹言之,则由其书之有行夏时赞《周易》也,由其行之有不时不食也,迅雷风烈必变也,以至于仕止久速之皆当其可,而其所以律天时之意可见矣;由其书之有序《禹贡》述《职方》也,由其行之有居鲁而逢掖也,居宋而章甫也,以至于用舍行藏之所遇而安也,而其袭水土之意可见矣。若因是以推之,则古先圣王之所以迎日推策,颁朔授民,而其大至于禅授放伐,各以其时者,皆律天时之事也。其所以体国经野,方设居方,而其广至于昆虫草木各遂其性者,皆袭水土之事也。使夫子而得邦家也,则亦何慊于是哉!

今译：仲尼能奉尧舜为宗，传述他们最高明的道德，效法文王、武王，彰明他们最完备的法制。随时应变，上而取法天时自然的变化，下而严守范围，遵从水土自然发展之理。譬如地，没有一物不承载在它上面，譬如天，没有一物不覆盖在它下面。譬如春、夏、秋、冬，交替运行，譬如日月往来，交互照明。万物竞相繁育而不相妨害，大道如日月互相照明而不相违背。从小德看，像河川一样脉络分明而流动不息；从大德看，源深本厚，化育无穷。由此可以体察到天地之大了。

　　唯天下至圣，为能聪明睿知足以有临也，宽裕温柔足以有容也，发强刚毅足以有执也，齐庄中正足以有敬也，文理密察足以有别也。溥博渊泉，而时出之；溥博如天，渊泉如渊，见而民莫不敬，言而民莫不信，行而民莫不说。是以声名洋溢乎中国，施及蛮貊；舟车所至，人力所通；天之所覆，地之所载，日月所照，霜露所队；凡有血气者，莫不尊亲，故曰配天。

　　孔颖达："发强刚毅足以有执"：发，起也；执，犹断也，言发起志意，坚强刚毅足以断决事物也。溥，谓无不周遍。博，谓所及广远。渊泉如渊，言润泽深厚如川流也。

　　吕大临：此章言圣人成德之用，其效如此："聪明睿知，足以有临"者，天之高明也；"宽裕温柔，足以有容"者，地之博厚也；"发强刚毅""齐庄中正"者，乾坤之健顺也；"文理密察"者，天地之经纬也。圣人成德，固万物皆备，应于物而无穷矣。然其所以为圣，则停蓄充盛，与天地同流而无间者也。至大如天，至深如渊，时而出之如四时之运用、万物之生育。所见于外，人莫不敬信而悦服，至于血气之类，莫不尊亲。非有天德，孰能配之？

　　朱熹：此第三十一章，承上章而言，小德之川流，亦天道也。聪明睿知，生知之质。临，谓居上而临下也；其下四者，乃仁、义、礼、知之德。文，文章也；理，条理也；密，详细也；察，明辨也。溥博，周遍而广阔也；渊泉，静深而有本也。出，发见也；言五者之德，充积于中而以时发见于外也。如天，如渊，民莫不敬信、莫不说，言其充积极其盛，而发见当其可也。"舟车所至"以下，盖极言之。配天，言其德之所及，广大如天也。

　　今译：只有天下最伟大的圣人，才能聪无不闻，明无不见，睿无不通，知无不达，自然完全能够做君主统治天下了。有了仁，宽宏舒裕，温和柔顺，完全能够包容天下。有了义，奋扬强壮，刚健峻毅，完全能够固守正理。有了礼，齐肃庄严,执中守正,完全能够恭敬处事。有了智,文章条理周密,精审详察,完全能够明辨事理了。至圣的德,广阔博大像深不可测的泉水,时时涌出,无穷无尽。圣人周遍广阔好像昊天一样,静深有本,好像泉水一样。人们见到他的仪容,没有一个不尊敬;听到他的命令,没有一个不信从;看到他的政事,没有一个不欢悦。所以,他的名声充满华夏,并且逐渐传播到边远的南蛮北貊等少数民族地区。凡是车船可通到的地方,凡是人力可通的地方,凡是天所覆盖的地方,凡是地所承载的地方,凡是日月照临的地方,凡是霜露所坠落的地方,这些地方凡是有血气的人,没有一个不尊他为君主,亲他如父母。所以说至圣的德与天相匹配。

唯天下至诚,为能经纶天下之大经,立天下之大本,知天地之化育。夫焉有所倚?肫肫其仁!渊渊其渊!浩浩其天!苟不固聪明圣知达天德者,其孰能知之?

郑玄:安有所倚,言无所偏倚也。"肫肫",读如"诲尔忳忳"之"忳"。忳忳,恳诚貌也。非达天德者,其孰能知之,言唯圣人乃能知圣人也。

吕大临:"唯天下至圣"一章,论天德唯圣人可以配之。"唯天下至诚"一章,论道唯圣人为能知之。大经,天理也,所谓庸也;大本,天心也,所谓中也;育,天用也,谓化也。反而求之,理之所固有而不可易者,是为庸,亲亲、长长、贵贵、尊贤是已;谓其所固有之义,广充于天下,则经纶至矣。理之所自出而不可易者,是为中,赤子之心是已;尊其所自出而不丧,则其立至矣。理之所不得已者,是为化,气机开阖是已;穷理尽性,同其所不得已之机,则知之至矣。"知"者,与"闻一以知十""穷神知化""乐天知命"之"知"同,所谓"与天地参"者也,至诚而至乎此,则天道备矣,天德全矣。夫天之所以无不覆者,不越不倚于物而已。有倚于物,则其覆物也有数矣。由不倚,然后浑然至于纯全,故曰"肫肫其仁"。肫肫,纯全之义也。至于纯全,则深幽而难测,故曰"渊渊其渊"。纯全而深幽,其体大矣!不至于天则不已,故曰"浩浩其天"。浩浩如江海之浸,上下与天地同流者,非至诚而达天德,孰能知之?

朱熹:此第三十二章,承上章而言,大德之敦化,亦天道也。经、纶,皆治丝之事;经者,理其绪而分之;纶者,比其类而合之也。经,常也。大经者,五品之人伦。大本者,所性之全体也。唯圣人之德极诚无妄,故于人伦各尽其当然之实,而皆可以为天下后世法,所谓经纶之也;其于所性之全体,无一毫人欲之伪以杂之,而天下之道千变万化皆由此出,所谓立之也;其于天地之化育,则亦其极诚无妄者有默契焉，非但闻见之知而已。此皆至诚无妄，自然之功用，夫岂有所倚著于物而后能哉？肫肫，恳至貌，以经纶而言也；渊渊，静深貌，以立本而言也；浩浩，广大貌，以知化而言也。其渊、其天，则非特如之而已。固，犹实也。前章言至圣之德，此章言至诚之道。然至诚之道，非至圣不能知；至圣之德，非至诚不能为，则亦非二物矣。此篇言圣人天道之极致，至此而无以加矣。

今译：只有天下至诚的圣人，才能掌握治理国家大事的法则，建立天下的大根本，知道天地的变化生育的道理。除了诚，还有什么可依旁呢？从经纶来说，至诚有肫肫然恳至的样子，这是他心里的仁德；从立本来说，至诚有渊渊然静深的样子，这是他心里的本源；从知化来说，至诚有浩浩然广大的样子，这是他心里的昊天。如果不是实实在在具有聪明圣哲的资质，能通达天赋的仁义礼知信大德，那么，有谁能知道是他（孔子）呢？

《诗》曰："衣锦尚絅。"恶其文之著也。故君子之道，暗然而日章；小人之道，的然而日亡。君子之道，淡而不厌，简而文，温而理，知远之近，知风之自，知微之显，可与入德矣。《诗》云："潜虽伏矣，亦孔之昭！"故君子内省不疚，无恶于志。君子之所不可及者，其唯人之所不见乎？《诗》云："相在尔室，尚不愧于屋漏。"故君子不动而敬，不言而信。《诗》曰："奏假无言，时靡有争。"是故君子不赏而民劝，不怒而民威于鈇钺。《诗》曰："不显惟德！百辟其刑之。"是故君子笃恭而天下平。《诗》曰："予怀明德，不大声以色。"子曰："声色之于以化民，末也。"《诗》曰："德輶如毛。"毛犹有伦。"上天之载，无声无臭"，至矣！

郑玄：禅为絅。锦衣之美而君子以絅表之，为其文章露见，似小人也。淡其味，似薄也。简而文，温而理，犹简而辨、直而温也。"知风之自"：自，谓所从来也。三知者，皆知其睹末察本、探端知绪也。入德，入圣人之德。"亦孔之昭"：孔，甚也；昭，明也。"省不疚"：疚，病也；君子自省身，无怨病，虽不遇世，亦无损于己志也。"相在尔室，尚不愧于屋漏"：相，视也；室西北隅谓之屋漏。视女在室独居者，犹不愧于屋漏。屋漏非有人也，况有人乎？"奏假无言，时靡有争"：假，大也。此《颂》也，言奏大乐于宗庙之中，人皆肃敬。金声、玉色、无有言者，以时大平，合和无所争也。"不显惟德！百辟其刑之"：不显，言显也；辟，君也；言不显乎文王之德，诸侯尽法之。"予怀明德，不大声以色"：予，我也；怀，归也；言我归其明德者，以其不大声为严厉之色以威我也。輶，轻也。伦，犹比也；言毛虽轻，尚有所比。

孔颖达："衣锦尚絅"，《卫风·硕人》之篇，言庄姜初嫁在涂，衣著锦衣，为其文之大著，尚以禅縠为衣，以覆锦衣也。案《诗》本文"衣锦襜衣"，此断截诗文也。"潜虽伏矣，亦孔之昭"，《诗·小雅·正月》刺幽王之诗，喻贤人，君子身虽隐，而其德昭著。"相在尔室，尚不愧于屋漏"，此《大雅·抑》篇，刺厉王之诗；诗人意称王朝小人，不敬鬼神，视女在庙室，尚不愧于屋漏之神。"奏假无言，时靡有争"，《商颂·烈祖》美成汤之诗；本文云"奏假无言"，无有喧哗之言也。"予怀明德，不大声以色"，《大雅·皇矣》美文王之诗。"德輶如毛"，《大雅·烝民》美宣王之诗；言用德化民，举行甚易，其轻如毛也。"上天之载，无声无臭"，《大雅·文王》之诗；载，生也，言天之生物，寂然无象，而物自生也。

张横渠：暗然，修于隐也。的然，著于外也。

吕大临：自此至篇终，言德成反本：自"内省"至于"不动而敬，不言而信"，自不动不言至于"不大声以色"，自不大声色至于"无声无臭"。声臭微矣，有物而不可见，犹曰无之，则成一于天可知。暗然而日章，中有本也；的然而日亡，暴于外而无实以继之也。故君子贵乎反本。君子之道，深厚悠远而有本，故"淡而不厌，简而文，温而理"，本我心之所固有也。习矣而不察，日用而不知，非失之也，不自知其在我尔。故君子之学，将以求其本心之微，非声色臭味之得比，不可得而致力焉，唯循本以趋之，是乃入德之要。推末流之大小，则至于本原之浅深，其"知远之近"欤！以见闻之广，动作之利，推所从来，莫非心之所出，其"知风之自"欤！心之精微，至隐至妙，无声无臭，然其理明达暴著，若悬日月，其"知微之显"欤！凡德之本，不越是矣。知此，则入德其几矣！

朱熹：此第三十三章。前章言圣人之德极其盛矣，此复自下学立心之始言之，而下文又推之以至其极也。《诗·国风·卫硕人》、《郑》之《丰》，皆作"衣锦襜衣"。襜、絅同，禅衣也。尚，加也。古之学者为己，故其立心如此。尚絅故暗然，衣锦故有日章之实。"淡""简""温""絅"之袭于外也，不厌而文且理焉，锦之美在中也。小人反是，则暴于外而无实以继之，是以"的然而日亡"也。"远之近"，见于彼者由于此也。"风之自"，著乎外者本乎内也。"微之显"，有诸内者形诸外也。有为己之心，而又知此三者，则知所谨而可入德矣。故下文言慎独之事，引《诗》"潜虽伏矣，亦孔之昭"，言慎独之事，承上文"莫见乎隐，莫显乎微"也。"无恶于志"，犹言无愧于心，此君子慎独之事也。引《诗》"相在尔室，尚不愧于屋漏"，承上文又言君子之戒慎恐惧、无时不然、不待言动而后敬信，则其为己之功益加密矣。故下文引"奏假无言，时靡有争"，并言其效。奏，进也。

承上文而遂及其效,言进而感格于神明之际,极其诚敬,无有言说,而人自化之也。威,畏也。鈇,莝斫刀也。钺,斧也。"不显惟德":不显,说见二十六章,此借引以为幽深玄远之意。承上文言天子有不显之德,而诸侯法之,则其德愈深而效愈远矣。笃,厚也。笃恭,言不显其敬也。"笃恭而天下平",乃圣人至德渊微自然之应,中庸之极功也。引《诗》"予怀明德,不大声以色",以明上文所谓不显之德者,正以其不大声与色也。又引孔子之言,以为声色乃化民之末务,今但言不大之而已,则犹有声色者存,是未足以形容不显之妙。不若《烝民》之诗所言"德辀如毛",则庶乎可以形容矣,而又自以为谓之毛,则犹有可比者,是亦未尽其妙。不若《文王》之诗所言"上天之载,无声无臭",然后乃为不显之至耳。盖声臭有气无形,在物最为微妙,而犹曰无之,故唯此可以形容不显笃恭之妙。非此德之外,又别有是三等,然后为至也。子思因前章极致之言,反求其本,复自下学为己慎独之事推而言之,以驯致乎笃恭而天下平之盛,又赞其妙,至于无声无臭而后已焉。盖举一篇之要而约言之,其反复丁宁,示人之意,至深切矣,学者其可不尽心乎!

今译:《诗经·国风·卫风·硕人篇》和《诗经·国风·郑风·丰篇》说:"妇女穿锦绣衣服,外加粗麻单衣罩着。"这是厌恶锦绣的纹彩太显眼的缘故。所以君子的道,也同穿锦衣罩粗麻单衣一样,暗地里用功,不被别人知道,然而用功既久,学问自然一天天明显地表露出来。小人的道,与此相反,喜欢表露自己,但没有实际功力,不等日久,便一天天消亡了。君子的道,平淡而有实理,不被人所讨厌;简约而有文彩;温和而有条理。要知道远的事物,就要用近的事物来推测;知道风教别人,就要从自己做起;知道事物微小的开端,便推知将来显著的后果,能够这样用功,就可称得上是进入道德的高尚境界了。《诗经·小雅·正月篇》说:"鱼潜藏在很深的水中,但仍然是明白可见的。"所以君子从内心审察,反省,不感到惭愧,没有妨碍自己的心志。君子的修身慎独功夫别人赶不上的地方,也在于他能小心谨慎,在别人看不到的地方着力用功罢了。《诗经·大雅·抑篇》说:"仿佛在冥冥中有许多人在注视着你的居室,你差不多没有惭愧之心,对得起西北隅屋漏的神明。"所以君子没有行动时,就先存恭敬之心;没有开口说话时,就先存诚信之心。《诗经·商颂·烈祖篇》说:"进行盛大的宗庙祭祀时,人人肃立无言,这是由于天下太平而无争讼的缘故。"所以君子虽然不用奖赏而能达到老百姓劝化从善的目的;虽不发怒,而老百姓怕他比刀斧还要厉害。《诗经·周颂·烈文篇》说:"天子的德性岂不明显呀,四方诸侯都要效法他呢!"所以君主笃实、恭敬,以至诚之德感化百姓,就能使天下太平。《诗经·大雅·皇矣篇》说:"我上天赋予你文王明显的大德,不必张大有声音的号令和严厉的脸色来治理人民。"孔子说:"用声色来教化人民,这是无足轻重的细微末节。"《诗经·大雅·烝民篇》说:"德的轻,像毛一样。"但是既称为毛,还是有形迹可以比拟的。不如《诗经·大雅·文王篇》说得好,"上天做事,没有声音,没有气味。"可以说好到极点了。